Repenser le développement de l'Afrique à l'ère des fractures géopolitiques mondiales

Vers un modèle endogène d'industrialisation par substitution

Sous la direction de

De-Joubert NGUETSE TEGOUM

Repenser le développement de l'Afrique à l'ère des fractures géopolitiques mondiales

Vers un modèle endogène d'industrialisation par substitution

Préface du Pr Romain HOUSSA

JAMA

L'Harmattan

5/7, rue de l'École-Polytechnique 75005 Paris
http://www.librairieharmattan.com
ISBN : 978-2-336-59817-8
EAN : 9782336598178

Sommaire

Biographie des auteurs

Dr. De-Joubert Pierre NGUETSE TEGOUM,
Économiste, Statisticien et Consultant international

Avec plus de vingt-deux ans d'expérience dans l'élaboration et la mise en œuvre des politiques de développement et budgétaires, De-Joubert TEGOUM NGUETSE est un spécialiste des finances publiques, de la planification stratégique et de l'évaluation d'impact des politiques publiques. Il exerce depuis plus de dix-sept ans au ministère en charge de la planification du Cameroun, où il contribue à la structuration des cadres stratégiques nationaux et sectoriels. Il a également collaboré avec de nombreuses institutions internationales (Banque mondiale, FMI, CEA, PNUD, UNESCO, le BIT, etc.), dans le cadre des missions d'assistance technique en finances publiques dans plus d'une dizaine de pays africains. Titulaire d'un doctorat, il est Associate Professor en Économie à Prime Light Open University (Géorgie, États-Unis). Il donne les cours dans plusieurs universités et grandes écoles, et est auteur de nombreuses publications scientifiques. Il participe activement aux réflexions sur la transformation structurelle et la souveraineté productive du continent africain.

Contact : nguetse_pierre@yahoo.fr / pnguetse@gmail.com

Pr. Alain NDEDI,
Économiste – Chercheur – Consultant international, Recteur de Prime Light Open University (PLOU)

Alain NDEDI est un consultant international reconnu, spécialisé en économie, finance et développement durable. Expert auprès de la Banque mondiale et de l'USAID, il s'intéresse particulièrement aux enjeux de l'entrepreneuriat, du changement climatique, du genre et des dynamiques économiques dans les pays en développement. Auteur prolifique de plus de soixante ouvrages et d'une centaine d'articles scientifiques, il met en lumière les dimensions pratiques du développement et les stratégies de croissance inclusive. Fort de plus de vingt ans d'expérience académique, il enseigne dans des programmes de MBA, PhD et DBA, et a dirigé plus d'une soixantaine de thèses doctorales, contribuant ainsi à la formation de leaders et de chercheurs de haut niveau au niveau international.

Son parcours, à la croisée de la recherche, de l'enseignement et du conseil, fait de lui une référence incontournable dans les domaines de la souveraineté économique et du développement durable en Afrique. Il est titulaire de deux PhD, un en forensic accounting et un autre en business administration.

Contact : *ndediaa@gmail.com*

Dr. Polycarpe FEUSSI,
Économiste, Enseignant-chercheur, Consultant international

Titulaire d'un PhD en gestion des opérations obtenu à l'Université de Johannesburg, un MBA de la North-West University, Polycarpe FEUSSI est enseignant-chercheur en sciences économiques et méthodologie de la recherche dans plusieurs universités en Afrique du Sud et en Namibie. Il est un Expert en statistiques et analyse de données, son champ d'action couvre à la fois les milieux académiques et professionnels. Ses travaux de recherche, centrés sur la gestion des affaires et l'éducation, ont donné lieu à de nombreuses publications dans des revues et conférences accréditées, ainsi qu'à des ouvrages sur la gestion des talents et la méthodologie de la recherche. Il exerce également comme examinateur externe auprès de plusieurs institutions universitaires et est actuellement chercheur associé à l'Université d'Afrique du Sud (UNISA), consolidant ainsi son rôle de référence dans l'enseignement supérieur et la recherche appliquée.

Contact: *polycarpef@gmail.com*

M. Serge FOTSO SIMO, MSc,
Economiste – Ingénieur Statisticien, Consultant senior

Spécialiste en Économie Internationale et Développement, Serge FOTSO est doté de plus de quinze années d'expérience professionnelle dans la mise en œuvre et le suivi-évaluation des politiques publiques au Cameroun. Il a réalisé plusieurs travaux, dont la Stratégie Nationale de Développement 2020-2030, centrée sur le développement endogène et la transformation structurelle de l'économie. Titulaire d'un Master spécialisé en Économie Internationale et du Développement et d'un Master en management des projets, il a mené plusieurs travaux de recherche et d'accompagnement visant le développement des entreprises camerounaises et leur transformation industrielle.

Contact : *sergefotso2002@yahoo.fr*

M. MohamadouMAZOU,
Ingénieur Statisticien Économiste,

Spécialisé en analyse et évaluation d'impact de politiques publiques, il est passionné par l'utilisation des données pour éclairer les décisions publiques, il allie rigueur scientifique et expertise technique pour contribuer à la réussite des politiques socio-économiques. Actuellement en service au Ministère de l'Emploi et de la Formation Professionnelle du Cameroun, il joue un rôle clé dans la production et l'analyse des données relatives au marché du travail, ainsi que l'analyse structurelle du marché de l'emploi et son impact sur la main-d'œuvre. Il intervient également comme consultant en planification stratégique.

Contact : *mohamadoumazou@gmail.com*

Mme Bénédicte Stella KONTCHOU TAKOUKAM,
Ingénieure Statisticienne Économiste,

Diplômée de l'Institut Sous-régional de Statistiques et d'Économie Appliquée, de Yaoundé de l'École de statistique du Cameroun (ISSEA), Stella KONTCHOU est doctorante au département de sciences économiques de l'Université de Montréal. Elle est diplômée de l'Institut Sous-régional de Statistiques et d'Économie Appliquée de Yaoundé. Ses domaines de recherche portent sur la micro-économie appliquée, l'économétrie, l'économie industrielle et l'économie du développement.

Contact: benedicte.stella.kontchou.takoukam@umontreal.ca

M. Patrick Steve KAMDEM SIMO,
Ingénieur Statisticien Économiste

Diplômé de l'École Normale Supérieure de Maroua et de l'Institut Sous-régional de Statistiques et d'Économie Appliquée de Yaoundé de l'École de statistiques du Cameroun (ISSEA), Patrick KAMDEM est doctorant au département des sciences économiques de l'Université de Montréal. Ses domaines de recherche portent sur la macroéconomie, l'économie internationale et l'économie du développement.

Contact : *patrick.steve.kamdem.simo@umontreal.ca*

Préface

Cet ouvrage collectif revisite un champ de réflexion ancien, mais essentiel, qu'est celui de l'industrialisation par substitution aux importations (ISI). Longtemps critiquée pour ses contre-performances économiques et institutionnelles dans de nombreux pays du Sud, la stratégie a été progressivement reléguée au rang de paradigme dépassé. Pourtant, dans un contexte marqué par la fragilisation des chaînes de valeur mondiales, la résurgence des politiques protectionnistes dans les pays industrialisés et l'urgence d'une autonomie productive en Afrique, l'ISI retrouve aujourd'hui une pertinence stratégique majeure.

Toute stratégie de transformation durable suppose la capacité de dépasser les schémas établis, d'explorer de nouvelles approches et de concevoir des réponses adaptées aux réalités contemporaines. Dans un contexte africain marqué à la fois par des défis structurels persistants et des opportunités émergentes, l'enjeu n'est pas de reproduire des modèles éprouvés, mais d'adapter et d'innover de manière cohérente.

Pour y parvenir, les auteurs ont adopté une singularité dans l'articulation de l'ouvrage, concertée de trois dimensions rarement conjointes dans la littérature :

- *Une remise en perspective historique et théorique, qui inscrit l'ISI dans la durée des politiques économiques postcoloniales, à travers une analyse comparative des trajectoires latino-américaines, asiatiques et africaines ;*

- *Une investigation empirique approfondie des expériences contemporaines africaines, mettant en évidence la persistance et la recomposition de l'ISI, lesquelles s'adaptent de manière innovante aux contraintes actuelles (notamment énergétiques, infrastructurelles et d'intégration régionale, en particulier dans le cadre de la Zone de Libre-échange continentale africaine) ;*

- *Une perception prospective, adossée à une analyse géopolitique, formulant un modèle d'ISI intrinsèquement africain, centré sur la souveraineté productive, l'intégration régionale et la valorisation endogène des savoirs locaux.*

À ces trois piliers s'ajoute une dimension stratégique essentielle consacrée à l'opérationnalisation du modèle. Elle porte sur la définition des leviers institutionnels, la hiérarchisation des priorités, les mécanismes de mise en œuvre et la projection d'un chemin d'industrialisation cohérent pour les décennies à venir. Cette approche renforce la continuité entre la réflexion conceptuelle, l'analyse empirique et les orientations pratiques.

L'ouvrage dépasse ainsi le simple exercice descriptif ou la réitération de débats épistémologiques désormais classiques. Il propose un cadre d'analyse original qui conjugue l'enracinement historique, l'examen des enjeux contemporains et les perspectives stratégiques, sous un prisme africain. L'ISI y est conceptualisée non comme une doctrine rigide à reproduire, mais comme un levier dynamique et modulable, susceptible d'inscrire le continent sur une trajectoire de transformation structurelle durable, inclusive et souveraine.

Cette posture intégrée confère à l'ouvrage une double vocation : académique et politique. D'une part, il contribue à enrichir le débat scientifique sur les modèles de développement en mobilisant une approche multidisciplinaire associant économie politique, sciences sociales et géopolitique. D'autre part, il propose aux acteurs institutionnels, aux décideurs et aux partenaires internationaux des repères analytiques et des orientations opérationnelles pour impulser une industrialisation africaine adaptée aux enjeux du XXIe siècle.

En somme, cet ouvrage collectif se distingue par une démarche analytique ambitieuse visant à repenser l'industrialisation à partir de l'Afrique et pour l'Afrique, en intégrant de manière explicite les enseignements tirés des expériences passées, les contraintes structurelles du contexte actuel et les ambitions stratégiques projetées vers l'avenir. Il s'affirme à la fois comme une contribution académique de premier plan et comme un cadre analytique structuré permettant d'appréhender les conditions de construction d'une souveraineté productive africaine, fondée sur une articulation cohérente entre l'expérience historique, les réalités contemporaines, les trajectoires de développement envisagées et les aspirations profondes des sociétés africaines.

En outre, l'ouvrage met en exergue quatre déterminants essentiels et étroitement interdépendants pour la réussite de l'industrialisation par substitution aux importations en Afrique : la qualité et la capacité des institutions publiques, la mobilisation soutenable des ressources domestiques, la formation et la valorisation de ressources humaines qualifiées en adéquation avec les besoins du tissu productif local, ainsi que l'exploitation des savoirs, des compétences et des potentialités endogènes. L'ensemble propose une vision d'ensemble rigoureusement structurée, articulant un diagnostic stratégique, les orientations géopolitiques et les repères opérationnels, afin de préciser les conditions institutionnelles, économiques et politiques d'une trajectoire d'industrialisation soutenable du continent africain.

Romain HOUSSA

Professeur d'Économie
Université de Namur, Belgique
Expert en macroéconomie appliquée, macroéconomie internationale, économie monétaire et macroéconomie du développement

Introduction générale

L'industrialisation demeure une condition essentielle du développement durable, particulièrement dans les pays en développement où la forte dépendance aux importations manufacturières et la vulnérabilité aux chocs externes façonnent encore des trajectoires économiques affectées par des lignes de fracture structurelles. En Afrique, cette dépendance structurelle constitue à la fois une contrainte majeure et un rappel de l'urgence d'une transformation productive fondée sur l'élargissement des capacités industrielles et la maîtrise technologique. Si la stratégie d'industrialisation par substitution aux importations (ISI) a marqué les premières décennies postindépendance, elle a été progressivement marginalisée sous l'effet des crises macroéconomiques, des programmes d'ajustement structurel et de la domination des doctrines libérales promouvant l'ouverture unilatérale. Pourtant, dans un contexte géoéconomique marqué par l'instabilité, la reconfiguration des chaînes de valeur mondiales et le retour du protectionnisme dans les économies du Nord, l'ISI retrouve une pertinence analytique et stratégique qui mérite d'être réexaminée.

Le présent ouvrage collectif analyse, sous un angle résolument africain, les conditions de réactualisation, d'adaptation et de réappropriation de cette stratégie. Il mobilise une approche pluridisciplinaire associant économie politique, histoire économique du développement, sociologie des institutions et prospective géopolitique. L'originalité de la démarche tient à l'articulation cohérente de trois niveaux analytiques : un ancrage historique et théorique fondé sur les trajectoires comparées, une étude empirique des expériences africaines contemporaines et une analyse prospective visant à formuler un modèle endogène d'ISI pour le XXIe siècle. À ces trois niveaux s'ajoute une dimension stratégique consacrée à l'opérationnalisation du modèle, à la planification et à la gouvernance.

La problématique centrale de l'ouvrage est la suivante : comment l'Afrique peut-elle, à partir de ses héritages historiques, de ses dynamiques économiques actuelles et des mutations géopolitiques en cours, concevoir un modèle d'ISI adapté à ses réalités structurelles, capable de renforcer sa souveraineté productive et de soutenir sa transformation industrielle ? Cette question s'inscrit dans les grands débats du développement de List à Amsden, Prebisch et Rodrik. Il renvoie aux enjeux de dépendance technologique, à la fragmentation des chaînes de valeur mondiales et à la nécessité de définir des stratégies autonomes de transformation structurelle inclusive.

Cette introduction vise ainsi à doter le lecteur d'un cadre analytique pour comprendre la profondeur et la cohérence de l'ouvrage. Elle souligne la volonté de ne pas se limiter à une rétrospective historique ni à une évaluation économétrique des expériences nationales, mais de proposer une lecture intégrée, systémique et prospective des trajectoires industrielles africaines. Cette approche mobilise à la fois l'analyse des institutions, la critique des modèles de développement exogènes, et l'exploration des opportunités régionales offertes notamment par la Zone de Libre-échange continentale africaine (ZLECAf).

La démarche méthodologique repose sur une analyse documentaire approfondie, l'exploitation des données statistiques internationales, une comparaison interrégionale (Amérique latine, Asie du Sud-est, Afrique) et une série d'études de cas portant sur l'Inde, la Chine, la Corée du Sud, l'Éthiopie, le Nigeria, le Ghana, le Rwanda, le Kenya, le Cameroun et le Maroc. Cette combinaison d'outils permet de croiser les dynamiques historiques, les logiques de gouvernance, les instruments de politique industrielle et les tensions géoéconomiques contemporaines, afin d'offrir une compréhension multidimensionnelle des enjeux industriels africains.

L'ouvrage est structuré en quatre chapitres, reflétant une progression analytique et stratégique cohérente.

Le premier chapitre revient sur les fondements historiques, conceptuels et doctrinaux de l'ISI, en explorant ses origines dans le mercantilisme, la pensée de Friedrich List, l'école historique allemande, le structuralisme latino-américain et la théorie de la dépendance. Il propose également une comparaison systématique des trajectoires d'ISI en Amérique latine, en Asie et en Afrique, en mettant en évidence les facteurs institutionnels, politiques et structurels qui ont influencé les performances contrastées de cette stratégie. Cette section fournit ainsi une base théorique solide pour comprendre les ressorts du développement industriel autocentré.

Le deuxième chapitre constitue l'axe empirique central de l'ouvrage. Il analyse les expériences contemporaines d'ISI dans plusieurs pays africains à travers l'étude des instruments mobilisés, des modèles de gouvernance, des résultats obtenus et des contraintes persistantes. Les cas de l'Éthiopie, du Nigeria, du Ghana, du Rwanda, du Kenya, du Cameroun et du Maroc illustrent la diversité des approches nationales. L'objectif est d'identifier les conditions de réussite, les déterminants institutionnels, les limites structurelles et les capacités d'adaptation des stratégies africaines dans un environnement marqué par une compétition géo-industrielle accrue.

Le troisième chapitre élargit l'analyse en l'inscrivant dans les dynamiques géopolitiques contemporaines. Il examine la reconfiguration des chaînes de valeur mondiales, la montée du protectionnisme dans les pays du Nord, les asymétries persistantes du commerce mondial et les contraintes externes qui pèsent sur l'Afrique. Il présente ensuite les principes directeurs d'un modèle africain d'ISI fondé sur la souveraineté productive, le protectionnisme stratégique, l'intégration industrielle régionale, la mobilisation financière domestique et la valorisation des savoirs endogènes. L'ensemble constitue le socle analytique de la formulation d'un modèle endogène d'industrialisation.

Le quatrième chapitre adopte une perspective stratégique et opérationnelle. Il décline le modèle africain d'ISI en un plan d'action structuré, un cadre institutionnel et une architecture de gouvernance destinés à en assurer la mise en œuvre. Les phases d'intervention (2026–2030, 2031–2035, 2036–2040, 2041–2045), les mécanismes de coordination multi-échelles, les sources de financement et les outils de suivi-évaluation y sont détaillés. L'ensemble constitue une feuille de route graduée permettant de traduire les ambitions du modèle africain d'ISI en résultats mesurables et durables.

L'ouvrage s'achève par une conclusion générale qui synthétise les principaux enseignements, identifie les leviers prioritaires pour les décideurs africains et propose des pistes pour approfondir la recherche sur des modèles d'industrialisation adaptés aux réalités du continent. Elle insiste sur l'importance d'une vision stratégique de long terme, d'une gouvernance cohérente et de politiques industrielles disciplinées pour permettre à l'Afrique de se repositionner dans l'économie mondiale.

Chapitre 1

Industrialisation par substitution aux importations : genèse, modèles et trajectoires comparées d'un paradigme économique postcolonial

Import substitution industrialization : genesis, models and comparative trajectories of a postcolonial economic paradigm

Par / by :
Pierre NGUETSE TEGOUM
Patrick KAMDEM SIMO
Stella KONTCHOU TAKOUKAM
Mohamadou MAZOU

Résumé

Au cœur des dynamiques de développement du XXe siècle, la stratégie d'industrialisation par substitution aux importations (ISI) s'est imposée comme un paradigme majeur dans les pays du Sud. Elle repose sur une critique du libre-échange universel et sur la volonté de rompre avec les dépendances héritées du colonialisme, en s'appuyant sur le mercantilisme, le protectionnisme éducateur de Friedrich List, le structuralisme latino-américain et la théorie de la dépendance.

Cette étude analyse dans quelle mesure l'ISI a permis de construire un appareil industriel autonome et compétitif, capable d'aller au-delà de la protection des industries naissantes pour impulser une transformation structurelle durable. Elle évalue les succès et limites de l'ISI selon les régions.

La méthode combine une analyse comparative des trajectoires nationales et une revue critique des doctrines économiques et des instruments mobilisés. Des cas emblématiques (Brésil, Mexique, Argentine, Chine, Corée du Sud, Inde, Nigéria, Cameroun, Ghana, Zambie, etc.) permettent d'identifier les facteurs de réussite — État fort et planification stratégique — ainsi que les limites institutionnelles et économiques.

Les résultats montrent une efficacité contrastée : succès conditionnel en Asie orientale, stagnation en Amérique latine et échec relatif en Afrique subsaharienne, lié à une base industrielle faible et une gouvernance fragile. Si l'ISI a favorisé diversification et emplois, elle a aussi entraîné protection prolongée, rentes et retard technologique.

L'étude recommande une application temporaire et sélective de l'ISI, soutenue par un renforcement institutionnel, une meilleure articulation avec l'ouverture commerciale et un accent sur l'innovation. Le rôle central de l'État est réaffirmé, ainsi que la nécessité d'un équilibre entre protection et intégration internationale pour assurer une croissance inclusive et durable.

Mots-clés : Industrialisation par substitution aux importations ; protectionnisme éducateur ; Transformation structurelle ; Pays en développement

Codes JEL : O14,O25;F13,L52

Abstract

At the core of twentieth-century development dynamics, Import substitution industrialization (ISI) emerged as a major paradigm in the Global South. It rests on a critique of universal free trade and on the ambition to break with colonial-era dependencies, drawing on mercantilism, Friedrich List's infant-industry protection, Latin American structuralism, and dependency theory.

This study assesses the extent to which ISI enabled countries to build an autonomous and competitive industrial base capable of moving beyond infant-industry protection to foster lasting structural transformation. It examines ISI's achievements and limitations across regions.

The methodology combines a comparative analysis of national trajectories with a critical review of economic doctrines and policy instruments. Emblematic cases (Brazil, Mexico, Argentina, China, South Korea, India, Nigeria, Cameroon, Ghana, Zambia, etc.) help identify success factors—such as a strong state and strategic planning—as well as institutional and economic constraints.

Findings show mixed effectiveness: conditional success in East Asia, stagnation in Latin America, and relative failure in sub-Saharan Africa due to a weak industrial base and fragile governance. While ISI supported diversification and job creation, it also produced prolonged protection, rent-seeking, and technological lag.

The study recommends a temporary and selective application of ISI, supported by institutional strengthening, alignment with trade-opening strategies, and a focus on innovation. It highlights the central role of the state and stresses the need for a balanced approach between protection and global integration to achieve inclusive and sustainable growth.

Keywords: Import Substitution Industrialization; Industry Protection; Structural Transformation; Developing Countries

JEL Codes : O14,O25;F13,L52

Introduction

L'industrialisation par substitution aux importations (ISI) s'est imposée comme une stratégie centrale des politiques économiques dans les pays du Sud au XXe siècle, notamment dans les contextes postcoloniaux où la volonté d'indépendance économique s'est associée à la nécessité de réduire une dépendance structurelle aux importations de biens manufacturés (List, 1841 ; Prebisch, 1950 ; Furtado, 1964). Ancrée dans un socle doctrinal solide, cette politique s'appuie sur des courants de pensée variés — du mercantilisme au protectionnisme éducateur, en passant par le structuralisme latino-américain et l'institutionnalisme — qui soulignent tous le rôle stratégique de l'État dans la construction d'une base industrielle nationale (Chang, 2002 ; Reinert, 2007 ; Rodrik, 2008).

L'ISI vise à substituer progressivement les importations par une production locale, à travers des mécanismes de protection tarifaire, de planification étatique, d'investissement public et de soutien aux industries naissantes, dans l'objectif de favoriser la diversification économique, la création d'emplois et la souveraineté productive (Amsden, 2001 ; Evans, 1995).

L'ISI ne s'est pas imposée comme une simple réponse technique à la dépendance économique des pays du Sud, mais comme le fruit d'une élaboration intellectuelle profonde, structurée par une diversité de courants critiques à l'égard du libre-échange et de la spécialisation internationale. À travers le XXe siècle, cette stratégie a constitué un pilier central des politiques de développement dans de nombreuses économies postcoloniales, soucieuses de bâtir une souveraineté industrielle et de rompre avec leur rôle périphérique dans l'économie mondiale.

Les fondements historiques et conceptuels de l'ISI plongent leurs racines dans des traditions de pensée économique variées : du mercantilisme à la théorie de la dépendance, en passant par le protectionnisme éducateur de Friedrich List, l'école historique allemande, l'institutionnalisme et le structuralisme latino-américain. Ces approches ont en commun de remettre en cause l'universalité du libéralisme économique et de valoriser le rôle stratégique de l'État dans la transformation structurelle. Contrairement aux approches libérales privilégiant l'autorégulation des marchés, la stratégie ISI confère à l'État un rôle central dans la planification, l'investissement, la régulation et l'incitation, afin de corriger les défaillances du marché et de bâtir une base productive nationale autonome.

L'objectif de cet ouvrage est d'analyser la trajectoire de l'industrialisation par substitution aux importations (ISI), historiquement mobilisée par les pays du Sud au lendemain des indépendances, en tant qu'instrument de correction des déséquilibres structurels du commerce international et de consolidation d'une souveraineté économique postcoloniale. L'étude interroge la portée de cette stratégie, non seulement dans sa capacité à répondre aux impératifs immédiats de développement, mais également dans son potentiel à transcender une logique de repli protectionniste pour s'ériger comme un vecteur de transformation structurelle inclusive et de reconfiguration durable des systèmes productifs nationaux.

La démarche méthodologique repose sur une analyse comparative des trajectoires nationales, en mettant en lumière les conditions institutionnelles, politiques et économiques qui ont favorisé ou entravé le succès de cette stratégie dans des contextes postcoloniaux marqués par la dépendance, la faiblesse des marchés intérieurs et les contraintes technologiques. Elle consiste à : (i) retracer les fondements doctrinaux de l'ISI, depuis le mercantilisme et le protectionnisme éducateur de Friedrich List jusqu'au structuralisme latino-américain ; (ii) analyser les modalités de mise en œuvre de l'ISI dans trois grandes régions du Sud, à savoir : l'Amérique latine, l'Asie et l'Afrique ; en mettant en évidence les instruments mobilisés, les résultats obtenus et les limites rencontrées et (iii) dégager les enseignements transversaux et les recommandations stratégiques susceptibles d'éclairer les politiques industrielles actuelles, notamment dans le contexte africain.

Ce chapitre se déploie en cinq sections principales. La deuxième section examine les fondements historiques et conceptuels de la politique d'ISI, en retraçant les apports des grands courants de pensée qui ont nourri cette stratégie, ainsi que ses principes et objectifs. La troisième section analyse les instruments et les phases de mise en œuvre de l'ISI, en insistant sur le rôle central de l'État comme planificateur, investisseur, régulateur et facilitateur de la transformation industrielle. La quatrième section propose une comparaison des trajectoires nationales en Amérique latine à travers les exemples du Brésil, de l'Argentine et du Mexique.

La cinquième section se focalise sur les trajectoires de mise en œuvre de la stratégie d'ISI en Asie. Elle analyse l'expérience de l'Inde, de l'Indonésie, des Philippines, de la Chine, ainsi que celle des dragons asiatiques. La sixième section fait une revue sommaire des résultats de la mise en œuvre de la politique d'ISI dans certains pays de l'Afrique Subsaharienne au lendemain des indépendances. Il s'agit de la Zambie, du Kenya, du Ghana, de la Côte d'Ivoire, du Mali, du Burkina Faso, du Cameroun et du Nigéria. Le document s'achève par des enseignements pour l'Afrique et une conclusion qui constituent la dernière section.

I. Fondements historiques conceptuels de la politique d'ISI

L'industrialisation par substitution aux importations (ISI) constitue l'un des paradigmes majeurs des politiques économiques mises en œuvre dans les pays du Sud au XXe siècle. Cette stratégie ne se limite pas à une réponse aux contraintes postcoloniales ou à la quête d'indépendance économique ; elle s'appuie également sur un socle doctrinal solide, forgé par plusieurs courants de pensée critiques du libre-échange universel.

Les fondements intellectuels de l'ISI remontent au mercantilisme et à l'œuvre de Friedrich List, qui défendait au XIXe siècle une industrialisation protégée pour les nations en rattrapage, en opposition au libéralisme classique dominant (List, 1841). Plus tard, l'école historique allemande et les théoriciens institutionnalistes ont souligné l'importance du cadre national et des institutions dans le processus de développement (Chang, 2002). Au XXe siècle, le structuralisme latino-américain porté par Raúl Prebisch, Celso Furtado et la CEPAL, a constitué le socle analytique le plus direct de la stratégie d'ISI, en mettant en lumière les déséquilibres structurels entre centre et périphérie dans l'économie mondiale (Prebisch, 1950 ; Furtado, 1964).

L'ISI est le fruit d'une réflexion économique profonde sur les conditions d'émergence d'un tissu industriel dans des économies structurellement dépendantes. Dans cette perspective, la présente section vise à clarifier les fondements historiques et conceptuels de cette politique. Elle s'articule en trois temps : (i) l'identification des courants de pensée précurseurs et fondateurs de l'ISI ; (ii) la définition de ses principes, mécanismes et objectifs ; et, (iii) l'analyse du rôle stratégique que joue l'État dans son déploiement.

1. Définition, principes et objectifs de politique d'ISI

La politique d'industrialisation par substitution aux importations (ISI) désigne une stratégie de développement économique dans laquelle l'État cherche à remplacer progressivement les biens importés par des produits fabriqués localement, en développant une base industrielle nationale (Prebisch, 1950 ; Ocampo, 2004). Cette approche repose sur l'idée que les pays en développement doivent protéger et promouvoir l'émergence d'un tissu industriel local, afin de rompre avec une structure économique dominée par l'exportation des matières premières et l'importation des biens à forte valeur ajoutée (Prebisch, 1950 ; Furtado, 1964).

Pour List (1841) et Chang (2002), l'ISI s'appuie sur l'idéologie conceptuelle selon laquelle les industries naissantes (« infant industries ») ne peuvent pas survivre à la concurrence internationale sans une protection temporaire, le temps d'acquérir un savoir-faire, d'atteindre une taille critique et d'internaliser les économies d'échelle. Le processus est généralement séquencé en deux phases : une première phase de substitution des biens de consommation importés (vêtements, aliments transformés, biens durables), suivie d'une phase plus avancée de substitution des biens intermédiaires et des biens d'équipement, nécessitant un transfert technologique et un renforcement des capacités locales.

Les objectifs fondamentaux de l'ISI sont multiples : réduire la dépendance aux importations et préserver la balance des paiements ; créer des emplois industriels et stimuler l'urbanisation ; diversifier l'économie au-delà des matières premières ; stimuler l'apprentissage technologique et le développement du capital humain ; constituer un marché intérieur intégré pour soutenir la demande. Globalement, l'ISI est perçue à la fois comme une politique économique et un projet politique, visant à renforcer la souveraineté économique, à reconstruire l'appareil productif et à bâtir les fondations d'un État-nation moderne et autocentré. Dans les années 1950-1980, le développement basé sur la politique d'ISI a été largement mis en œuvre en Amérique latine, en Afrique et en Asie, sous l'influence des travaux de la Commission économique pour l'Amérique latine et les Caraïbes (CEPAL), qui dénonçait les effets asymétriques du commerce international entre centre et périphérie.

2. Courants de pensée précurseurs et fondateurs de la stratégie

La politique d'ISI adoptée dans de nombreux pays du Sud au lendemain des indépendances, s'inscrit dans une longue tradition de réflexion sur le rôle de l'État dans le développement économique et la régulation des échanges. Loin d'être une innovation théorique isolée, elle s'appuie sur un corpus historique et théorique hétérogène. L'ISI puise ses racines dans une série de courants intellectuels allant du mercantilisme des XVIIe et XVIIIe siècles jusqu'au structuralisme latino-américain du XXe siècle, en passant par la critique institutionnaliste et les thèses protectionnistes de l'école historique allemande. Ces courants ont en commun la conviction que le libre-échange n'est pas toujours synonyme de progrès, et que l'intervention stratégique de l'État peut s'avérer nécessaire pour bâtir une base industrielle nationale (Chang, 2002 ; Reinert, 2007). Cette section revient sur ces jalons doctrinaux en examinant successivement leur contribution à la genèse théorique de l'ISI.

2.1. Mercantilisme (1450-1750) : la genèse de l'interventionnisme économique

Le mercantilisme représente l'une des premières écoles de pensée économique mettant en exergue le rôle primordial de l'État dans l'accumulation de la richesse nationale. Il vise à forger une communauté nationale unifiée, économiquement autosuffisante et capable de résister aux pressions extérieures. Le commerce extérieur y est perçu comme un levier d'enrichissement national, fondé sur l'obtention d'un excédent commercial et l'accumulation de métaux précieux (Payant, 2000). Dans un contexte où la guerre constitue une menace constante, l'indépendance économique devient une condition *sine qua non* de la survie politique. Le mercantilisme préfigure ainsi une première forme de politique économique axée sur la consolidation de la production nationale.

2.2. Période des classiques (1700-1870) : la critique libérale du protectionnisme

Les économistes classiques, à l'instar d'Adam Smith (1776), reconnaissent certains mérites au protectionnisme, notamment comme soutien temporaire aux industries naissantes. Toutefois, Smith privilégie une perspective à long terme fondée sur les vertus de la division internationale du travail. David Ricardo (1817) formalise la théorie des avantages comparatifs, plaidant résolument en faveur du libre-échange : chaque nation a intérêt à se spécialiser dans les productions où elle détient un avantage relatif, même si elle est globalement moins productive. Cette approche libérale domine la pensée économique du XIXe siècle, mais tend à occulter les déséquilibres structurels entre économies développées et périphériques.

2.3. Protectionnisme éducateur : le rôle stratégique de l'État

Le protectionnisme éducateur a été théorisé au XIXe siècle par Friedrich List dans son ouvrage *Système national d'économie politique* (1841). Il s'est construit en réaction au libre-échange britannique, jugé préjudiciable pour les nations encore à l'état de construction industrielle (List, 1841 ; Chang, 2002). En effet, List (1841) remet en cause la vision universaliste des avantages comparatifs de David Ricardo, soulignant qu'un pays ne peut prétendre bénéficier du libre-échange que lorsqu'il a atteint un niveau suffisant de développement industriel. À l'inverse, une ouverture précoce expose les économies naissantes à une concurrence étrangère écrasante, risquant de compromettre leur émergence (Reinert, 2007). Il propose alors une protection temporaire et ciblée des industries locales, le temps qu'elles acquièrent une forte capacité productive et puissent faire face à la compétition sur les marchés internationaux.

Pour Amsden (2001) et Chang (2002), le protectionnisme éducateur repose sur l'idée que l'accumulation de compétences productives, les effets d'apprentissage, l'innovation technologique et l'émergence d'un tissu industriel ne peuvent être spontanément générés par le marché. Pour Rodrik (2008), l'État a donc pour mission d'intervenir activement, afin de créer un environnement propice au développement industriel, par le biais de barrières douanières, d'incitations fiscales, de subventions ciblées, ou encore de soutien à la formation technique et à la recherche-développement.

Le protectionnisme éducateur a été au fondement de la trajectoire de plusieurs pays aujourd'hui industrialisés, notamment l'Allemagne, les États-Unis, le Japon au XIX e siècle, et plus récemment la Corée du Sud, Taïwan ou la Chine (Chang, 2002 ; Reinert, 2007 ; Amsden, 2001). Il présente plusieurs atouts majeurs : (i) en limitant la pression concurrentielle externe, il permet aux entreprises nationales de se former, d'investir, de stabiliser leur production et de monter en qualité sans risquer une exclusion immédiate du marché (Reinert, 2007 ; Chang, 2002) ; (ii) il favorise la diversification économique et la création d'emplois à travers une meilleure absorption de main-d'œuvre locale dans des activités économiques (Amsden, 2001) ; et, (iii) il permet de réduire la dépendance commerciale du pays, d'améliorer sa balance des paiements et regagner une certaine souveraineté productive (Chang, 2002).

Par ailleurs, Reinert (2007), a mis en avant le rôle du protectionnisme éducateur sur l'intégration des chaînes de valeur domestiques ; tandis que Rodrik (2008) souligne qu'il peut servir de levier stratégique pour la planification industrielle en permettant l'orientation des investissements publics vers les secteurs jugés prioritaires ou stratégiques pour la transformation structurelle.

Le protectionnisme éducateur n'est pas exempt de risques ni de dérives notamment lorsqu'il est appliqué dans des contextes institutionnels faibles ou sans discipline stratégique. Krueger (1974) et Rodrik (2008) mettent en avant un risque que la protection censée être transitoire devienne permanente, ce qui décourage la recherche de compétitivité et entretient la dépendance à l'appui public. Selon Krueger (1974) et Rodrik (2008), des élites économiques protégées peuvent influencer les politiques publiques pour préserver leurs privilèges, au détriment de la performance et de l'innovation. Krueger (1974) pour sa part, souligne les risques que la production locale protégée puisse conduire à des prix plus élevés, à une qualité inférieure, et à une allocation inefficace des ressources, ce qui pèse sur le bien-être collectif et les finances publiques.

En outre, faute d'une insuffisante préparation à l'ouverture internationale, plusieurs pays (Argentine, Nigéria et l'Inde avant les réformes de 1991) n'ont pas su basculer vers une stratégie d'exportation compétitive, contrairement à l'expérience des pays d'Asie comme la Corée du Sud, le Taïwan, le Singapour ou la Chine (Amsden, 2001). Enfin, une protection excessive peut freiner l'importation des nouvelles technologies ou d'équipements, ralentissant ainsi les processus d'innovation et d'adaptation industrielle (Reinert, 2007).

2.4. École historique allemande et institutionnalisme : vers une économie contextuelle et structurée par les institutions

La pensée de Friedrich List (1841) sur le protectionnisme éducateur va profondément influencer l'école historique allemande, représentée notamment par Wilhelm Roscher, Gustav Schmoller et Bruno Hildebrand, qui ont défendu une économie inductive, historique et contextuelle, opposée aux lois économiques prétendument universelles (Backhaus, 2003). Ces auteurs ont souligné l'importance du rôle de l'État, de la culture nationale et des spécificités institutionnelles dans la dynamique du développement industriel, insistant sur la nécessité d'adapter les politiques économiques aux contextes historiques et sociaux propres à chaque nation.

Dans le prolongement de cette tradition, l'institutionnalisme américain, avec Thorstein Veblen (1915), introduit une lecture plus critique et évolutive de l'économie. Veblen met en avant le rôle des institutions, de l'élite technocratique et de l'État comme catalyseurs du changement industriel dans les sociétés en retard de développement. Il considère que la dynamique économique n'est pas seulement fonction des prix ou des marchés, mais dépend des règles sociales, des normes culturelles et des comportements organisationnels (North, 1990). Ainsi, tant l'école historique que les institutionnalistes plaident pour une intervention active de l'État et la mise en œuvre des politiques publiques structurantes en faveur de l'industrialisation. Pour North (1990), cette école renforce l'idée selon laquelle la transformation structurelle ne peut être laissée aux seules forces du marché, mais nécessite une gouvernance stratégique fondée sur les réalités sociohistoriques propres à chaque nation.

2.5. Structuralisme latino-américain : la matrice conceptuelle de l'ISI

Le structuralisme latino-américain constitue l'un des socles intellectuels les plus influents dans la genèse et la diffusion de la politique d'industrialisation par substitution aux importations (ISI), notamment à partir des années 1950. Portée par la CEPAL et par des auteurs tels que Raúl Prebisch, Celso Furtado, Juan Noyola Vázquez et Aníbal Pinto, cette école de pensée met en évidence les déséquilibres structurels entre le « centre » industrialisé et la "périphérie" exportatrice de produits primaires.

Au cœur de cette approche, les structuralistes contestent la théorie des avantages comparatifs et les fondements du libre-échange classique, jugés inadaptés aux réalités des économies en développement. Ils soulignent que ce commerce centre–périphérie est déséquilibré : (i) les exportations primaires ont une faible valeur ajoutée et une demande inélastique ; (ii) les importations manufacturières incorporent des gains de productivité croissants ; et (iii) les termes de l'échange se détériorent à long terme pour la périphérie, limitant son développement autonome.

Le structuralisme a ainsi renouvelé la réflexion sur le développement en mettant en lumière les déséquilibres hérités de l'ordre colonial et du commerce inégal. Il a introduit une analyse systémique du sous-développement et insisté sur la nature inégalitaire des relations économiques internationales.

Cette perspective a permis de montrer que la spécialisation imposée par le marché mondial enferme les économies périphériques dans une dynamique de dépendance et de vulnérabilité (Furtado, 1961). Le structuralisme a légitimé le recours au protectionnisme sélectif comme instrument de renforcement des capacités industrielles nationales. Il a mis en avant la nécessité de protéger temporairement les industries naissantes (« infant industries »), tout en leur assurant un accès privilégié au crédit, aux marchés publics et aux infrastructures de soutien (Rodrik, 2004).

Comme l'a souligné Fajnzylber (1983), le structuralisme a revalorisé le rôle de l'État dans le pilotage du développement, lui conférant les fonctions de planificateur, d'investisseur et de régulateur. Il a ainsi permis de justifier l'usage de la planification, l'élaboration des politiques industrielles actives et la création d'entreprises publiques dans les secteurs stratégiques. L'État devient alors un acteur central de la transformation structurelle. Enfin, il a favorisé la construction d'un marché intérieur dynamique, par la redistribution des revenus, l'urbanisation et l'essor des classes moyennes nationales. Ce processus a constitué un levier de souveraineté économique et de cohésion sociale, en réduisant la dépendance vis-à-vis des marchés extérieurs (Hirschman, 1958).

Malgré ses apports conceptuels, le modèle structuraliste a révélé d'importantes limites lors de sa mise en œuvre. Dans de nombreux pays d'Amérique latine, les industries protégées ont souffert d'une chronique de compétitivité. L'absence d'exigence de performance et la prolongation excessive des mesures protectionnistes ont conduit à la création d'entreprises inefficaces, très dépendantes des subventions publiques (Balassa, 1982 ; Krueger, 1978). Ce phénomène a freiné l'innovation et la modernisation du secteur industriel. Dornbusch & Edwards (1991) ont montré que sur le plan macroéconomique, le modèle a généré des déséquilibres budgétaires et une dette croissante, accentués par l'augmentation des dépenses publiques non productives et la faiblesse des recettes fiscales.

2.6. Théorie de la dépendance : socle analytique de l'ISI

La théorie de la dépendance est un courant critique en sciences sociales, né entre les années 1950 et 1970 en Amérique latine, dans un contexte de remise en cause des modèles de développement linéaires inspirés des pays industrialisés. Elle explique les relations asymétriques entre pays du Nord et du Sud en montrant que le sous-développement n'est pas un simple stade transitoire, mais le produit structurel de l'intégration déséquilibrée des économies périphériques dans le système capitaliste mondial (Frank, 1967 ; Dos Santos, 1970). Contrairement aux théories de la modernisation, elle ne considère pas le développement comme un processus universel, mais comme le résultat d'un système mondial fondé sur la domination et la dépendance.

Cette approche constitue un cadre critique majeur pour repenser le développement du Sud. Elle remet en cause l'universalité du modèle occidental et souligne que les trajectoires de développement doivent être adaptées aux spécificités historiques et structurelles de chaque pays (Kay, 1989 ; Amsden, 2001). Elle encourage ainsi des stratégies de développement autocentré, la souveraineté économique et l'appropriation des politiques publiques. Elle permet également d'analyser les effets pervers de certaines politiques imposées par les institutions financières internationales dans les années 1980–1990 (Stiglitz, 2002). Dans cette optique, l'ISI doit s'appuyer sur une restructuration des rapports de pouvoir internes et internationaux, faute de quoi elle risque de reproduire les inégalités qu'elle cherche à combattre.

La théorie de la dépendance a toutefois suscité plusieurs critiques : (i) elle néglige les facteurs endogènes, en minimisant le rôle des politiques nationales, de la gouvernance, de la corruption et des élites locales dans les blocages du développement (Evans, 1979) ; (ii) elle sous-estime les opportunités offertes par l'ouverture économique, notamment les transferts de technologie, les IDE et l'accès aux marchés mondiaux (Rodrik, 2006) ; et (iii) elle propose peu de solutions opérationnelles, se limitant souvent à décrire les mécanismes de la dépendance sans en indiquer les trajectoires de sortie (Peet & Hartwick, 2009).

Malgré ces limites, la théorie de la dépendance demeure un cadre analytique pertinent pour comprendre les rapports inégaux entre le Nord et le Sud. Elle éclaire notamment les débats contemporains sur les chaînes de valeur mondiales, la souveraineté économique et les politiques industrielles, tant en Afrique qu'en Amérique latine.

3. Rôle de l'État dans la politique d'ISI

Un trait distinctif de la stratégie ISI réside dans le rôle central de l'État qui, contrairement au modèle libéral fondé sur la « *main invisible* », intervient pour corriger les défaillances du marché et orienter les ressources vers les secteurs industriels prioritaires (Amsden, 2001 ; Evans, 1995). La réussite de l'ISI exige une action publique proactive, afin de réduire les déséquilibres historiques du commerce international, de pallier les insuffisances du marché et de bâtir une base productive nationale robuste et diversifiée (Chibber, 2014 ; Griffin, 1989 ; Chang, 2002). Dans cette perspective, l'État n'est pas un simple arbitre, mais un acteur stratégique : planificateur, investisseur et catalyseur de la transformation économique.

3.1. Un État planificateur et orienteur stratégique

L'ISI repose sur une conception volontariste du développement, dans laquelle l'État assume un rôle central de planificateur et d'orienteur stratégique ; ce qui implique une action publique structurée, anticipatrice et coordonnée, visant à orienter le processus d'industrialisation dans des directions jugées prioritaires pour le développement national (Chibber, 2014 ; Amsden, 2001).

Concrètement, l'État élabore des plans stratégiques de développement pluriannuels, définissant des priorités sectorielles fondées sur des critères économiques (création de valeur, balance commerciale), sociaux (emploi, répartition spatiale) et parfois géopolitiques (sécurité alimentaire, souveraineté technologique). Ces plans permettent de guider les investissements publics, de stimuler les investissements privés, et de poser les bases d'un pilotage cohérent des politiques industrielles à moyen et long terme (Chang, 2002).

D'après le rapport de Géoconfluences (2023) ; les instruments mobilisés dans cette planification stratégique incluent :

(i) la fixation d'objectifs de production par filière, afin de réduire la dépendance aux importations dans des secteurs clés ;

(ii) la localisation géographique planifiée des activités industrielles, pour promouvoir l'aménagement durable du territoire et éviter la concentration excessive dans les grandes métropoles ;

(iii) la coordination intersectorielle ;

(iv) la fixation de cibles de substitution, exprimées en taux de couverture des besoins nationaux par la production locale.

Ce modèle planificateur a été mis en œuvre dans divers contextes nationaux. L'Inde, dès 1951, a lancé une série de plans quinquennaux visant à construire une base industrielle autonome, en commençant par les biens de production avant de s'étendre aux biens de consommation (Amsden, 2001). Au Brésil, durant les années 1970, l'État a piloté une stratégie d'industrialisation intensive centrée sur les infrastructures, la sidérurgie et la mécanique lourde, grâce à une forte coordination entre les entreprises publiques et le capital privé national (Chibber, 2014). Plus récemment, l'Éthiopie a mis en œuvre une politique industrielle dirigée par l'État, articulée autour des plans nationaux successifs tels que le Growth and Transformation Plan (GTP I et II), axés sur le développement des zones industrielles et la substitution progressive des importations manufacturières (UNCTAD, 2020). De même, le Cameroun, avec sa Stratégie nationale de développement 2020-2030 (SND30), illustre une volonté de planification orientée vers la transformation structurelle, la diversification économique et le renforcement de la production nationale (République du Cameroun, 2020).

Le rôle de l'État planificateur dans le cadre de l'ISI ne se limite pas à l'élaboration des documents stratégiques et programmatiques. Il consiste aussi à créer un cadre institutionnel fort, des conditions politiques et économiques pour piloter l'industrialisation, renforcer la coordination entre les acteurs publics et privés, soutenir les capacités nationales et garantir la cohérence des interventions sectorielles.

3.2. Un État investisseur et producteur

Dans de nombreux pays ayant adopté la politique d'industrialisation par substitution aux importations (ISI), l'État s'est affirmé comme investisseur direct et producteur industriel, en créant et en gérant des entreprises publiques dans des secteurs jugés stratégiques. Ces secteurs incluent notamment l'industrie lourde (sidérurgie, métallurgie), les matériaux de construction (cimenteries, usines de verre), les transports (construction ferroviaire, chantiers navals) ainsi que l'agroalimentaire (Griffin, 1989 ; Amsden, 2001).

Selon Chang (2002), l'intervention publique répondait à plusieurs contraintes majeures rencontrées dans les économies en développement. Premièrement, l'absence de capital privé national suffisant, tant en volume qu'en expertise, limitait la capacité d'investissement dans des industries à forte intensité capitalistique et technologique. Deuxièmement, les investisseurs étrangers manifestaient un faible intérêt pour les secteurs non exportateurs, souvent perçus comme peu rentables à court terme ou risqués en raison du faible pouvoir d'achat des marchés domestiques (UNCTAD, 2014). Troisièmement, l'État cherchait à préserver et renforcer sa souveraineté économique en maintenant un contrôle direct sur les filières industrielles clés, jugées essentielles pour la sécurité nationale, l'autonomie technologique et le développement durable (MPRA, 2015).

Les entreprises publiques ainsi créées ont joué un rôle fondamental dans le processus de montée en compétences nationales. Amsden (2001) relève que dans certains pays, ces entreprises ont permis un apprentissage technologique structuré parfois innovant à partir des technologies importées ou développées localement. Par ailleurs, elles ont contribué à la création d'emplois qualifiés, indispensables à la constitution d'une main-d'œuvre technique et managériale capable d'accompagner la complexification du tissu productif (MPRA, 2015). La présence de ces entreprises a favorisé la structuration progressive d'un tissu industriel national intégré, en stimulant la création de sous-traitants et fournisseurs locaux, en renforçant les liens intersectoriels (par exemple entre industrie lourde et construction), et en réduisant la dépendance aux importations des biens d'équipement (UNCTAD, 2014).

3.3. Un État régulateur et protecteur

Dans la politique d'ISI, l'État joue un rôle crucial de régulation et de protection des industries naissantes, souvent incapables de rivaliser immédiatement avec les acteurs étrangers plus expérimentés et technologiquement avancés. Pour cela, il déploie un éventail d'instruments réglementaires destinés à créer un environnement propice à leur croissance et à leur consolidation.

Premièrement, l'État établit des barrières tarifaires élevées, notamment des droits de douane importants sur les biens importés concurrents, afin d'augmenter le coût relatif des produits étrangers par rapport à ceux produits localement (Chang, 2002 ; Faster Capital, 2024). Cette protection tarifaire vise à réduire la pression concurrentielle sur les entreprises nationales, leur permettant ainsi d'atteindre une taille importante et d'investir dans l'amélioration technologique. Ces restrictions peuvent également cibler des segments spécifiques jugés stratégiques ou vulnérables. Deuxièmement, la gestion des taux de change et le contrôle de l'allocation des devises étrangères jouent un rôle essentiel dans la protection des industries naissantes. Par exemple, un taux de change sous-évalué peut favoriser les exportations tout en rendant les importations plus coûteuses, renforçant ainsi la compétitivité des producteurs locaux (Chang, 2002). En limitant l'accès aux devises pour l'importation des produits concurrents, l'État s'assure que les ressources en devises limitées soient prioritairement orientées vers l'importation des biens d'équipement indispensables au développement industriel (Les Yeux du Monde, 2023).

Au-delà de la protection externe, l'État intervient également sur les marchés intérieurs des intrants et sur la régulation des prix afin de soutenir la rentabilité des industries naissantes. Cela peut passer par la fixation de prix plafonds sur certaines matières premières, la subvention de coûts énergétiques, ou encore par la régulation des tarifs de transport et de communication. Ce dispositif vise à réduire les coûts de production, facteur essentiel de compétitivité, notamment dans les secteurs à forte intensité capitalistique ou énergétique (Chang, 2002).

Il convient toutefois de relever que cette politique de régulation et de protection n'est pas exempte de risques. En effet, comme le soulignent Pack & Saggi (2006), une protection prolongée peut engendrer des inefficacités, une faible incitation à l'innovation, et la création de rentes de situation pour certains acteurs.

3.4. Un État facilitateur et incitateur

Dans le cadre des politiques d'ISI, l'État ne se limite pas à un rôle direct de producteur ou de planificateur ; il assume également une fonction cruciale de facilitateur et d'incitateur du développement industriel, visant à mobiliser les acteurs privés, nationaux comme étrangers, dans une dynamique de transformation structurelle au service des objectifs publics (Faster Capital, 2024).

L'un des leviers centraux est l'instauration d'un régime d'incitations fiscales et financières : exonérations temporaires sur les bénéfices, la TVA ou les droits d'importation sur les équipements industriels, amortissements accélérés pour les investissements productifs, subventions ciblées sur l'énergie, les intrants locaux ou la logistique industrielle (MPRA, 2015 ; Faster Capital, 2024). Ces mesures réduisent le coût initial des investissements industriels tout en améliorant la rentabilité ; ce qui est particulièrement déterminant dans des environnements à faible retour sur capital ou à risques élevés (Faster Capital, 2024).

Par ailleurs, l'État facilite l'accès au foncier industriel et aux infrastructures de base à travers la création de zones industrielles ou de zones économiques spéciales (ZES), dotées de statuts réglementaires et fiscaux préférentiels. Ces espaces offrent aux entreprises une connectivité logistique accrue, une alimentation énergétique plus stable, des guichets uniques administratifs et parfois des services de soutien à l'innovation ou à la conformité technique (UNIDO, 2019 ; IISD, 2025). L'exemple des ZES au Maroc, en Éthiopie ou au Rwanda illustre la volonté de créer des « écosystèmes industriels » compétitifs, capables d'attirer les investissements tout en favorisant la substitution aux importations (IISD, 2025).

L'action de l'État s'étend également au renforcement des capacités humaines et technologiques du secteur industriel. Cela passe par le développement de la formation technique et professionnelle adaptée aux besoins des branches prioritaires, ainsi que par la promotion du transfert de technologies à travers des partenariats public-privé, des joint-ventures avec des firmes étrangères ou des clauses technologiques dans les appels d'offres publics (UNIDO, 2019 ; MPRA, 2015). Cette démarche vise à éviter le piège d'une industrialisation sans apprentissage, où la dépendance technologique freinerait les effets attendus de l'ISI (MINPMEESA, 2024).

Le rôle de l'État facilitateur ne consiste pas à se substituer aux acteurs privés, mais à créer un environnement propice à l'industrialisation, en levant les obstacles structurels, en réduisant les incertitudes et en orientant les choix d'investissement vers les secteurs prioritaires pour la transformation économique (Faster Capital, 2024 ; Les Yeux du Monde, 2023).

II. Instruments et phases de la politique d'industrialisation par substitutions aux importations

1. Instruments de la politique d'ISI

La politique d'industrialisation par substitution aux importations repose sur un ensemble cohérent d'instruments de politique économique, pilotés de manière centralisée par l'État.

1.1. Barrières tarifaires et non tarifaires

✓ ***Barrières tarifaires***

Elles constituent l'instrument fondamental de la politique d'ISI. Il s'agit d'une imposition de tarifs douaniers élevés sur les biens importés afin de rendre les produits nationaux plus compétitifs sur le marché intérieur. Ces tarifs rendent les importations coûteuses, encourageant ainsi la production locale. Cet instrument logique découle des travaux classiques de Friedrich List (1841), qui suggérait une protection temporaire des industries naissantes dans les pays en développement.

✓ ***Barrières non tarifaires***

Parallèlement, les pays adoptaient des barrières non tarifaires telles que des quotas d'importation, des licences d'importation sélectives et des restrictions quantitatives. Ces mesures visent à protéger les entreprises agricoles et industries naissantes de la concurrence étrangère excessive et de favoriser leur croissance (Bruton, 1998).

1.2. Interventionnisme de l'État

✓ ***Le contrôle des devises***

Un autre levier central de la politique de l'ISI consiste à contrôler l'accès aux devises étrangères pour orienter les importations vers les biens nécessaires à l'industrialisation (machines, équipements, matières premières), tout en limitant les importations des biens de consommation non essentiels. La mise en place de cet instrument implique la mise en place d'un régime de change administré (Bresser-Pereira, 2009).

✓ ***Nationalisation des industries clés***

La nationalisation désigne le transfert de la propriété d'entreprises privées vers l'État, généralement dans des secteurs stratégiques tels que les mines, l'énergie, les télécommunications ou les transports. Dans le cadre de l'ISI, elle constitue un instrument permettant à l'État d'avoir les leviers de la planification industrielle, de promouvoir l'industrialisation interne et de renforcer sa souveraineté économique (Amsden, 1989 ; Chang, 2002). Cette stratégie est fondée sur les théories structuralistes du développement, qui postulent que les économies des pays en développement doivent rompre avec la spécialisation internationale de la production héritée de la colonisation pour construire des industries locales protégées (Prebisch, 1950). La nationalisation des industries s'inscrit dans la logique de l'État développeur, où l'intervention publique est vue comme nécessaire pour pallier les faiblesses du marché et orienter l'accumulation du capital (Evans, 1995).

1.3. Planification et mesures incitatives

✓ ***Planification industrielle et intervention de l'État***

La mise en œuvre d'une politique ISI exige une planification étatique forte, à travers l'élaboration des plans de développement pluriannuels visant à orienter les investissements publics et privés vers des secteurs ciblés comme l'agroalimentaire, le textile, les mines, etc. (Cimoli, Dosi & Stiglitz, 2009). Par ailleurs, dans la perspective de l'atteinte de leurs objectifs d'industrialisation, les États sont souvent amenés à intervenir directement sur les secteurs productifs stratégiques à travers la création des entreprises publiques afin de pallier l'insuffisance des capitaux privés ou compenser les défaillances du marché. En outre, des organismes gouvernementaux spécifiques sont parfois créés pour superviser et coordonner les activités industrielles, allouer les ressources et fixer des objectifs de développement à long terme.

1.4. Incitations fiscales et subventions à la production

Afin de renforcer la rentabilité et l'attractivité de l'investissement industriel, les États ont souvent recours à des subventions directes ciblées ou octroient des avantages fiscaux aux entreprises locales des secteurs prioritaires. Cet instrument inclut les exonérations fiscales sur les bénéfices réinvestis, les réductions de taxes à l'importation sur les machines et intrants industriels, des prêts à taux préférentiels accordés par des banques publiques ou via des mécanismes spécifiques (Amsden, 1989 ; Rodrik, 2004).

1.5. Développement du marché intérieur et stimulation de la demande

La pérennité de la politique d'industrialisation par substitution aux importations dépend également de l'existence d'un marché intérieur dynamique, capable d'absorber la production nationale. Pour atteindre cet objectif, il est impératif de mettre en œuvre des politiques visant à renforcer le pouvoir d'achat des ménages, notamment par des augmentations salariales dans la fonction publique et un soutien accru au secteur agricole. Par ailleurs, ils investissent aussi dans les infrastructures essentielles telles que les réseaux routiers, l'énergie et les télécommunications, tout en améliorant l'accès aux services sociaux de base en vue de constituer un capital humain qualifié. Cette expansion de la demande intérieure vise, entre autres, l'écoulement des produits locaux et à favoriser la croissance des PME (Rodrik, 2004).

Figure 1 : Récapitulatif des instruments de la politique d'industrialisation par substitution aux importations

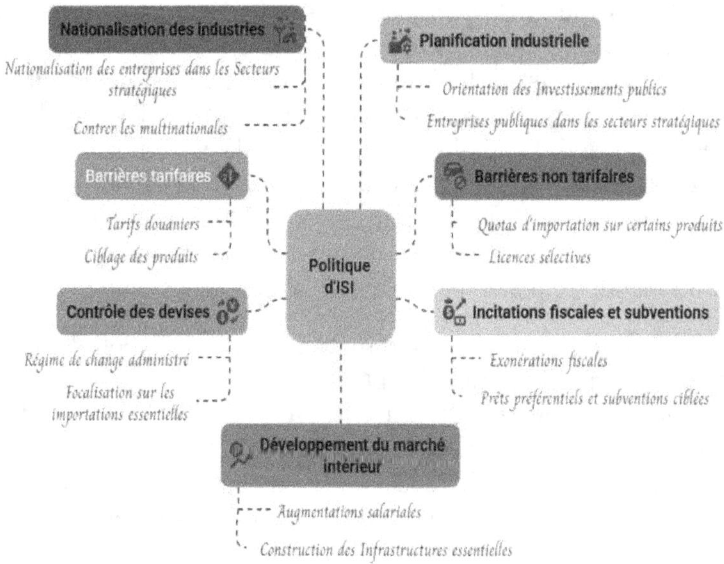

Source *: Auteurs*

2. Phases du processus d'industrialisation par substitution aux importations (ISI)

L'ISI constitue un processus dynamique progressif visant à renforcer les capacités productives nationales, à réduire la dépendance aux importations et à promouvoir la transformation structurelle. Ce modèle, historiquement adopté dans de nombreux pays d'Amérique latine, d'Asie de l'Est et, plus récemment, en Afrique, se déploie en quatre principales étapes qui correspondent à des paliers d'apprentissage industriel, technologique et institutionnel (Amsden, 1989).

2.1. Phase fondatrice : Substitution des biens de consommation courante

La première étape de l'ISI consiste à produire localement les biens de consommation les plus couramment importés, comme les vêtements, les denrées alimentaires transformées (huile, sucre, farine) ou les articles ménagers simples (meubles, savon, chaussures). Les instruments mobilisés incluent la mise en place des barrières tarifaires et non tarifaires (quotas, licences), la création d'entreprises publiques ou mixtes, ainsi que l'octroi des subventions et des facilités fiscales à la production locale (Bruton, 1998 ; Les Yeux du Monde, 2023). Cette phase, fondée sur la protection du marché intérieur, permet d'initier un tissu industriel embryonnaire et de générer rapidement des emplois, tout en nécessitant peu de technologie complexe. Elle correspond à ce que la théorie économique classique identifie comme la première étape du processus séquentiel d'industrialisation. Elle nécessite peu de technologie complexe et permet de générer des emplois permettant d'absorber rapidement une main-d'œuvre souvent sous-employée.

A titre d'exemple, la Côte d'Ivoire, dans les années 1960-70, l'État a investi dans la transformation des produits agricoles via des entreprises parapubliques comme la SODESUCRE. En Algérie, après l'indépendance, un vaste programme d'industrialisation étatique a été lancé pour remplacer les importations françaises, notamment dans l'agroalimentaire et le textile (Aït-Chaalal, 2015). Un processus similaire a été observé dans de nombreux pays d'Amérique latine (Brésil, Argentine, Mexique) et d'Asie (Japon de l'ère Meiji), souvent motivé par le désir d'autonomie économique postcoloniale (Amsden, 1989).

2.2. Phase intermédiaire : Substitution des biens intermédiaires et d'équipement

Une fois la base industrielle posée, les pays cherchent généralement à intégrer davantage les chaînes de valeur en développant la production des biens intermédiaires (acier, verre, plastiques, produits chimiques) et des biens d'équipement (machines-outils, engins agricoles, pièces détachées). Comme le soulignent Amsden (1989) et Ocampo (2004), cette phase exige des investissements massifs, souvent appuyés par des partenariats technologiques étrangers et un pilotage étatique fort orienté vers la planification industrielle. Elle correspond à ce que les économistes du développement appellent le « *learning by doing at scale* ». L'enjeu est de « remonter la filière » pour réduire la dépendance aux importations des composants et des machines, ce qui permet de consolider l'autonomie productive. Les défis sont considérables, car cette étape requiert une main-d'œuvre qualifiée, l'emploi de processus de production technologiquement avancés et la capacité de produire à grande échelle pour minimiser les coûts.

Le Nigeria dans les années 1970-80 illustre parfaitement cette phase avec la création des complexes industriels comme Ajaokuta Steel Company, conçue comme un complexe sidérurgique intégré destiné à servir de fondement à l'industrialisation du pays. En Inde, le développement d'une industrie mécanique et chimique lourde a été favorisé par la création d'entreprises publiques spécialisées telles que Hindustan Machine Tools ou Heavy Engineering Corporation (Amsden, 1989). Cette phase est souvent qualifiée d'« industrialisation poussée », où l'État agit comme investisseur, planificateur et coordinateur sectoriel (Ocampo, 2004).

2.3. Phase de consolidation industrielle : sophistication technologique et élargissement de la base productive

Comme le soulignent Amsden (2001) et Wade (1990), à ce stade du processus d'ISI, les pays s'engagent dans une logique de sophistication industrielle, visant la production locale de biens plus complexes (électronique, automobiles, équipements industriels) tout en développant des capacités de recherche, d'innovation et de formation technique. La consolidation de cette étape suppose une sélectivité accrue des politiques industrielles, des incitations conditionnelles à la performance (exportation, innovation, productivité) et une articulation efficace entre grandes entreprises et PME locales. L'État doit alors mettre en place des politiques de soutien à la R&D, à la formation technique et à l'innovation, tout en disciplinant les acteurs économiques (Rodrik, 2007).

En Corée du Sud, par exemple, l'État a soutenu les chaebols (Samsung, Hyundai) dans des secteurs stratégiques, en exigeant des contreparties en matière d'exportation et de transfert technologique (Wade, 1990 ; Johnson, 1982). Taïwan a misé sur le développement d'un écosystème technologique autour des semi-conducteurs, appuyé par l'Industrial Technology Research Institute (ITRI). Cette étape marque la transition vers des secteurs à plus forte valeur ajoutée et exige des capacités technologiques et institutionnelles considérablement renforcées.

3.4. Phase de transition vers l'exportation compétitive

Une fois la base industrielle consolidée, les pays adoptent une stratégie d'industrialisation orientée vers les marchés extérieurs, en intégrant leurs productions dans les chaînes de valeur régionales ou mondiales. Cette phase implique une réduction progressive des protections tarifaires, la mise en place d'instruments incitatifs à l'exportation (zones franches industrielles, facilités logistiques) et une reconfiguration des politiques industrielles pour attirer les investissements directs étrangers et développer les standards de qualité (Amsden, 2001).

Le Vietnam est devenu un acteur mondial du textile et de l'électronique grâce à une stratégie d'ouverture sélective et de partenariat public-privé. L'Éthiopie, bien que précoce dans ce processus, cherche à suivre cette trajectoire avec l'appui de la Chine à travers la création des zones économiques spéciales et l'attraction d'entreprises manufacturières (Whitfield et al., 2015). L'Éthiopie a récemment transformé dix de ses parcs industriels en zones économiques spéciales pour attirer davantage d'investissements directs étrangers et améliorer sa compétitivité. Cette phase n'est pas automatique et de nombreux pays africains peinent à y accéder, faute d'accumulation suffisante de capacités productives et institutionnelles.

Selon Mkandawire (2001) et Behuria (2019) ses quatre phases de l'ISI sont interdépendantes et nécessitent une progression stratégique et cumulative. Pour ces auteurs, l'échec de nombreux pays africains tient à une discontinuité politique, à l'absence d'un État développeur capable de coordonner les transitions sectorielles et technologiques, et à une exposition précoce à la concurrence internationale sans consolidation industrielle préalable.

Figure 2 : Phases du processus d'industrialisation par substitution aux importations

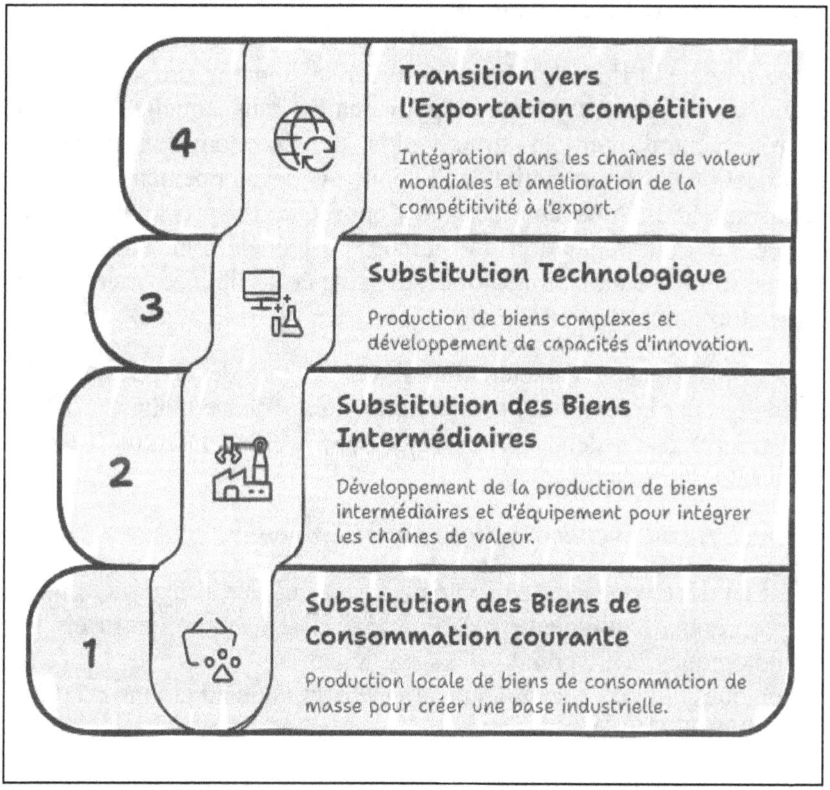

Source : *Auteurs*

2.5. Rôle du modèle d'État développeur dans la mise en œuvre de la politique d'ISI

La mise en œuvre effective de la politique d'ISI repose sur un ensemble d'instruments économiques, institutionnels et politiques visant à restructurer l'appareil productif national. Elle s'organise selon des phases progressives, allant de la substitution des biens de consommation à l'évolution technologique. Elle s'appuie également sur un modèle de gouvernance interventionniste. Cette section s'articule autour de trois points, à savoir : (i) l'examen des instruments mobilisés pour la mise en œuvre de l'ISI, (ii) l'analyse des phases successives du processus d'ISI ; et l'évaluation du rôle central de l'État dans l'orientation et la réussite de cette politique.

2.6. Modèle d'État développeur

Le modèle d'État développeur, théorisé à partir des expériences asiatiques, désigne une forme de gouvernance dans laquelle l'État joue un rôle central dans la structuration de l'économie à travers la planification, la coordination et l'appui au développement industriel (Johnson, 1982 ; Amsden, 2001). À l'opposé de l'approche néolibérale fondée sur l'autorégulation du marché, ce modèle s'inscrit dans une logique d'intervention stratégique, sélective et disciplinée orientée vers la transformation structurelle.

Les principales caractéristiques de l'État développeur, telles qu'étayées par la littérature et les retours d'expérience (Johnson, 1982 ; Evans, 1995 ; Amsden, 2001 ; Projet BaSES, 2013 ; Cairn, 2014), se déclinent comme suit :

✓ ***Une forte intervention étatique dans l'économie***

L'État développeur ne se contente pas de réguler, il planifie, finance et coordonne directement les investissements industriels et technologiques. Il prend des participations dans les secteurs stratégiques, afin d'orienter le développement national (Johnson, 1982 ; Projet BaSES, 2013).

✓ ***Une élite bureaucratique compétente et proche du pouvoir***

Au cœur du dispositif se trouve une courte bureaucratie hautement qualifiée qui bénéficie d'un accès privilégié au pouvoir exécutif. Cette élite technocratique assure la conception, la mise en œuvre et le suivi strict des politiques publiques (Evans, 1995 ; Projet BaSES, 2013).

✓ ***Une autonomie relative de l'État vis-à-vis des pressions clientélistes et des intérêts sectoriels***

L'intérêt national est placé au-dessus des intérêts particuliers, garantissant ainsi la cohérence et la continuité des politiques à long terme (Evans, 1995 ; Cairn, 2014).

✓ ***Une technocratie compétente***

Les institutions économiques (ministères, agences) sont dotées de fortes capacités analytiques et jouissent d'une marge de manœuvre décisionnelle assez forte pour piloter les plans de développement. (Johnson, 1982)

✓ ***Une sélectivité et une discipline dans la gestion des finances publiques***

Les ressources sont allouées sélectivement à des « filières championnes » identifiées selon leur potentiel d'apprentissage, d'exportation ou d'innovation. Les aides (prêts bonifiés, exonérations, barrières tarifaires) sont conditionnées à l'atteinte d'objectifs de performance, afin de favoriser une véritable discipline budgétaire (Wade, 1990 ; Cairn, 2014).

✓ ***Une collaboration public-privés structurée***

Plutôt que de nationaliser les entreprises, l'État s'appuie sur des partenariats, des comités mixtes, des approches cofinancement des projets, et les dialogues étroits avec les opérateurs privés pour permettre un alignement des intérêts publics et privés, tout en maintenant la capacité de sanction ou de récompense (Evans, 1995 ; Projet BaSES, 2013).

Historiquement, les modèles d'État développeur sont développés dans des contextes où la société civile et les syndicats étaient peu organisés ou contrôlés, facilitant l'exécution rapide des réformes parfois autoritaires, mais efficaces pour la transformation structurelle (Projet BaSES, 2013).

2.7. Exemples d'États développeurs en Asie

Ce modèle d'État développeur s'est imposé comme une alternative aux politiques de marché libre, notamment dans plusieurs pays d'Asie de l'Est, mais aussi plus récemment en Afrique (Johnson, 1982 ; Evans, 1995). La présente section propose une sélection d'exemples emblématiques, en soulignant leurs caractéristiques spécifiques.

✓ ***Le Japon : le modèle fondateur (1950–1980)***

Le Japon est souvent considéré comme le prototype de l'État développeur moderne. Dès les années 1950, le ministère du Commerce international et de l'Industrie (MITI) a joué un rôle central dans la planification industrielle, en identifiant les secteurs stratégiques et en dirigeant les flux d'investissements vers ceux-ci. Johnson (1982) relève que le gouvernement a mis en place des politiques de protection sélective, des subventions ciblées, et une coopération étroite avec les grandes firmes industrielles. Cette intervention étatique ne se limitait pas à la régulation, mais assumait une fonction stratégique de pilotage économique, permettant la croissance rapide des secteurs clés comme l'automobile, l'électronique ou la sidérurgie.

✓ ***La Corée du Sud : un capitalisme dirigé (1960–1990)***

Sous le régime de Park Chung-hee, la Corée du Sud a adopté une politique volontariste centrée sur l'industrialisation par les exportations. L'État sud-coréen a construit une alliance étroite avec les chaebols (conglomérats familiaux tels que Samsung, Hyundai), leur fournissant des crédits bonifiés, une protection commerciale temporaire, et un accès privilégié aux marchés extérieurs. Comme le souligne Amsden (1989), la bureaucratie économique, hautement compétente et technocratique, a joué un rôle central dans la coordination sectorielle et l'évaluation des performances des entreprises, ce qui a permis une croissance rapide et une diversification industrielle remarquable.

✓ ***Taïwan : une stratégie d'industrialisation graduelle et inclusive***

Taïwan a également suivi une trajectoire d'État développeur, mais fondée sur un tissu de PME plutôt que sur de grands conglomérats. Après une réforme agraire réussie dans les années 1950, l'État a investi dans l'éducation, les infrastructures et la R&D. Il a aussi promu l'exportation des produits manufacturés légers, avant de passer progressivement à des secteurs plus technologiques. Le rôle de l'Industrial Technology Research Institute (ITRI) a été central dans l'évolution de l'économie (Wade, 1990). La stratégie a été caractérisée par une forte capacité d'adaptation et une inclusion progressive des acteurs locaux dans la chaîne de valeur.

✓ ***Singapour : un État stratège et entrepreneur***

Sous Lee Kuan Yew, le Singapour a mis en place un modèle pragmatique où l'État joue un triple rôle : régulateur, planificateur et producteur. À travers des institutions comme Temasek Holdings et GIC, l'État contrôle une part significative de l'économie via des entreprises publiques performantes. Parallèlement, il a attiré massivement les investissements directs étrangers (IDE) dans les secteurs technologiques, tout en investissant dans l'éducation et la stabilité institutionnelle (Rodrik, 2007 ; Chua, 2017). Le modèle singapourien repose sur une gouvernance efficace, une forte discipline et une capacité à anticiper les évolutions économiques mondiales.

✓ ***La Chine : un capitalisme d'État planifié (depuis 1978)***

Depuis les réformes de Deng Xiaoping, la Chine a adopté un modèle hybride combinant planification centralisée et ouverture au marché mondial. L'État conserve un contrôle stratégique sur les secteurs clés via les entreprises publiques, tout en orientant le crédit, les investissements et les exportations. Pour Naughton (2007) et Kennedy (2015), le plan Made in China 2025 illustre la volonté de passer d'une économie fondée sur le volume à une économie basée sur l'innovation et la qualité. A travers son modèle de développement, la Chine a réussi à maintenir une croissance rapide tout en modernisant ses industries.

2.8. Exemples d'États développeurs en Afrique

Les deux études de cas suivantes illustrent, à partir d'expériences récentes et contrastées, comment des États africains ont adapté des leviers étatiques hérités des modèles asiatiques pour impulser une transformation productive nationale.

✓ ***L'Éthiopie : un État développeur africain en émergence***

Depuis le début des années 2000, l'Éthiopie a adopté une stratégie de développement inspirée des expériences asiatiques. Sous la direction du Front démocratique révolutionnaire du peuple éthiopien (FDRPE), le pays a mis en œuvre des plans quinquennaux ambitieux, axés sur l'investissement public dans les infrastructures, les zones industrielles et l'énergie (Clapham, 2018). L'État contrôle les principaux leviers économiques et joue un rôle de catalyseur dans la transformation structurelle, en mobilisant des ressources massives pour soutenir la croissance et la diversification (Cheru et Cramer, 2016).

✓ ***Le Rwanda : un État moderne et technocratique***

Le Rwanda, sous Paul Kagame, constitue un exemple africain contemporain d'État développeur caractérisé par un pilotage centralisé, une gouvernance axée sur les résultats et une forte volonté de transformation économique. Les documents *Vision 2020*, puis *Vision 2050* définissent des orientations précises dans les secteurs à forte valeur ajoutée. Le pays a également mis en place un climat des affaires favorable, avec une administration efficace et une politique d'incitation à l'investissement (Booth et Golooba-Mutebi, 2012 ; Behuria, 2019).

✓ ***Le Maroc : un État développeur pragmatique***

Le Maroc incarne une version adaptée du modèle d'État développeur dans la périphérie méditerranéenne, centrée sur la création de capacités productives par des interventions ciblées sur les infrastructures, les filières exportatrices et l'attraction d'investissements étrangers stratégiques (Benchekroun, 2019 ; Aït El Mekki, 2016 ; Cherkaoui & El Mansouri, 2018). Depuis les années 2000, les plans industriels successifs qui ont combiné zones industrielles spécialisées, incitations fiscales et investissements logistiques majeurs, notamment à travers le complexe de Tanger Med. Parallèlement, l'État a mis en place des programmes de formation professionnelle, renforcé les appuis aux PME intégrées et amélioré la coordination accrue entre institutions publiques et opérateurs privés (Bensaid, 2019 ; CESE, 2021). Ces mesures ont permis des gains d'exportation notables et une insertion progressive dans les chaînes de valeur européennes, tout en mettant en évidence des défis persistants liés à la dépendance aux investissements directs étrangers, la faiblesse des retombées locales et la nécessité d'accroitre la capacité d'innovation endogène (El Harras, 2020 ; AfDB, 2021).

2.9. Synthèse sur les exemples d'États développeurs

En définitive, les parcours asiatiques (Japon, Corée du Sud, Taïwan, Singapour, Chine) illustrent que la combinaison d'une bureaucratie compétente, d'instruments politiques adaptés (crédits, protection sélective, institutions de recherche) et d'un ancrage exportateur permet des transformations productives rapides et cumulatives.

Les expériences africaines récentes du Rwanda et de l'Éthiopie illustrent une réactivation contemporaine du modèle d'État développeur, caractérisée par un renforcement marqué du rôle de l'État, des investissements publics substantiels et une programmation stratégique structurée autour de plans pluriannuels, souvent quinquennaux. Le Maroc vient compléter et nuancer ce panorama en mettant en évidence une trajectoire hybride, où l'intervention étatique est articulée à une stratégie volontariste d'attraction des investissements directs étrangers afin d'ancrer des filières industrielles orientées vers l'exportation. Ces trajectoires convergent toutefois vers des vulnérabilités communes, notamment une mobilisation fiscale insuffisante pour soutenir durablement l'autonomie du modèle, ainsi qu'une dépendance persistante aux capitaux étrangers pour l'accès aux technologies et le transfert de compétences.

Ces constats sont confortés par les travaux de Houssa, Megersa et Nikiema (2017) qui soulignent que le paradigme de l'État développeur doit aller au-delà du simple interventionnisme et inclure la capacité institutionnelle à mobiliser des recettes publiques pour les convertir en investissements productifs en vue d'une transformation structurelle durable. Cette perspective permet de mieux cerner l'importance des instruments macro-fiscaux et de la qualité des processus budgétaires comme éléments indispensables pour des politiques industrielles efficaces sur le long terme. En conséquence, l'adoption réussie d'un modèle d'État développeur en Afrique ne saurait se limiter à une imitation stricte des modèles asiatiques. Elle découlera d'un apprentissage sélectif.

Tableau 1 : Analyse comparative des modèles d'État développeur

Pays	Modèle de gouvernance	Instruments utilisés	Secteurs ciblés	Principaux résultats	Contraintes/limites
Japon	Technocratie centralisée (MITI)	Planification industrielle, subventions, contrôle du crédit, protection sélective	Automobile électronique, sidérurgie	Industrialisation rapide, montée en sophistication technologique, puissance exportatrice	Vieillissement démographique, stagnation post-1990
Corée du Sud	Etat autoritaire technocratique (Park Chung-Hee)	Allocation de crédit, soutien aux chaebols, politique d'exportation, éducation technique	Acier, navires, électronique, automobile	Croissance rapide, transition vers une économie avancée	Concentration de pouvoir économique, inégalités sociales
Taïwan	Etat interventionniste démocratique	Réforme agraire, soutien aux PME, zones industrielles, R&D publique	Textile, électronique, semi-conducteurs	Développement équilibré, leadership technologique (TSMC)	Dépendance commerciale à la Chine et aux Etats-Unis
Singapour	Etat autoritaire modernisateur	Entreprises publiques, IDE, politiques d'éducation et d'innovation, gouvernance efficace	Finance, TIC, biotechnologie, logistique	Haute productivité, forte compétitivité internationale	Forte dépendance aux IDE, Autoritarisme politique
Chine	Etat-parti (PC chinois) centralisé	Plans quinquennaux, entreprises publiques, subventions massives, contrôle du crédit, innovation nationale	Industrie lourde, haute technologie, IA, 5G	Seconde économie mondiale, montée en puissance technologique	Inégalités croissantes, tensions commerciales, dette des collectivités
Ethiopie	Etat developpeur centralisé (FDRPE)	Investissements publics massifs, zones industrielles, subvention des intrants agricoles, contrôle du foncier	Textile, agro-industrie, infrastructure	Croissance fort (>8%). Diversification partielle	Dépendance à l'aide extérieure, instabilité politique, faible secteur privé

Source *: Auteurs à partir de la revue de la littérature*

III. Émergence du modèle ISI en Amérique latine

Entre les années 1930 et 1980, l'industrialisation par substitution aux importations (ISI) a profondément transformé l'Amérique latine, chaque pays suivant une trajectoire propre selon ses contextes économiques et politiques (Baer, 2008 ; Amsden, 2001 ; Diaz Alejandro, 1970).

Au Brésil, la politique d'ISI, initiée sous Getúlio Vargas dans les années 1930, s'est traduite par la mise en place des barrières tarifaires élevées, le développement d'industries lourdes et la création des sociétés d'État comme la Companhia Siderúrgica Nacional. Cette stratégie a permis au Brésil de devenir la première puissance industrielle régionale dans les années 1970, avec une diversification productive et une urbanisation rapide (Baer, 2008).

En Argentine, l'ISI a été lancée précocement sous les gouvernements péronistes, avec la promotion des biens de consommation durables et la nationalisation des secteurs stratégiques (Diaz Alejandro, 1970). Toutefois, la dépendance aux importations des biens d'équipement et l'instabilité politique ont limité la durabilité de la croissance industrielle, menant à une stagnation dès les années 1970 (Cardoso & Faletto, 1979).

Le Mexique, de son côté, amis l'accent sur l'industrie manufacturière légère et la création d'entreprises d'État, profitant de sa proximité avec les États-Unis pour soutenir la croissance durant les «Trente Glorieuses » (de Melo & Gelb, 1986). Cependant, ce modèle a montré ses limites dans les années 1970, en raison d'un marché intérieur restreint et d'une dépendance technologique croissante (Meyer, 2002).

Les sections suivantes analyseront en détail les trajectoires respectives du Brésil, de l'Argentine et du Mexique dans la mise en œuvre et les résultats de la politique d'ISI.

1. Cas du Brésil

1.1. Contexte de mise en œuvre de la stratégie

Entre 1930 et 1980, le Brésil a adopté un modèle d'industrialisation par substitution aux importations, avec un rôle central accordé à l'État. A ce moment, le secteur manufacturier brésilien était principalement composé de la transformation des produits alimentaires et du textile, notamment le coton. La production industrielle restait largement liée à la transformation d'intrants agricoles, sans véritable substitution aux importations dans l'alimentation transformée. Ce sont les textiles de coton qui ont constitué la première véritable substitution aux importations, bien que cette industrie ait émergé assez tardivement, avec une production encore limitée en qualité et en quantité vers 1885 (Fishlow, 1972).

Le Brésil restait un pays majoritairement agricole, l'industrie ne représentant que 13% du PIB en 1900, puis 17% en 1930 Ce n'est qu'après les années 1930, grâce à des politiques publiques volontaristes et protectionnistes, que l'industrialisation a réellement pris son essor. La période 1930–1964 a ainsi constitué une phase cruciale pour le développement industriel brésilien, où l'État a joué un rôle central dans la promotion de l'industrialisation par substitution aux importations (Terra et Pinheiro, 2016).

1.2. Instruments utilisés

L'industrialisation du Brésil a reposé sur un rôle central de l'État, particulièrement actif dès les années 1940 avec la création d'entreprises publiques dans les secteurs stratégiques (sidérurgie, énergie, chimie), afin de surmonter les risques et l'ampleur des investissements requis pour développer une industrie lourde nationale (Baer, 2008 ; Tavares, 1972). L'État a ainsi assumé la fonction de principal planificateur et investisseur dans le cadre d'une stratégie d'industrialisation par substitution aux importations (ISI).

À partir des années 1950, des mesures protectionnistes, notamment les tarifs douaniers élevés, les contingentements et contrôle des changes, furent instaurées via le Plano de Metas pour protéger l'industrie naissante. Ces politiques ont permis de créer un espace économique protégé propice à l'apprentissage et à l'accumulation des capacités productives (Abreu, 2004 ; Baer, 2008). Le soutien financier fut également déterminant. En effet, la Banque nationale de développement économique et social (BNDES) offrait des crédits bonifiés, des garanties et des facilités pour importer les biens d'équipement essentiels (Musacchio & Lazzarini, 2014), allégeant les contraintes d'investissement des industries prioritaires.

Sous la dictature militaire, les Plans nationaux de développement (PNDI et II) ont renforcé cette stratégie, avec plus de crédits subventionnés et un renforcement du protectionnisme. Toutefois, l'implantation des multinationales dans des secteurs protégés comme l'automobile s'est souvent faite sans transfert technologique significatif (Evans, 1979).

1.3. Principaux résultats obtenus

La politique volontariste d'ISI menée par le Brésil a permis une diversification notable de son économie. À son apogée, au début des années 1980, l'industrie représentait plus de 30% du PIB selon certaines estimations (Baer, 2008), et les exportations manufacturières sont passées de 20% du total des exportations en 1967 à près de 70% en 1981 (Baer, 2008 ; Tavares, 1972). Cette transformation a modifié les avantages comparatifs du pays. Toutefois, l'essor industriel s'est surtout concentré dans des secteurs à faible contenu technologique. Alors que les industries agroalimentaires affichaient d'importants excédents commerciaux, les secteurs à forte intensité technologique, comme l'électronique, restaient structurellement déficitaires jusqu'au début des années 1980. Le secteur métallurgique constitue une exception, passant d'un déficit commercial croissant à un excédent après 1982. La dynamique d'industrialisation a été accompagnée d'un taux d'investissement élevé, atteignant 24% du PIB en 1981, financé par une baisse de la consommation intérieure et un endettement externe croissant.

Cette stratégie a toutefois exposé le pays à des déséquilibres externes majeurs. La crise de la dette de 1982 a mis un terme brutal aux financements extérieurs, provoquant une crise économique prolongée jusqu'au milieu des années 1990. L'État, acteur central de l'industrialisation, a maintenu des mesures protectionnistes, mais ses capacités d'intervention ont été affaiblies. Les politiques de soutien ont généré d'importantes distorsions, avec des coûts de production élevés des subventions massives et des prix défavorables aux consommateurs (Evans, 1979).

1.4. Enseignements

Le processus d'industrialisation par substitution aux importations (ISI) au Brésil s'est développé de manière progressive dès les années 1890, en réponse à des déséquilibres financiers internes, bien avant l'instauration des politiques protectionnistes. Les périodes de guerre ont stimulé l'industrialisation en renforçant la demande intérieure, bien que cela n'ait pas conduit à une réelle montée en puissance des capacités productives. La Grande Dépression a marqué une phase d'accélération de la production nationale centrée sur des biens à faible contenu technologique. Après 1945, l'ISI brésilienne s'est caractérisée par une capitalisation accrue de l'industrie et une implication croissante de l'État dans l'orientation stratégique, bien que les possibilités de substitution aient été presque épuisées.

Malgré des avancées notables, plusieurs limites ont freiné l'efficacité de ce modèle. Le rôle central de l'État a engendré des problèmes de coordination, une influence croissante des intérêts privés, et une fragmentation institutionnelle, contrastant avec le modèle plus cohérent de la Corée du Sud. En outre, le protectionnisme n'a pas été accompagné de mesures efficaces pour renforcer la compétitivité, réduisant l'impact de l'ISI. Le manque de synergie entre les institutions publiques de recherche et le secteur privé, ainsi que la rivalité entre entreprises d'État et entreprises privées, ont également fragilisé l'effort industriel.

En résumé, l'expérience brésilienne montre que la réussite de l'ISI requiert un État stratège, une administration cohérente, une coordination institutionnelle solide et des politiques d'accompagnement adaptées.

2. Cas de l'Argentine

2.1. Contexte de mise en œuvre de la stratégie

Dès le milieu du XIXe siècle, l'Argentine s'est imposée comme une puissance agro-exportatrice, profitant de vastes terres fertiles, d'une main-d'œuvre abondante et de ressources naturelles importantes. Le pays s'est spécialisé dans la production et l'exportation des denrées alimentaires et des matières premières vers l'Europe, en échange des produits manufacturés et d'investissements en infrastructures (Bourdé, 1980).

Cette prospérité, principalement agricole, a été interrompue par la Première Guerre mondiale, qui a limité les débouchés et les investissements, plongeant l'Argentine dans une crise économique (Debowicz & Segal, 2012). Après une reprise dans les années 1920, la Grande Dépression de 1929 a aggravé la situation, réduisant la demande mondiale en matières premières et détériorant les termes de l'échange au détriment des produits agricoles argentins (Bourdé, 1980). Entre 1928 et 1938, les prix des produits agropastoraux ont nettement chuté, entraînant une baisse des recettes en devises, tandis que les prix des produits manufacturés continuaient de progresser. Cette détérioration des termes de l'échange a contraint l'Argentine à réduire ses importations.

Face à ces difficultés, le pays s'est tourné vers l'industrialisation, lançant une stratégie de substitution aux importations pour produire localement des biens non durables auparavant importés (Brambilla et al., 2017 ; Géoconfluences, 2023). Entre 1929 et 1949, l'Argentine a ainsi connu une industrialisation intense portée par la politique d'ISI. Toutefois, cette trajectoire a révélé les limites d'un modèle centré exclusivement sur la substitution des importations et sur la dépendance aux marchés mondiaux (Géoconfluences, 2023 ; Bourdé, 1980).

2.2. Instruments utilisés

À partir des années 1930, l'Argentine a mis en place un ambitieux programme d'industrialisation par substitution aux importations (ISI) pour sortir de la crise et réduire sa dépendance vis-à-vis de l'étranger. Plusieurs instruments ont été mobilisés, notamment des protections tarifaires élevées, des quotas d'importation et des permis, rendant les produits nationaux plus compétitifs et interdisant l'importation de certains produits de base où le pays disposait d'un fort potentiel (Casaburi, 1998).

Parallèlement, des taxes sur les exportations traditionnelles vont permettre de transférer des ressources du secteur agricole vers l'industrie, tandis que l'État soutenait activement l'importation des machines et d'équipements nécessaires à la production industrielle. Le soutien aux entreprises locales a été un pilier de cette stratégie : les banques publiques ont accordé des financements à taux réduit, les entreprises ont bénéficié des subventions à l'acquisition des terres et d'équipements, ainsi que d'avantages fiscaux, notamment l'exonération des droits de douane sur les machines industrielles.

Enfin, la promotion des investissements directs étrangers (IDE) a joué un rôle clé dans l'émergence de nouveaux secteurs industriels, comme l'automobile, bien que certains domaines stratégiques soient restés fermés aux capitaux étrangers (Casaburi, 1998).

2.3. Principaux résultats obtenus

Le déclin économique de l'Argentine en matière de développement constitue pour les économistes un exemple frappant d'échec de politique de développement (Taylor, 1994). Certains économistes soutiennent que la mise en place de l'ISI en Argentine est le vrai coupable de la situation économique défavorable que traverse le pays depuis des décennies (Taylor, 1994). Ces économistes trouvent une explication aux multiples crises qu'a connues l'Argentine dans une perspective historique longue qui débute avec l'adoption de l'ISI dans les 1930.

D'après les données de Calcagno (2019), sur la période 1914-1942, le taux de croissance du PIB par habitant de l'Argentine est de 0,9%par an, alors qu'il était de 2,2% sur la période de 1880-1913. Cette baisse du taux de croissance du PIB par habitant s'explique par la baisse des exportations des produits primaires et une forte croissance de la population. En effet, l'ISI a favorisé la mise d'une base industrielle et l'élargissement de la production manufacturière. Selon les données de la Banque centrale de la République argentine (1976), la contribution du secteur manufacturier dans le PIB passe de 21,4% de 1930/34 à 27,6% de 1945/49.

Par ailleurs, entre 1937 et 1943, les exportations argentines baissent de moitié et les importations de 70% (Hufty, 1993). Cependant, les prix des produits importés flambent en raison des barrières tarifaires. La qualité des produits nationaux a dégradé au fil du temps du fait du manque de concurrence et d'innovation.

2.4. Enseignements

La mise en œuvre de la stratégie d'industrialisation par substitution aux importations (ISI) en Argentine offre plusieurs enseignements majeurs sur cette approche de développement économique. Premièrement, l'ISI a permis à l'Argentine de diversifier son économie et de bâtir une base industrielle nationale, mais elle s'est heurtée à la faiblesse du marché intérieur et à la concurrence d'industries étrangères déjà matures, limitant ainsi son efficacité à long terme (Géoconfluences, 2023 ; Faster Capital, 2023).

Deuxièmement, le financement de l'ISI dépendant des recettes d'exportation, les politiques discriminatoires envers les secteurs exportateurs ont freiné l'entrée des devises nécessaires à l'importation des machines et d'équipements, créant ainsi une contrainte structurelle majeure (Faster Capital, 2023).

Troisièmement, l'expérience argentine montre qu'une application pas assez rigoureuse de l'ISI peut générer des distorsions économiques, avec une allocation inefficace des ressources, la marginalisation de certains secteurs et la réduction de la concurrence, ce qui nuit à l'innovation et à la compétitivité (Faster Capital, 2023). Enfin, l'ISI révèle la nécessité d'un marché domestique suffisamment vaste pour absorber la production locale. En effet, l'étroitesse du marché argentin a limité les économies d'échelle et la rentabilité des industries protégées (Géoconfluences, 2023).

En somme, en ce qui concerne les aspects positifs l'ISI a permis la diversification, l'industrialisation, la réduction de la dépendance extérieure. S'agissant des limites structurelles, on note les contraintes de financement, les distorsions sur le marché, le manque d'innovation et la taille du marché. L'expérience de l'Argentine illustre à la fois les atouts et les limites structurelles d'une approche d'ISI fondée sur la protection et le soutien étatique, soulignant la nécessité d'une approche équilibrée et adaptée au contexte national et international.

3. Cas du Mexique

3.1. Contexte de mise en œuvre de la stratégie

Du XIXe siècle au début du XXe, le Mexique a connu une croissance économique tirée par l'exportation des matières premières et soutenue par des investissements publics dans les infrastructures, notamment les chemins de fer (Hirschman, 1968 ; Castel, 1991). Ce modèle de croissance « orienté vers l'extérieur » a permis au pays de s'intégrer à l'économie mondiale, mais a également exposé son économie aux chocs internationaux. La crise mondiale des années 1930 a mis en évidence la vulnérabilité du Mexique : les exportations des matières premières et les importations des produits manufacturés ont fortement chuté, poussant le pays à rechercher une plus grande autonomie industrielle (Castel, 1991 ; Hirschman, 1968).

Face à cette situation, le gouvernement mexicain sous l'influence des analyses de la CEPAL (Prebisch, 1963 ; Castel, 1991), a progressivement mis en place, à partir des années 1940, une stratégie de développement basée sur l'ISI. Cette nouvelle orientation a marqué le début d'une phase de développement axée sur la promotion de l'industrie nationale, la protection du marché intérieur et la création d'entreprises publiques et privées dans des secteurs stratégiques (Baer, 2008). Le processus ISI s'est poursuivi pendant plus de trente ans, permettant au Mexique de diversifier sa base productive et de soutenir la croissance industrielle.

3.2. Instruments utilisés

Rend Villarreal (1976) a analysé l'industrialisation mexicaine en trois phases distinctes. De 1939 à 1950, le pays se concentre sur la substitution des importations des biens de consommation, répondant à la contraction des importations manufacturières post-crise de 1929 (Castel, 1991). De 1950 à 1958, une phase de transition voit le rythme de substitution ralentir, mais l'industrialisation reste dynamique, soutenue par des investissements publics et privés. De 1959 à 1970, le pays entre dans un « *stade avancé* », privilégiant la production des biens intermédiaires (acier, produits chimiques) et d'équipement, avec une croissance annuelle de 8% dans ces secteurs (Villarreal, 1976). Pour y parvenir l'Etat a joué un rôle majeur et plusieurs instruments de politique économique ont été utilisés.

✓ ***Rôle essentiel de l'État et des investissements***

L'État mexicain a joué un rôle central en créant des entreprises publiques dans des secteurs stratégiques à savoir : la pétrochimie, l'électricité (CFE) et télécommunications. Il a investi massivement dans les infrastructures (chemins de fer, ports), la R&D et la formation de main-d'œuvre qualifiée, tout en pilotant des politiques industrielles ciblées. Ces actions visaient à réduire la dépendance technologique et à structurer un tissu productif intégré, notamment via la Loi sur les industries nouvelles et nécessaires de 1939, qui a orienté les capitaux vers des secteurs prioritaires.

✓ ***Subventions et incitations fiscales***

Le gouvernement a renoncé à 1663 millions de pesos de recettes fiscales entre 1949 et 1954 pour exonérer les industries stratégiques (Villarreal, 1976). La Banque de développement (NAFINSA) et d'autres institutions publiques ont accordé des crédits préférentiels à des secteurs comme la sidérurgie, la chimie et textile ainsi qu'à la production du sucre et des engrais. Parallèlement, les banques privées étaient contraintes de respecter des quotas de prêts industriels fixés par l'État. Ces financements, majoritairement publics, ont permis de moderniser les capacités productives.

✓ ***Taxes, tarifs douaniers et quotas à l'importation***

Pour protéger l'industrie nationale, le Mexique a instauré, dès 1947, des droits de douane élevés (jusqu'à 70% sur les produits manufacturés) et un système de licences d'importation (CEPAL, 1979). Les quotas ont limité l'afflux de biens étrangers, tandis que les taux de change préférentiels et les exemptions tarifaires sur les machines-outils ont favorisé l'importation d'équipements indispensables Ces mesures ont créé un environnement protégé propice à l'émergence industrielle, bien qu'elles aient aussi généré des distorsions (prix élevés pour les consommateurs, dépendance aux subventions).

3.4. Principaux résultats obtenus

Entre 1940 et 1970, le Mexique a connu une phase de forte croissance économique, principalement stimulée par la politique d'ISI. Durant cette période, le PIB a enregistré un taux de croissance annuel moyen de 6%, soutenu par une politique budgétaire prudente : les dépenses publiques augmentaient plus vite que le PIB, tout en maintenant le déficit en dessous de 1% du PIB (Levy & Mántey, 2009). L'inflation est restée maîtrisée, autour de 5,4% par an entre 1953 et 1969, un niveau nettement inférieur à celui de l'Argentine ou du Brésil (Noyola, 1956).

Les données de la banque de développement *Nacional Financiera* (NAFINSA, 1978) indiquent que la production manufacturière a connu une progression remarquable, avec des taux de croissance annuels de 6,5% (1941-1949), 7,5% (1950-1958) et 9,1% (1959-1970). Le secteur agricole, pilier historique de l'économie, a affiché un taux moyen de croissance de 4,2% entre 1938 et 1965, bien qu'il ait ralenti dans les années 1960 (López, 2012). Cependant, la contribution de l'agriculture aux recettes en devises a diminué, passant de 33% en 1962 à 15,5% en 1970. Sur la même période les exportations manufacturières ont représenté 30% des exportations totales en 1970.

La croissance économique rapide du pays s'est accompagnée d'un déséquilibre commercial croissant. Blanco (1979) estime que le déficit de la balance commerciale est passé de 0,7% du PIB (1947-1956) à 1,8% (1967-1971), rendant l'économie plus dépendante de l'endettement externe. En outre, le capital étranger a pris une place croissante atteignant 20% de la production manufacturière et dominant certains secteurs stratégiques comme la chimie et la mécanique (López, 2012). Cette évolution traduit une dépendance accrue aux investissements étrangers dans la phase avancée de l'ISI.

3.5. Enseignements

Entre 1940 et 1970, l'expérience mexicaine d'industrialisation par substitution des importations (ISI) met en lumière à la fois ses succès et ses limites structurelles. Le recours à un protectionnisme stratégique (tarifs douaniers élevés, quotas, subventions) a stimulé la croissance industrielle et permis au PIB de croître en moyenne de 6% par an (Levy & Mántey, 2009). Toutefois, le maintien prolongé de ces mesures a engendré des inefficacités, coûts élevés et dépendance aux subventions, comme l'illustre la baisse de la compétitivité de l'industrie automobile mexicaine par rapport aux États-Unis (Baer, 1972). Malgré une croissance manufacturière soutenue la dépendance technologique a persisté, le Mexique a continué à importer les machines, les brevets. En outre, les secteurs comme la chimie et la métallurgie sont restés dominés par les capitaux étrangers.

L'État mexicain a combiné le protectionnisme, les investissements publics dans les infrastructures et le crédit industriel via NAFINSA, mais le manque de coordination entre institutions, universités et secteur privé a limité la diffusion technologique (Blanco, 1979). L'orientation vers le marché intérieur a atteint ses limites et le Mexique a engagé dès les années 1980 des réformes structurelles relatives à l'ouverture commerciale, la privatisation et l'attrait des capitaux étrangers (Dussel Peters, 2000).

En synthèse, l'ISI mexicaine démontre que le protectionnisme doit être temporaire et associé à des politiques actives d'innovation et d'intégration internationale. La compétitivité durable requiert une articulation entre État, secteur privé, formation et recherche, condition nécessaire pour éviter la stagnation et s'adapter aux mutations du commerce mondial.

4. Analyse comparative entre les pays

L'analyse comparative de l'expérience de l'industrialisation par substitution aux importations (ISI) au Brésil, en Argentine et au Mexique révèle des résultats contrastés. D'une part, cette stratégie de développement a favorisé une industrialisation rapide, une diversification relative des économies et une croissance soutenue, notamment durant les premières décennies de sa mise en œuvre. Elle a également contribué à l'émergence de nouvelles classes moyennes urbaines et renforcé le rôle central de l'État dans le développement économique.

Cependant, ces succès initiaux ont été accompagnés de fragilités structurelles importantes. Une protection excessive a souvent conduit à une inefficacité industrielle, caractérisée par des entreprises peu compétitives à l'échelle mondiale. Par ailleurs, la dépendance vis-à-vis des technologies étrangères et du capital international s'est accentuée, tandis que les déséquilibres macroéconomiques, tels que le déficit commercial et l'endettement extérieur, se sont aggravés à mesure que la demande interne croissait plus rapidement que l'offre exportable.

En définitive, l'ISI n'a pas permis de résoudre durablement les problèmes de sous-développement et de dépendance économique. Dès les années 1980, ces limites ont poussé les pays latino-américains à abandonner progressivement ce modèle au profit des politiques d'ouverture commerciale, de libéralisation économique et de réformes structurelles, souvent encouragées par les institutions financières internationales dans le cadre du consensus de Washington.

L'expérience de l'ISI constitue ainsi un tournant historique majeur du développement latino-américain, riche en enseignements pour les pays aspirant à une transformation structurelle et à une plus grande indépendance économique.

Tableau 2 : Expérience comparée de l'ISI en Amérique latine (1930–1980)

Critères	Brésil	Argentine	Mexique
Période d'application principale	1930s–1980	1930s–1970s	1940s–1980
Objectif principal	Réduire la dépendance aux importations et développer l'industrie nationale	Diversifier l'économie et réduire la vulnérabilité extérieure	Promouvoir une industrialisation autonome fondée sur le marché intérieur
Instruments utilisés	Barrières douanières, entreprises publiques, crédits bonifiés	Protectionnisme, investissements publics, nationalisations	Protection douanière, investissements publics, capital étranger contrôlé
Rôle de l'État	Central via entreprises publiques s	Important (interventions de l'État, notamment sous le Président Juan Domingo Perón)	Fort (planification, financement, soutien aux industries locales)
Taux de croissance industrielle	Autour de 9% par an (1950s–1970s)	6–9% (selon les sous-périodes, 1940s–1960s)	6,5–9% par an (1941–1970) (NAFINSA, 1978)
Secteurs moteurs	Métallurgie, chimie, automobile	Agro-industrie, textile, sidérurgie	Textile, biens de consommation, chimie, automobile
Résultats économiques	Croissance rapide mais instable, inégalités persistantes	Croissance suivie de stagnation économique	Croissance forte, inflation maîtrisée, mais déséquilibres commerciaux
Limites majeures	Surendettement, inefficacité des entreprises publiques	Dépendance technologique, détérioration des termes de l'échange	Faible compétitivité, déséquilibres extérieurs croissants
Transition vers l'ouverture	Années 1980 (plans d'ajustement structurel, libéralisation)	Années 1970–80 (crises économiques successives)	Années 1980 (réformes commerciales, ALENA en 1994)

Sources *: Auteurs à partir de la revue de la littérature*

IV. Trajectoires asiatiques de la stratégie d'ISI

L'Asie offre un terrain d'observation particulièrement riche pour l'analyse des stratégies d'industrialisation par substitution aux importations (ISI). Si cette approche a constitué un point de départ commun à plusieurs pays après l'indépendance ou la guerre, les trajectoires nationales ont été très hétérogènes. Tandis que certains ont vu l'ISI s'enliser dans une logique protectionniste inefficace, d'autres ont su la convertir en une base de lancement vers une industrialisation compétitive tournée vers l'exportation. L'expérience des Quatre Dragons asiatiques que sont la Corée du Sud, Taïwan, Hong-Kong et Singapour, illustre de manière emblématique la capacité d'adaptation et de dépassement des limites de l'ISI, en contraste avec les trajectoires plus rigides des pays comme l'Inde ou les Philippines.

1. Contexte historique et fondements communs de l'ISI en Asie

L'industrialisation par substitution aux importations (ISI) s'est imposée dans plusieurs pays asiatiques au lendemain de la seconde Guerre mondiale comme un modèle de développement économique nationaliste et protectionniste, visant à réduire la dépendance aux importations des produits manufacturés occidentaux en favorisant une production nationale destinée prioritairement à la demande interne (Les Yeux du Monde, 2023). Selon Kohli (2004), cette orientation de la politique de développement s'est inscrite dans un contexte de décolonisation, de reconstruction post-conflit et de bipolarisation géopolitique, où les gouvernements nouvellement indépendants cherchaient à renforcer leur autonomie économique et à accélérer la transformation structurelle de leurs économies encore largement agricoles.

Le fondement théorique stipule que seule une politique volontariste d'industrialisation, appuyée par la protection tarifaire, une intervention active de l'État et des restrictions aux importations, permettrait de briser les chaînes de dépendance commerciale (Furtado, 1964 ; Hirschman, 1958). Plusieurs éléments communs caractérisent l'émergence de l'ISI en Asie :

✓ ***Un héritage colonial déséquilibré***

La plupart des pays asiatiques étaient spécialisés dans l'exportation des produits primaires ou dans des fonctions d'intermédiation commerciale, sans réelle base industrielle. L'ISI fut alors perçue comme un levier pour reconstruire une structure productive nationale (Kohli, 2004).

✓ ***Un rôle central de l'État***

Les auteurs Amsden (1989) et Johnson (1982) soulignent que dans un esprit de souveraineté économique, l'État s'est affirmé comme planificateur, investisseur et parfois producteur direct, notamment à travers des entreprises publiques dans les secteurs jugés stratégiques. Des agences gouvernementales ont été créées pour piloter la politique industrielle, accorder des subventions ciblées et protéger les industries naissantes.

✓ ***Un recours à la planification quinquennale***

À l'image du modèle soviétique, des plans nationaux de développement ont été adoptés pour orienter les investissements et prioriser les secteurs industriels à développer. L'Inde, avec ses plans quinquennaux dès 1951, en est un exemple emblématique (Bagchi, 1982).

✓ ***Un financement par déficit et endettement externe***

Pour soutenir l'investissement industriel, de nombreux pays ont eu recours à des emprunts publics, à l'aide bilatérale dans le contexte de la guerre froide, ou à l'émission monétaire (Rodrik, 2008 ; Wade, 1990).

En tout état de cause, l'ISI en Asie n'a jamais été une stratégie uniforme. Elle s'est adaptée aux spécificités nationales, au niveau de développement initial, à la configuration politique et aux priorités géostratégiques et économiques (World Bank, 1993 ; Huff, 1995). Si l'Inde a rapidement mis en place une stratégie d'ISI autocentrée et planifiée, Singapour a opté pour une politique plus ouverte dès le départ. Ce qui unit ces pays dans les années 1950-1960, c'est la volonté partagée d'utiliser la substitution aux importations comme étape de transition vers une économie plus industrialisée, créatrice d'emplois, moins dépendante de l'extérieur et capable de soutenir la croissance économique (Les Yeux du Monde, 2023).

En somme, il ressort des travaux de Kohli (2004), Amsden (1989) et Rodrik (2008) que le socle commun de l'ISI en Asie repose sur une doctrine de développement endogène, portée par un État fort, visant à bâtir une capacité industrielle nationale dans un environnement mondial encore marqué par les rapports asymétriques hérités de la colonisation.

2. Cas d'ISI prolongée en Asie : Inde, Indonésie, Philippines et Chine

À la différence des dragons asiatiques, plusieurs pays d'Asie dont l'Inde, l'Indonésie les Philippines et la Chine maoïste ont mis en œuvre une stratégie d'ISI prolongée, sans articulation structurée avec les marchés extérieurs ni discipline de performance.

2.1. L'Inde : une planification autocentrée et inefficace

Dès son indépendance en 1947, l'Inde a adopté une stratégie d'industrialisation par substitution aux importations (ISI) fortement inspirée du modèle soviétique, sous l'impulsion de Jawaharlal Nehru (Bagchi, 1982 ; Kohli, 2004 ; NBER, 2024). L'économie fut structurée autour des plans quinquennaux, avec un rôle prépondérant de l'État dans les industries de base (acier, énergie, machines-outils) et une forte régulation du secteur privé à travers le système de licences, connu sous le nom de « Licence Raj » (Bagchi, 1982).

La politique commerciale était caractérisée par des droits de douane prohibitifs, des quotas d'importation et une régulation draconienne de l'investissement étranger (Krueger, 1974 ; Rodrik & Subramanian, 2005). Le système de Licence Raj imposait des restrictions lourdes sur la production, l'investissement et l'importation, réservant de nombreux secteurs à l'État ou à des entreprises publiques, tandis que le secteur privé était soumis à des autorisations administratives complexes (NBER, 2024 ; IJSRED, 2020). Cette organisation a permis le développement d'un tissu industriel relativement diversifié, notamment dans les industries lourdes et les infrastructures (Bagchi, 1982).

Cependant, cette planification centralisée a rapidement généré des effets pervers. Le système de Licence Raj a favorisé les comportements de rente, freiné l'entrepreneuriat privé et engendré une allocation inefficiente des ressources (Krueger, 1974 ; IJSRED, 2020). En l'absence de concurrence étrangère et de discipline du marché, les entreprises publiques sont devenues peu productives, peu innovantes et fortement dépendantes des subventions publiques (Rodrik & Subramanian, 2005). Les commissions officielles de 1965 et 1969 ont d'ailleurs conclu à l'échec du système sur la plupart des plans, pointant la corruption, la bureaucratie et la stagnation industrielle (IJSRED, 2020). En dépit de l'industrialisation des secteurs lourds comme l'acier ou les engrais, l'économie est restée peu compétitive sur le plan international jusqu'à la libéralisation amorcée en 1991, qui a marqué la fin de Licence Raj, l'ouverture aux investissements étrangers et la montée en puissance du secteur privé (Vajiram & Ravi, 2025).

2.2. L'Indonésie : capitalisme d'État rentier et inefficacité industrielle

Sous la présidence de Soeharto (1967–1998), l'Indonésie a adopté une stratégie d'industrialisation par substitution aux importations (ISI), largement financée par les recettes pétrolières, particulièrement abondantes dans les années 1970 (Hill, 1996). L'État a activement promu la création d'entreprises publiques, instauré des barrières tarifaires et non tarifaires pour protéger le marché intérieur, et orienté les investissements vers des secteurs jugés stratégiques tels que le textile, le ciment, l'agro-industrie ou encore la pétrochimie.

Cependant, cette politique s'est développée dans un contexte de capitalisme d'État clientéliste, où l'allocation des ressources économiques était dominée par des logiques politiques. Les licences d'importation, les subventions et les contrats publics ont été fréquemment accaparés par une élite proche du pouvoir, consolidant ainsi des mécanismes de rente et favorisant des comportements de prédation (Rock, 2003 ; Robison & Hadiz, 2004).

Sur le plan industriel, l'ISI indonésienne est demeurée focalisée sur des secteurs à faible valeur ajoutée, sans stratégie claire de montée en gamme ni d'intégration aux chaînes de valeur mondiale. Le transfert technologique est resté limité, tandis que l'absence de discipline de marché – en matière de rendement, de concurrence et d'efficience – a compromis la compétitivité des entreprises locales (Hill, 2000). Cette fragilité était aggravée par des institutions publiques faibles, marquées par une faible autonomie administrative et un pilotage technocratique peu structuré (Vander Eng, 1996).

La forte dépendance aux rentes externes, notamment les revenus tirés des hydrocarbures, a entretenu une illusion de stabilité macro-économique, tout en reportant les réformes structurelles essentielles à une transformation productive durable. Cette vulnérabilité est apparue au grand jour avec la crise asiatique de 1997–1998, qui a révélé les limites systémiques du modèle indonésien et conduit à une remise en cause profonde de la stratégie ISI (Booth, 1999 ; World Bank, 2000).

2.3. Les Philippines : capture oligarchique de l'ISI

Aux Philippines, la stratégie d'industrialisation par substitution aux importations (ISI) mise en œuvre entre les années 1950 et 1970 s'est principalement concentrée sur le développement d'industries légères telles que le textile, l'agroalimentaire et l'assemblage des biens de consommation (Bautista, 2003). Toutefois, cette politique a rapidement été capturée par des groupes oligarchiques puissants, qui ont bénéficié des privilèges tarifaires et des licences d'importation sans qu'aucune obligation de performance, d'innovation ou de montée en gamme leur soit imposée (Bautista, 2003 ; Clarete & Medalla, 2004).

Ce contexte de capture institutionnelle a conduit à une industrialisation superficielle, caractérisée par une forte dépendance à l'importation des biens intermédiaires et à l'absence d'une stratégie cohérente d'exportation ou d'intégration dans les chaînes de valeur mondiale (Clarete & Medalla, 2004). L'État philippin, en raison de la faiblesse de ses institutions et de son incapacité à imposer des conditions de résultats ou à discipliner les bénéficiaires de la protection, a laissé l'industrie nationale stagner (Bautista, 2003). Cette situation a aggravé la dépendance extérieure du pays et renforcé sa vulnérabilité économique, freinant la diversification industrielle et la compétitivité à long terme par rapport à d'autres économies asiatiques plus dynamiques.

2.4. La Chine maoïste : autarcie planifiée sans ouverture extérieure

Avant 1978, la Chine avait adopté une politique d'industrialisation par substitution aux importations (ISI) particulièrement radicale, fondée sur une logique autarcique et une planification centralisée rigide, calquée sur le modèle soviétique (Naughton, 2007). L'État dirigeait l'économie à travers des plans quinquennaux, allouant massivement les ressources à l'industrie lourde, notamment la sidérurgie, le charbon, l'armement et les machines-outils, considérés comme le socle de la souveraineté nationale (Naughton, 2007 ; BBVA Research, 2023). Le commerce extérieur restait marginal, limité à quelques importations stratégiques ou d'équipements industriels, principalement dans le cadre d'accords bilatéraux avec les pays socialistes.

Cette stratégie d'ISI a permis une industrialisation extensive et la constitution d'une base industrielle nationale, mais elle s'est accompagnée de lourdes inefficacités structurelles. Le rendement du capital est resté faible, du fait d'investissements massifs souvent peu productifs et d'une gestion centralisée manquant de flexibilité (Naughton, 2007). La duplication des capacités productives dans chaque province, notamment lors du Grand Bond en avant, a généré des redondances et une dispersion inefficace des ressources (MPRA, 2006). Le manque d'innovation technologique et la désarticulation sectorielle – avec des liens faibles entre industrie lourde, industrie légère et agriculture – ont limité les gains de productivité et la compétitivité globale (Naughton, 2007 ; Les Yeux du Monde, 2012). Enfin, l'économie chinoise est restée longtemps fermée, peu intégrée au marché mondial, ce qui a freiné l'apprentissage externe et la modernisation technologique (BBVA Research, 2023).

Ce n'est qu'à partir des réformes d'ouverture lancées par Deng Xiaoping en 1978 que la Chine a progressivement amorcé une transition vers une économie plus ouverte, décentralisée et orientée vers l'exportation (Naughton, 2007 ; BBVA Research, 2023).

2.5. Synthèse comparative

Ces expériences d'ISI prolongée montrent qu'une stratégie protectionniste mal calibrée, déconnectée de la compétitivité externe et de l'innovation, tend à s'auto dévorer. Sans discipline de marché, ni pression concurrentielle, ni stratégie de croissance durable, l'ISI se transforme en un cercle vicieux d'inefficacité, de capture institutionnelle et de stagnation technologique (Krueger, 1974 ; Hill, 1996 ; Bautista, 2003 ; Naughton, 2007)

Tableau 3 : Analyse comparative de l'évolution des dragons asiatiques en matière de stratégie d'ISI

Critères	Inde	Indonésie	Philippines	Chine (avant 1978)
Période dominante de l'ISI	1950s–1991s	1970s–1980s	1950s–1980s	1950s–1978s
Modèle de référence	Soviétique	Mixte : autoritaire et clientéliste	Protectionnisme inspiré des USA	Modèle soviétique rigide (planification centralisée)
Principaux instruments	Planification quinquennale, Licence Raj	Rentes pétrolières, contrôle des licences	Quotas, licences, subventions	Plans quinquennaux, interdiction des importations
Rôle de l'État	Omniprésent (régulation, production)	Interventionniste, mais clientéliste	Intervention modérée, peu coordonnée	Centralisation totale de l'allocation des ressources
Secteurs ciblés	Industrie lourde, textile, machines-outils	Agro-industrie, textile, ciment, pétrochimie	Biens de consommation, industries légères	Sidérurgie, armement, charbon, énergie
Place du secteur privé	Marginalisé	Fortement dépendant de l'État	Présent mais limité par la réglementation	Quasi inexistant
Commerce extérieur	Fortement contrôlé	Contrôlé, avec ouverture sélective	Faible ouverture	Très limité, autarcie quasi complète
Résultats	Croissance lente, inefficacité, faible compétitivité	Expansion industrielle partielle, mais inefficace	Émergence partielle, mais déséquilibrée	Industrialisation extensive sans productivité ni innovation
Limites	Bureaucratie lourde, rente, stagnation	Rente pétrolière, favoritisme, inefficience	Faible intégration industrielle, déficit de coordination	Inefficacité systémique, absence d'innovation
Fin ou mutation de l'ISI	1991 : Libéralisation	1997–1998 : Crise asiatique et réformes	Fin progressive dans les années 1990	1978 : Réformes de Deng Xiaoping, ouverture et modernisation

Source *: Auteurs à partir de la revue de la littérature*

3. Les quatre dragons asiatiques : de l'ISI à l'exportation performante

Les trajectoires des dragons asiatiques – Corée du Sud, Taïwan, Singapour et Hong Kong –incarnent des expériences remarquables de transformation économique accélérée, où l'État a joué un rôle central dans la création des capacités industrielles nationales et l'orientation stratégique du développement (Géoconfluences, 2016 ; Les Yeux du Monde, 2023). Contrairement à d'autres régions du monde, leur approche de l'ISI (industrialisation par substitution aux importations) n'a pas été enfermée dans un repli sur le marché intérieur, mais conçue comme une phase transitoire, active et disciplinée, vers l'intégration compétitive à l'économie mondiale (Amsden, 1989 ; Evans, 1995 ; Wade, 1990).

3.1. Une stratégie d'ISI disciplinée et orientée vers la performance

Les dragons asiatiques ont su éviter les pièges classiques de l'ISI (inefficacité productive, rente protectionniste, déficits structurels) grâce à plusieurs caractéristiques distinctives ; notamment :

- ✓ Une sélection rigoureuse des secteurs protégés : Les politiques industrielles ciblaient des secteurs à fort potentiel d'apprentissage technologique et d'effets d'entraînement, tels que l'automobile, l'électronique ou la chimie (Amsden, 1989).
- ✓ Des incitations liées à la performance : Les entreprises bénéficiaient d'un soutien public conditionné à leur capacité à exporter ou à atteindre des objectifs précis, évitant ainsi la rente et la stagnation industrielle (Wade, 1990).
- ✓ Un État développeur autonome et compétent : L'État a joué un rôle de planificateur, de coordinateur et de sanctionneur, assurant la discipline institutionnelle nécessaire à la transformation productive (Evans, 1995).

En Corée du Sud, les chaebols ont été soutenus de manière ciblée, mais fortement incités à exporter dès les années 1960, via des crédits bonifiés, un accès préférentiel aux devises et une protection temporaire du marché intérieur, dans un cadre strict de contrôle de la performance (Amsden, 1989 ; Wade, 1990). À Taïwan, le modèle était plus décentralisé, basé sur un tissu de PME dynamiques, le transfert technologique, les zones industrielles et l'éducation technique, combinant ISI et promotion des exportations dès les années 1950 (Wade, 1990).

3.2. L'intégration progressive des marchés extérieurs : du tournant stratégique à l'export-led

L'ISI dans ces économies n'était pas conçue comme une fin en soi, mais comme une étape d'apprentissage devant déboucher sur une compétitivité internationale. Sénat (2001) souligne que dès les années 1970, tous les dragons ont progressivement libéralisé leur commerce extérieur, tout en conservant une forte orientation stratégique de l'État.

À Hong Kong et Singapour, la transition fut plus directe : ces cités-États, disposant de marchés intérieurs réduits, ont d'emblée adopté une stratégie d'exportation. Singapour, à la différence de Hong Kong, a activement piloté sa politique industrielle, notamment dans l'électronique, les services financiers et les industries de pointe, via des investissements publics, des GLCs (entreprises publiques commerciales) et une planification technologique avancée (Huff, 1995 ; Low, 1998). Hong Kong a prospéré sous un capitalisme libéral et une politique de libre-échange quasi totale, tandis que Singapour incarne un État développemental stratège, intégrant la logique de l'ISI dans une stratégie de croissance par l'innovation (Les Yeux du Monde, 2023 ; Horizons, 2023).

3.3. Une transition maîtrisée vers l'économie de la connaissance

Les dragons asiatiques ont progressivement amorcé, à partir des années 1980–1990, une élévation du niveau technologique de la production en opérant une transition vers l'économie de la connaissance. Cette évolution s'est appuyée sur des investissements publics massifs dans la recherche-développement (R&D), une amélioration des systèmes d'éducation technologique et une gouvernance de l'innovation cohérente et volontariste (Géoconfluences, 2016 ; Amsden, 1989). Chaque pays a emprunté une trajectoire spécifique, mais tous ont bénéficié d'un rôle structurant de l'État dans la coordination entre l'industrie, l'université et l'investissement stratégique.

✓ ***Corée du Sud***

Le pays s'est affirmé comme un leader mondial dans les secteurs de l'automobile, de l'électronique et des semi-conducteurs. Cette réussite repose sur un partenariat étroit entre l'État, les conglomérats industriels (chaebols) et les universités, avec une politique d'innovation structurée et soutenue par des financements publics (Amsden, 1989).

✓ ***Taïwan***

L'État a joué un rôle moteur dans le développement d'une infrastructure technologique nationale, en créant des incubateurs, des parcs scientifiques, et des structures comme l'Industrial Technology Research Institute (ITRI), qui ont permis le transfert technologique vers les PME exportatrices (Wade, 1990).

✓ ***Singapour***

La cité-État a misé sur une stratégie d'attraction d'investissements directs étrangers (IDE) à haute intensité technologique, soutenue par une planification urbaine rigoureuse, une éducation supérieure orientée vers les sciences appliquées et une culture de la performance étatique (Huff, 1995 ; Low, 1998).

✓ ***Hong Kong***

Bien que son développement ait d'abord reposé sur une économie ouverte de services et d'assemblage industriels à bas coûts, Hong Kong a entamé à partir des années 1990 une reconversion vers les services à haute valeur ajoutée, notamment les services financiers, la logistique avancée, les TIC et le design. Cette transition a été accompagnée par la mise en place de parcs technologiques (Science Park, Cyberport), de politiques fiscales incitatives, et par un renforcement des liens avec les universités de recherche, tout en conservant une gouvernance libérale favorable à l'initiative privée (Chiuet Lui, 2004 ; Yeung, 2001).

3.4. Synthèse comparative

L'expérience des dragons asiatiques montre que l'ISI, lorsqu'elle est temporaire, ciblée et adossée à une vision de long terme, devient un levier puissant de développement industriel et de diversification économique. Leur réussite repose sur l'articulation intelligente entre ISI et ouverture, avec un État Architecte du marché, garantissant discipline, innovation et compétitivité internationale (Amsden, 1989 ; Evans, 1995 ; Wade, 1990 ; Géoconfluences, 2016 ; Les Yeux du Monde, 2023 ; Horizons, 2023). Le succès des Dragons repose sur quatre piliers : (i) une gouvernance étatique stratégique et disciplinée ; (ii) une forte priorité à l'éducation et au capital humain ; (iii) l'utilisation ciblée des politiques industrielles et une transition rapide vers les exportations à forte valeur ajoutée. Le glissement de l'ISI vers une stratégie high-tech export-led s'est effectué sans démantèlement brutal des capacités publiques, mais via leur redéploiement vers des fonctions de pilotage, de régulation et d'appui à l'innovation.

Tableau 4 : Analyse comparative de l'évolution des dragons asiatiques en matière de stratégie d'ISI

Pays	Rôle de l'État	Stratégie ISI initiale	Transition vers l'export-led	Secteurs clés	Résultats obtenus
Corée du Sud	État développeur fort, centralisé, pilotant les chaebols	ISI sélective dès les années 1960, avec discipline de performance	Promotion des exportations dès 1964	Sidérurgie, automobile, électronique, chimique	Montée en puissance rapide, forte compétitivité mondiale, leadership technologique
Taïwan	État stratège, technocratique, axé sur les PME exportatrices	ISI dès les années 1950, combinée à des incitations à l'export	Développement de zones industrielles et parcs technologiques	Textile, électronique, TIC, machines-outils	Industrialisation agile, montée en technologie, tissu industriel diversifié
Singapour	État planificateur, intervention fort via entreprises publiques (GLCs)	Faible ISI, plutôt stratégie d'attraction d'IDE	Intégration rapide dans les chaînes de valeur mondiales	Électronique, finance, pétrochimie, biotechnologie	Spécialisation dans les services et industries de pointe, hub régional et mondial
Hong Kong	État minimaliste, peu interventionniste (modèle libéral)	Absence d'ISI classique, développement tiré par le marché	Export-ledimmédiat, rôle d'interface commerciale régionale	Textile, finance, logistique, commerce	Croissance forte dans les années 1960-80 Économie de services très ouverte

***Source** : Auteurs à partir de la revue de la littérature*

V. ISI en Afrique Subsaharienne au lendemain des indépendances : bref aperçu des cas de quelques pays

Dans les années 1960 à 1980, de nombreux pays africains nouvellement indépendants ont adopté une stratégie d'industrialisation par substitution aux importations (ISI). Inspirée des politiques latino-américaines promues par la CEPAL, cette stratégie visait à rompre avec la dépendance économique héritée de la colonisation, à diversifier les économies et à favoriser un développement autocentré, impulsé par un

État planificateur et interventionniste (Mkandawire, 2001 ; UNECA, 2016).

1. Zambie : développement industriel fragilisé par la dépendance au cuivre

Au lendemain des indépendances, la Zambie a mis en place une politique d'industrialisation par substitution aux importations (ISI) fortement encadrée par l'État, illustrée notamment par la création en 1968 de la Zambia Industrial Development Corporation (INDECO). Cette entreprise publique, financée par les importants revenus issus de la nationalisation du secteur cuprifère, visait à promouvoir la diversification industrielle du pays en développant des secteurs tels que la production des biens de consommation, les matériaux de construction, ainsi que les intrants agricoles (Burdette, 1988). Cette stratégie incarnait un volontarisme étatique ambitieux, cherchant à rompre avec la dépendance excessive à l'exportation de cuivre et à bâtir une économie plus autonome.

Cependant, la forte dépendance aux recettes du cuivre a rapidement révélé ses limites. Dès la fin des années 1970, la chute drastique des prix mondiaux du cuivre a sévèrement fragilisé l'économie zambienne, peu diversifiée et fortement centralisée autour de ce secteur unique. La crise économique s'est aggravée par un endettement public croissant, une réduction de l'aide des bailleurs de fonds internationaux, ainsi qu'une perte de confiance progressive dans les capacités de l'État à gérer efficacement les entreprises publiques (UNECA, 2016).

Par ailleurs, les industries étatiques, souvent victimes de surcapacités, de mauvaise gestion et de faible rentabilité, n'ont pas réussi à créer des synergies efficaces avec les autres secteurs économiques. L'absence de complémentarité sectorielle et la faiblesse d'un véritable marché intérieur viable ont également limité l'impact positif de l'ISI (UNECA, 2016). Ces difficultés structurelles ont empêché la consolidation d'une base industrielle solide et durable, rendant la Zambie vulnérable aux fluctuations des marchés internationaux.

Ainsi, l'expérience zambienne illustre clairement les limites d'un modèle d'industrialisation par substitution financé par une rente minière, sans diversification réelle ni renforcement des capacités productives nationales. Cette situation a conduit à une profonde crise structurelle danslesannées1980, remettant en cause la viabilité à long terme du modèle ISI dans un contexte marqué par une forte dépendance à une ressource unique (Burdette, 1988 ; UNECA, 2016).

2. Kenya : ISI hybride et déséquilibres structurels persistants

Le Kenya a mis en œuvre une stratégie d'ISI relativement sophistiquée et mixte, combinant intervention étatique, investissement privé national, et participation d'entreprises étrangères. Dès l'indépendance, le gouvernement a misé sur la création d'unités industrielles locales dans les secteurs du textile, des biens de consommation courante, de l'agroalimentaire et de la chimie légère, concentrées autour de Nairobi, Mombasa et Kisumu (Ikiara & Ndung'u, 1997).

Cette stratégie a été soutenue par des incitations fiscales, des politiques de substitution aux importations, et l'émergence d'un secteur privé kényan relativement dynamique. Toutefois, l'industrie restait fortement dépendante des importations de machines et d'intrants, ce qui limitait les effets d'entraînement sur le reste de l'économie. En outre, le secteur industriel était caractérisé par une faible valeur ajoutée, un manque d'innovation, et une extraversion des profits vers les multinationales installées surplace.

À partir des années 1980, le ralentissement économique et l'endettement croissant ont poussé le Kenya à adopter les programmes d'ajustement structurel du FMI et de la Banque mondiale, ce qui a entraîné un désengagement progressif de l'État dans les secteurs industriels. Le pays a alors connu une désindustrialisation partielle, révélant les limites d'un modèle ISI hybride, coincé entre dépendance extérieure et faiblesse du tissu productif national (UNECA, 2016).

3. Ghana : volontarisme industriel ambitieux confronté à des limites structurelles

À l'aube de l'indépendance, le Ghana, sous la direction de Kwame Nkrumah, a adopté l'une des politiques industrielles les plus volontaristes du continent. Inspiré par les modèles socialistes et les idées panafricanistes, Nkrumah a mis en place une stratégie fondée sur un fort interventionnisme de l'État, avec la création de nombreuses entreprises publiques dans des secteurs clés tels que la transformation agroalimentaire, les matériaux de construction, le textile ou encore la métallurgie (Killick, 1978). Cette stratégie s'appuyait sur une politique protectionniste stricte : des droits de douane élevés, des licences d'importation restrictives et une planification centralisée visant à réduire la dépendance économique vis-à-vis de l'extérieur.

Cependant, malgré l'ampleur de l'investissement étatique, les résultats se sont rapidement heurtés à plusieurs obstacles structurels majeurs. D'une part, les industries créées restaient largement dépendantes des importations des biens d'équipement et des matières premières intermédiaires, compromettant l'autonomie recherchée. D'autre part, ces industries souffraient d'une faible compétitivité, en raison des coûts de production élevés, d'un manque de technicité locale, et de l'absence de synergies entre les différents secteurs économiques (Mkandawire, 2001). Enfin, le manque de débouchés internes et la faiblesse du pouvoir d'achat freinaient la rentabilité des industries naissantes.

Ces dysfonctionnements ont conduit à des déséquilibres macroéconomiques croissants dès la fin des années 1960, marqués par des déficits extérieurs, un endettement croissant et une inflation galopante. Le modèle ghanéen d'ISI, bien que pionnier et ambitieux, a ainsi révélé ses limites dès le début des années 1970, ouvrant la voie à une période d'instabilité économique et politique.

4. Côte d'Ivoire : croissance industrielle rapide avec un modèle fragile et dépendant

Sous la présidence de Félix Houphouët-Boigny, la Côte d'Ivoire a connu dans les années 1960 et 1970 une phase de croissance industrielle rapide, portée par une politique d'ISI particulièrement axée sur la transformation des produits agricoles d'exportation, tels que le cacao, le café et le coton (Bates, 1981). Cette stratégie s'est accompagnée d'une ouverture économique contrôlée, favorisant l'implantation de filiales industrielles européennes, notamment dans la région d'Abidjan, véritable hub industriel et portuaire. L'État a joué un rôle de facilitateur central, en investissant massivement dans les infrastructures (routes, ports, énergie) et en instaurant un cadre incitatif pour attirer les investissements étrangers (Bates, 1981).

Cette dynamique a permis la création d'un secteur industriel significatif, surtout dans la transformation agroalimentaire, offrant des débouchés locaux aux productions agricoles et créant des emplois urbains. Toutefois, cette réussite initiale masque plusieurs fragilités structurelles importantes. D'une part, la Côte d'Ivoire reste fortement dépendante des technologies et des capitaux étrangers, la plupart des industries étant contrôlées par des multinationales européennes, ce qui limite la montée en compétences et l'appropriation locale des savoir-faire (Mkandawire, 2001). D'autre part, le secteur privé national demeure marginalisé, peu organisé et souvent incapable de rivaliser avec les firmes étrangères protégées par les barrières douanières. Enfin, l'industrialisation ivoirienne est caractérisée par une faible intégration avec le reste de l'économie nationale, en particulier avec l'agriculture paysanne, limitant ainsi les synergies productives et la diversification industrielle.

Au tournant des années 1980, la Côte d'Ivoire subit de plein fouet la chute des prix des matières premières sur les marchés mondiaux qui fragilise sa principale source de revenus. L'accumulation de dettes externes et les déséquilibres macroéconomiques obligent le pays à engager une série de réformes structurelles sous la pression des institutions internationales. Ces réformes marquent le recul progressif du modèle ISI au profit d'une libéralisation économique et d'une ouverture accrue aux échanges mondiaux (Mkandawire, 2001). Cette période met en lumière les limites d'un modèle d'industrialisation extraverti, dépendant des dynamiques extérieures et incapable de consolider une base industrielle autonome et diversifiée.

Ainsi, bien que la Côte d'Ivoire ait bénéficié d'une croissance industrielle rapide dans la première phase postcoloniale, l'expérience montre la vulnérabilité d'un modèle économique reposant sur la transformation agricole sous influence étrangère et sur une protection limitée du marché intérieur, qui n'a pas permis de surmonter les défis technologiques et de l'intégration structurelle (Bates, 1981 ; Mkandawire, 2001).

5. Mali : planification centralisée, ambitions socialistes et échec industriel précoce

Au lendemain de son indépendance en 1960, le Mali, dirigé par Modibo Keïta, adopte une orientation économique résolument socialiste, inspirée à la fois du modèle soviétique et des idéaux panafricains. Le régime met rapidement en place une politique de planification centralisée, articulée autour des plans quinquennaux, visant à restructurer une économie historiquement dominée par l'exportation des produits agricoles comme le coton, les arachides ou encore le bétail (Samaké, 1994). Dans cette logique, l'État procède à la nationalisation des secteurs clés (banques, commerce, transport) et crée plusieurs entreprises publiques industrielles, dans l'espoir de poser les bases d'une industrialisation autonome et autocentrée.

Toutefois, cette ambition se heurte à de graves limites structurelles. En effet, le pays, enclavé et disposant d'un marché intérieur restreint, souffre d'une très faible base productive, d'un manque de personnel qualifié, et d'un retard considérable en matière d'infrastructures. Comme le relève Mkandawire (2001), les entreprises d'État, souvent inefficaces et mal gérées, ne parviennent pas à atteindre une rentabilité minimale, ce qui alourdit rapidement les finances publiques. En parallèle, le Mali s'isole diplomatiquement, notamment vis-à-vis des anciens partenaires occidentaux, ce qui limite l'accès à l'aide extérieure et au financement.

Face à la dégradation économique croissante et à la montée du mécontentement social, le régime est renversé en 1968 par un coup d'État militaire dirigé par Moussa Traoré, mettant fin à l'expérience socialiste. Le nouveau pouvoir opère un recentrage progressif vers des politiques plus libérales, réduisant le rôle de l'État dans l'économie sans toutefois parvenir à stabiliser durablement la situation (UNECA, 2016).

Ainsi, l'expérience malienne montre que, dans un contexte marqué par des contraintes géographiques, une faible densité industrielle initiale, et une capacité étatique limitée, un modèle d'ISI centralisé — aussi ambitieux soit-il — peut rapidement atteindre ses limites techniques, financières et politiques.

6. Burkina Faso : volontarisme modeste et obstacles structurels

Au lendemain de l'indépendance, le Burkina Faso (anciennement Haute-Volta) a mis en œuvre une stratégie industrielle relativement modeste, contrainte par une faible dotation en ressources naturelles, un accès difficile aux marchés internationaux, et une infrastructure de base peu développée. Durant les années 1970, l'État s'est appuyé sur des projets ponctuels de transformation locale (textile, huilerie, minoterie), souvent soutenus par des partenaires bilatéraux (France, URSS) et financés par l'aide publique au développement (Sawadogo, 1987).

L'arrivée au pouvoir de Thomas Sankara en 1983 a marqué un tournant plus radical. Porté par une vision souverainiste et populaire du développement, le régime révolutionnaire a lancé une politique d'autosuffisance économique, soutenant les coopératives paysannes, l'industrialisation locale artisanale, et la valorisation des matières premières nationales. Des usines textiles, des unités de fabrication de matériel agricole et des projets de transformation alimentaire ont été créés dans une optique de décolonisation économique.

Malgré cette ambition, les résultats sont restés limités : les faibles capacités financières, le boycott diplomatique, la technologie rudimentaire, et le manque d'accès aux marchés internationaux ont entravé la pérennité des initiatives industrielles. Après l'assassinat de Sankara en 1987, la plupart de ces projets ont été abandonnés ou privatisés. Le cas burkinabè illustre ainsi les contraintes d'un volontarisme industriel non adossé à une base productive solide, dans un contexte de forte dépendance extérieure (Mkandawire, 2001 ; UNECA, 2016).

En définitive, en dépit d'une forte volonté politique, le modèle sankariste a été confronté à de nombreuses contraintes, notamment : les faibles moyens financiers, l'isolement diplomatique et le manque de personnel qualifié. Ces facteurs ont fortement réduit la portée des ambitions industrielles du pays, nonobstant l'originalité de l'approche endogène qui avait été impulsée.

Encadré1 : Modèle de développement sankariste

Le modèle sankariste : vers une industrialisation endogène et une souveraineté économique

L'expérience révolutionnaire menée par Thomas Sankara entre 1983 et 1987 constitue l'un des exemples les plus emblématiques d'une tentative de rupture radicale avec les logiques néocoloniales du développement en Afrique. Porté par une vision panafricaniste, anti-impérialiste et centrée sur les besoins des populations rurales, Sankara a élaboré un projet fondé sur l'autosuffisance économique, la valorisation des ressources nationales et la décolonisation des structures productives (Harsch, 2014 ; Kaboret, 2017). Ce modèle, que l'on peut qualifier d'industrialisation endogène populaire, visait à affranchir le Burkina Faso de la dépendance vis-à-vis de l'aide extérieure et des importations des biens essentiels. Il s'agit de rompre avec le modèle économique dans lequel la création de richesse était orientée vers l'extérieur du pays.

1. Une stratégie de développement enracinée dans les réalités locales

En rupture avec les prescriptions des institutions financières internationales, le régime sankariste a misé sur une industrialisation sobre, décentralisée et intégrée aux dynamiques paysannes. Plus de 3 000 coopératives agricoles villageoises ont été créées, en parallèle à des unités de transformation locales, notamment dans le textile (promotion du Faso Dan Fani), la fabrication d'outils agricoles, et la production de médicaments génériques (Touzé, 2005 ; Chouli, 2011). Ces initiatives visaient à répondre aux besoins essentiels (nourriture, habillement, soins) tout en stimulant l'économie locale.

Sur le plan symbolique et politique, Sankara a instauré des mesures de réappropriation économique : (i) interdiction des importations inutiles ; (ii) réduction drastique du train de vie de l'État ; (iii) suppression des privilèges des élites ; (iv) et, obligation faite aux fonctionnaires de porter des tenues locales tissées sur place (Sankara, 1985). L'ensemble de ces actions relevait d'une volonté de souveraineté productive, rompant avec les structures héritées de la colonisation.

2. Résultats obtenus : une dynamique de transformation accélérée

- ✓ Croissance agricole remarquable : entre 1983 et 1986, la production céréalière augmenta de 75%, permettant d'atteindre l'autosuffisance alimentaire nationale (Kaboret, 2017).
- ✓ Renforcement du secteur artisanal et manufacturier local : la production et la diffusion du ***Faso Dan Fani*** ont dynamisé le secteur textile, tout en réaffirmant une identité culturelle.
- ✓ Amélioration des services sociaux : la couverture vaccinale infantile est passée de 17% à plus de 60% en trois ans, avec une baisse sensible de la mortalité infantile (UNICEF, 1988).

✓ Assainissement des finances publiques : par la suppression des dépenses superflues, l'État a réduit sa dépendance à l'aide extérieure, refusant notamment les conditionnalités du FMI.

3. Limites structurelles et blocages politiques

Toutefois, le modèle sankariste s'est heurté à des contraintes internes et externes majeures. D'abord, l'absence d'une base industrielle robuste et de capitaux suffisants a limité la portée de l'industrialisation. Les unités artisanales, malgré leur valeur symbolique et pratique, ne pouvaient répondre à une transformation structurelle à grande échelle (Harsch, 2014). Ensuite, le régime a progressivement cristallisé des tensions internes, en particulier avec les chefferies traditionnelles, les syndicats, et certains segments de l'armée.

Par ailleurs, son isolement diplomatique croissant, conséquence de la critique frontale des institutions financières internationales et de la France, a renforcé sa vulnérabilité géopolitique (Chouli, 2011). Enfin, le caractère centralisé et vertical du pouvoir révolutionnaire, bien que porteur d'un volontarisme inédit, a parfois étouffé les initiatives de base. Les Comités de défense de la révolution (CDR), initialement conçus comme des structures participatives, furent détournés à des fins de contrôle social, suscitant méfiance et contestation.

L'assassinat de Sankara le 15 octobre 1987 mit brutalement fin à cette expérience, empêchant toute institutionnalisation durable des réformes engagées.

***Source** : Auteurs à partir de la revue de la littérature*

7. Cameroun : développement industriel sous rente pétrolière et monopoles nationaux

Dans les années 1970, le Cameroun a adopté une stratégie d'industrialisation par substitution aux importations (ISI) caractérisée par un protectionnisme assumé et la mise en place d'un marché intérieur relativement protégé, destiné à encourager l'essor d'une classe d'entrepreneurs nationaux. Ces derniers, souvent bénéficiaires de monopoles dans des secteurs stratégiques comme la production du sucre, les textiles, le ciment ou les matériaux de construction, ont été soutenus et encadrés par un État fort, qui cherchait à structurer une bourgeoisie capitaliste locale. Pour Tchoungui (1992), cette politique industrielle s'inscrivait dans un contexte de forte croissance économique alimentée par les recettes issues de la rente pétrolière, lesquelles ont permis de financer massivement les entreprises publiques et d'accroître les investissements industriels

Néanmoins, cette croissance économique rapide a occulté des faiblesses structurelles profondes. Le tissu industriel camerounais est resté peu compétitif sur le plan international, en raison d'une faible productivité, d'une technologie obsolète et d'une intégration limitée avec les autres secteurs de l'économie, notamment l'agriculture et l'artisanat, pourtant essentiels à la majorité de la population (UNECA, 2016). Par ailleurs, la dépendance aux importations pour les équipements industriels et les intrants a limité la création des chaînes de valeur locales solides, maintenant ainsi une forte vulnérabilité aux chocs exogènes (UNECA, 2016).

La chute des cours mondiaux du pétrole au début des années 1980 a provoqué un choc majeur, révélant la fragilité du modèle économique camerounais, largement dépendant des revenus pétroliers. La crise économique qui s'en est suivie a mis en lumière l'absence d'une diversification productive réelle et la difficulté de soutenir l'appareil industriel sans le soutien massif de la rente (UNECA, 2016). Le modèle camerounais, marqué par une forte intervention étatique et un capitalisme dirigé reposant sur des monopoles nationaux protégés, a ainsi montré ses limites face aux exigences d'une économie mondiale de plus en plus concurrentielle et aux contraintes internes liées à la faiblesse des capacités techniques et managériales (Tchoungui, 1992 ; UNECA, 2016).

Cette expérience illustre les faiblesses d'une ISI portée par une rente naturelle, où le dynamisme apparent de l'industrialisation masque une structure économique vulnérable et insuffisamment diversifiée, freinant à terme le développement durable et l'intégration régionale.

8. Nigéria : ISI sous perfusion pétrolière et vulnérabilités profondes

Dans les années 1970, le Nigéria a déployé une politique d'industrialisation par substitution aux importations (ISI) largement financée par la rente pétrolière, notamment après le premier choc pétrolier de 1973. L'État fédéral a investi massivement dans de grands projets industriels, notamment dans des secteurs lourds tels que l'aciérie, la pétrochimie ou l'assemblage automobile. Parallèlement, des politiques d'indigénisation ont été mises en place, afin d'augmenter la participation des élites nigérianes à l'économie nationale, cherchant ainsi à créer une classe dirigeante économique locale (Akinlo, 2004). Des structures étatiques comme la Nigerian National Petroleum Corporation (NNPC) et la Nigerian Steel Development Authority sont emblématiques de cette ambition industrielle d'envergure.

Cependant, malgré l'afflux considérable des ressources, les résultats ont été décevants. La stratégie industrielle nigériane a souffert d'un manque chronique de compétences techniques et managériales locales, d'une dépendance continue aux importations des machines, pièces détachées et expertise étrangère, et d'une gouvernance souvent défaillante marquée par la corruption, les surcoûts et l'inefficacité administrative (Oyelaran-Oyeyinka, 2017). De nombreuses entreprises publiques fonctionnaient en deçà de leurs capacités, souffrant d'une sous-utilisation chronique et d'une incapacité à atteindre leur seuil de rentabilité.

Par conséquent, la rente pétrolière a davantage contribué à entretenir une économie de rente qu'à soutenir une industrialisation durable et autonome. Dès les années 1980, confronté à la chute des prix du pétrole et à une dette extérieure croissante, le Nigéria a plongé dans une crise économique majeure qui a mis en lumière les limites d'un modèle industriel largement déconnecté de la réalité productive locale et des impératifs de diversification économique (Akinlo, 2004 ; Oyelaran-Oyeyinka, 2017).

9. Synthèse comparative

L'examen comparatif des politiques d'ISI dans huit pays africains met en lumière des trajectoires différenciées, structurées autour des choix stratégiques et institutionnels contrastés. Cette diversité permet de distinguer trois grands modèles, révélant les dynamiques, les réussites partielles et les limites structurelles propres à chaque contexte.

9.1. Modèle étatique centralisé

En se référant aux auteurs comme Mkandawire (2001) et l'UNECA (2016), il se dégage que les pays comme la Zambie, le Ghana, le Mali, le Nigéria, le Burkina Faso (avant Thomas Sankara) et, dans une certaine mesure, le Cameroun, ont adopté un modèle d'ISI étatique centralisé. Ils ont privilégié une forte intervention publique, la création d'entreprises nationales et une planification économique rigoureuse, en général, assise sur des plans quinquennaux. Ces États ont mobilisé d'importantes ressources, souvent issues des rentes d'exportation (cuivre, pétrole, coton), pour financer des industries de base et protéger leurs marchés intérieurs par des barrières tarifaires et non tarifaires.

Ce modèle a permis de créer une base industrielle initiale et d'impulser une croissance économique notable dans les premières années. Cependant, il a été confronté à des rigidités administratives, des inefficacités dans la gestion publique, une faible productivité industrielle et à une incapacité à assurer une montée, une intensification technologique durable (Killick, 1978 ; Akinlo, 2004). La dépendance aux importations des biens intermédiaires, la mauvaise gouvernance et la vulnérabilité aux chocs extérieurs ont souvent mené à des crises structurelles dès les années 1980.

9.2. Modèle mixte ou libéral : flexibilité, ouverture et dépendances

Le Kenya et la Côte d'Ivoire ont adopté une approche plus mixte, combinant une protection modérée du marché intérieur, des incitations aux investissements privés (y compris étrangers) et l'ouverture partielle aux échanges extérieurs (Bates, 1981). Cette stratégie visait à tirer parti à la fois des capacités étatiques et des dynamiques du secteur privé, en favorisant une industrialisation plus flexible et tournée vers l'exportation.

Toutefois, ces pays ont également été limités par la faiblesse des marchés domestiques, la dépendance aux importations d'intrants, la volatilité des prix des matières premières et la difficulté à développer un secteur privé national compétitif. Malgré une croissance initiale, la transformation industrielle est restée incomplète et vulnérable aux aléas extérieurs.

9.3. Modèle endogène et populaire : l'expérience singulière du Burkina Faso

Le cas du Burkina Faso sous Thomas Sankara se distingue par une tentative d'ISI endogène, populaire et souverainiste, centrée sur la valorisation des ressources locales, le développement des coopératives paysannes et l'industrialisation artisanale (Harsch, 2014). Cette approche visait à rompre avec les logiques d'accumulation extraverties et à promouvoir une économie plus autonome et résiliente. Cependant, ce modèle a été freiné par la taille réduite du marché intérieur, l'insuffisance des capacités technologiques le manque de financement et un contexte politique instable, limitant sa pérennité (Mkandawire, 2001).

Tableau5 : Analyse comparative des modèles d'ISI de quelques pays d'Afrique aux lendemains des indépendances

Pays	Période de mise en œuvre de l'ISI	Modalité d'ISI mise en œuvre	Instruments utilisés	Résultats obtenus	Contraintes et limites principales
Zambie	Années 1969 – fin 1989	ISI étatisé centralisé	Nationalisation des mines, entreprises publiques, barrières tarifaires, subventions ciblées	Croissance initiale puis déclin, dépendance au cuivre, part manufacturière inférieure à 10% du PIB	Mono-dépendance, inefficacité industrielle, crise de la dette
Kenya	Années 1965 – années 1980	ISI mixte (semi-libéral)	Protection modérée, incitations aux IDE, vision à l'exportation interne	Croissance modérée, part industrielle autour de 12% du PIB, maintien d'une certaine compétitivité	Dépendance aux intrants importés, chocs pétroliers, déficit commercial
Ghana	1960 – 1983	ISI étatisé centralisé	Entreprises publiques, grands projets d'infrastructures, protection forte	Crise économique dès la fin des années 1970, régression du secteur industriel ≈ 8% du PIB	Endettement, corruption, inefficacité publique, réformes imposées par les PAS
Côte d'Ivoire	1960 – début 1980	ISI mixte (libéral, de facilitateur)	Partenariats public-privé, vision à l'exportation interne, infrastructures de base	Croissance forte (« miracle ivoirien »), industrie autour de 14% du PIB	Vulnérabilité aux chocs des matières premières, endettement externe
Mali	1960 – 1990	ISI étatisé socialiste	Entreprises publiques dans tous les secteurs, planification centrale	Faible croissance industrielle (moins de 6% du PIB), inefficacité chronique	Instabilité politique, isolement extérieur, dépendance aux aides
Burkina Faso (avant Sankara)	1960 – 1983	ISI étatisé classique	Entreprises publiques, protection modérée	Dépendance forte à l'aide extérieure, industrialisation très limitée	Faiblesse de la base industrielle, absence de vision décennale
Burkina Faso (1983–1987)	1983 – 1987	ISI populaire et endogène (modèle sankariste)	Coopératives, industrialisation artisanale, valorisation des ressources locales	Création d'unités locales (textiles, matériel agricole), mobilisation populaire accrue	Marché limité, isolement international, chute brutale après 1987
Cameroun	1965 – fin année 1989	ISI étatisé encadré	Sociétés d'État, planification, protectionnisme sectoriel, incitations fiscales	Croissance importante jusque dans les années 1980 (PIB ~5%/an), industrie autour de 17% du PIB	Vulnérabilité aux chocs extérieurs, inefficacité des entreprises publiques
Nigeria	1960 – fin 1980	ISI étatisé pétro-financé	Rentes pétrolières, entreprises publiques massives, barrières douanières	Expansion rapide de l'industrie dans les années 1970, mais chute après 1980 ; part manufacturière variable entre 6–14%	Dépendance au pétrole, corruption, inefficacité de l'appareil productif

Sources *: Auteurs à partir de la revue de la littérature*

9.4. Contraintes et enseignements pour l'avenir

Dans l'ensemble, ces différentes expériences illustrent les difficultés de l'ISI dans les pays de l'Afrique subsaharienne face aux contraintes structurelles héritées du colonialisme, à la dépendance aux ressources naturelles, à la faiblesse des institutions et aux défis de gouvernance. L'imposition des programmes d'ajustement structurel à la fin des années 1980 a souvent conduit à la remise en cause de ces modèles, au profit des politiques de libéralisation économique qui n'ont pas toujours permis de surmonter les faiblesses industrielles.

Pour une industrialisation durable et une transformation structurelle véritable, il apparaît essentiel de conjuguer gouvernance étatique efficace, mobilisation soutenue des ressources nationales, ouverture mesurée aux investissements, intégration régionale renforcée et soutien à l'innovation locale. Seule une approche hybride, adaptée aux réalités africaines, permettra de dépasser les limites des modèles classiques de l'ISI et de répondre aux défis contemporains du développement industriel.

VI. Enseignements stratégiques pour l'Afrique

L'analyse des expériences internationales en matière d'industrialisation par substitution aux importations (ISI) met en évidence des leçons précieuses pour les pays africains. Ces enseignements, tirés des trajectoires contrastées en Asie, en Amérique latine et en Afrique subsaharienne, soulignent que l'ISI n'est ni une recette unique ni un modèle figé, mais un cadre stratégique à adapter aux contextes locaux. Ils rappellent l'importance d'un État stratège, de politiques industrielles cohérentes, d'une gouvernance efficace et d'une planification rigoureuse pour tirer pleinement parti de cette approche.

Les analyses réalisées tout au long du document mettent en lumière des enseignements issus des expériences internationales de l'industrialisation par substitution aux importations qui, pour l'Afrique, ne doivent relever qu'un caractère stratégique. Ils offrent ainsi un cadre d'action pour repenser, adapter et opérationnaliser une ISI africaine capable de surmonter les limites historiques et de s'inscrire dans une dynamique de croissance durable et inclusive. Ils sont déclinés en onze points.

1. L'industrialisation par substitution aux importations (ISI) n'est pas une recette universelle, mais un cadre adaptable

Les expériences internationales révèlent des résultats contrastés : succès remarquables en Asie orientale grâce à une transition maîtrisée vers l'exportation, résultats mitigés en Amérique latine, et échecs fréquents en Afrique subsaharienne. Les différences s'expliquent moins par la théorie de l'ISI que par la qualité des institutions, la discipline des politiques publiques et la capacité d'adaptation aux contextes locaux.

2. La présence d'un État développeur est décisive

Une bureaucratie technocratique, compétente et relativement autonome vis-à-vis des pressions politiques ou clientélistes est indispensable. L'ISI exige une vision stratégique à long terme, la continuité des politiques et la cohérence entre objectifs industriels, politiques macroéconomiques et politiques sociales.

3. La protection industrielle doit être ciblée, temporaire et conditionnelle

Les droits de douane, subventions ou exonérations fiscales doivent avoir une durée limitée et être assortis d'objectifs de performance clairs : gains de productivité, capacités exportatrices, transfert de technologies. La protection permanente engendre des rentes improductives et un affaiblissement de la compétitivité.

4. Un séquencement rigoureux de l'industrialisation est nécessaire

Le passage de la substitution des biens de consommation aux biens intermédiaires, puis aux biens d'équipement et à l'exportation, requiert des capacités techniques et financières croissantes. En Afrique, l'arrêt prématuré à la première phase a empêché la montée en gamme et la diversification structurelle.

5. La dépendance aux rentes extractives pour financer l'ISI est un piège à éviter

Les ressources pétrolières ou minières peuvent accélérer le démarrage mais induisent vulnérabilité et volatilité. La mobilisation de l'épargne nationale, le développement des marchés financiers locaux et la discipline budgétaire offrent des bases plus solides et durables.

6. La réforme institutionnelle et la bonne gouvernance sont des préalables

Les entreprises publiques doivent être axées sur la performance, régulièrement auditées ou privatisées au besoin. Les mécanismes de suivi-évaluation, la transparence des dépenses publiques et la lutte contre le clientélisme conditionnent la réussite de toute politique industrielle.

7. La protection initiale doit être un tremplin vers l'export

L'ISI réussit lorsqu'elle est conçue comme un mécanisme d'apprentissage compétitif menant à l'intégration dans les chaînes de valeur sous-régionales, régionales, ou mondiales et non comme une fin en soi visant l'autarcie.

8. L'apprentissage technologique et le développement des compétences sont essentiels

L'industrialisation repose sur un capital humain qualifié et des transferts technologiques maîtrisés. Les politiques doivent inclure : formation technique ciblée, partenariats universités-industrie, obligations de transfert dans les contrats d'investissement étranger, et mise en place d'infrastructures d'innovation (centres de recherche, laboratoires d'essai, zones économiques spéciales performantes).

9. La nécessité d'avoir une spécialisation sectorielle stratégique

L'efficacité de l'ISI augmente lorsque les États sélectionnent des secteurs à fort potentiel de création d'emplois qualifiés, de transferts technologiques et de liens en amont et en aval. Cette concentration évite la dispersion des ressources et maximise les effets d'entraînement.

10 La gestion proactive de la dimension macroéconomique et monétaire

L'allocation stratégique des devises, le contrôle temporaire des changes et la maîtrise de l'endettement extérieur permettent de sécuriser les importations d'équipements essentiels et de réduire le risque de crises de la balance des paiements.

11. L'exigence de placer l'apprentissage institutionnel et humain au cœur de la politique industrielle.

Plus qu'un simple déploiement d'usines, l'ISI doit être un processus d'accumulation de savoir-faire technique, managérial et organisationnel, avec pour objectif final une autonomie productive et technologique.

Conclusion

L'industrialisation par substitution aux importations (ISI) s'est imposée, au lendemain des indépendances, comme une stratégie centrale dans les politiques de développement des pays du Sud. Fondée sur une critique du libre-échange universel et sur la volonté de rompre avec les structures héritées de la colonisation, l'ISI visait à bâtir une base industrielle nationale protégée, capable de répondre aux besoins internes et de réduire la dépendance aux importations manufacturières. Ses fondements doctrinaux, issus du mercantilisme, du protectionnisme éducateur et du structuralisme latino-américain, ont conféré à cette stratégie une légitimité intellectuelle forte, en soulignant le rôle stratégique de l'État dans la transformation économique.

Les résultats de l'ISI ont été contrastés. En Amérique latine, elle a permis une diversification industrielle et une croissance soutenue, mais au prix d'une inefficacité productive, d'une dépendance technologique persistante et d'un endettement externe croissant. En Asie, les dragons ont su dépasser les limites de l'ISI en l'articulant à une stratégie d'exportation performante, grâce à une gouvernance étatique disciplinée, une sélectivité sectorielle rigoureuse et une intégration progressive aux marchés mondiaux. En Afrique subsaharienne, malgré des ambitions affichées et des efforts de planification, la plupart des pays n'ont pas réussi à dépasser la première phase de substitution, en raison des faiblesses institutionnelles, des dépendances aux rentes naturelles, d'un pilotage stratégique déficient et d'une ouverture prématurée aux marchés extérieurs.

L'analyse comparée des trajectoires nationales montre que l'ISI ne saurait être réduite à une simple politique protectionniste. Elle constitue une stratégie exigeante, dont le succès repose sur l'existence d'un État développeur doté de capacités technocratiques solides, d'une autonomie relative vis-à-vis des intérêts privés, et d'une vision cohérente du développement industriel. Pour les pays africains, la relance d'une politique industrielle exige une redéfinition du rôle de l'État en tant qu'acteur stratégique, une mobilisation accrue des ressources nationales, une articulation judicieuse entre mesures de protection économique et incitations à l'innovation, ainsi qu'un approfondissement des mécanismes d'intégration régionale. Cette approche intégrée vise à créer les conditions d'une industrialisation endogène, résiliente et inclusive, capable de répondre aux défis contemporains tout en valorisant les spécificités territoriales. En définitive, seule une approche hybride, contextualisée et pragmatique, permettra de dépasser les limites des modèles classiques de l'ISI et de répondre aux défis contemporains du développement industriel.

Références bibliographiques

1. Abreu, M. de P. (2004). *A ordem do progresso: Cem anos de política econômica republicana, 1889–1989*. Rio de Janeiro: Campus.

2. Aït-Chaalal, A. (2015). L'industrialisation de l'Algérie postindépendance. *Revue d'Histoire Contemporaine de l'Afrique*. .

3. Aït El Mekki, A. (2016). Le Maroc s'affirme comme une plateforme régionale de premier plan pour les échanges commerciaux et les investissements internationaux. In Ministère de l'Économie et des Finances (dir.), *Rapport économique et financier 2016* (pp. 45–62). Rabat : DEPF.

4. Akinlo, A. E. (2004). Foreign direct investment and growth in Nigeria : An empirical investigation. *Journal of Policy Modeling, 26* (5), 627–639. https://doi.org/10.1016/j.jpolmod.2004.04.011

5. Amsden, A. H. (1989). *Asia's next giant : South Korea and late industrialization*. Oxford : Oxford University Press.

6. Amsden, A. H. (2001). *The rise of "the rest" : Challenges to the West from late-industrializing economies*. Oxford : Oxford University Press.

7. Asse, A., & Chenaf-Nicet, D. (2020). Demande domestique et industrialisation en Afrique. *Revue d'Économie du Développement, 28*(3), 5–38. https://doi.org/10.3917/edd.343.0005

8. Backhaus, J. G. (2003). Wilhelm Roscher. In J. G. Backhaus (Ed.), *The Elgar companion to law and economics* (pp. 642–646). Cheltenham : Edward Elgar.

9. Baer, W. (2008). *The Brazilian economy : Growth and development* (6th ed.). Boulder : Lynne Rienner Publishers.

10. Bagchi, A. K. (1982). *The political economy of underdevelopment*. Cambridge : Cambridge University Press.

11. Balassa, B. (1982). *Development strategies in semi-industrial economies*. Baltimore: Johns Hopkins University Press.

12. Banque africaine de développement (AfDB). (2021). *Industrialize Africa : Strategies, policies, institutions*. Abidjan : AfDB.

13. Bates, R. H. (1981). *Markets and states in tropical Africa : The political basis of agricultural policies*. Berkeley : University of California Press.

14. Behuria, P. (2019). The politics of industrial policy in a "new" African state : Rwanda's strategic orientation towards the private sector. *European Journal of Development Research, 31*(1), 144–166. https://doi.org/10.1057/s41287-018-0165-3

15. Benchekroun, H. (2019). *La gouvernance industrielle au Maroc*. Rabat : Conseil Économique, Social et Environnemental.

16. Bensaid, M. (2019). *Innovation industrielle et compétitivité au Maroc*. Rabat : Université Mohammed V.

17. Blanco, H. (1979). *La industrialización en México*. Mexico: Fondo de Cultura Económica.

18. Booth, D., & Golooba-Mutebi, F. (2012). Developmental patrimonialism ? The case of Rwanda. *African Affairs, 111*(444), 379–403. https:// doi.org/ 10.1093/ afraf/ads026

19. Bourdé, G. (1980). *L'Argentine : Économie et société*. Paris : Presses Universitaires de France.

20. Brambilla, I., Galiani, S., & Porto, G. (2017). Argentine trade policy : A review of the evidence. *The World Economy, 40*(11), 2488–2510. https:// doi.org/ 10.1111/ twec.12544

21. Bresser-Pereira, L. C. (2009). The two methods and the hard core of economics. *Brazilian Journal of Political Economy, 29*(3), 448–466. https:// doi.org/10.1590/ S0101-31572009000300006

22. Bruton, H. J. (1998). A reconsideration of import substitution. *Journal of Economic Literature, 36*(2), 903–936. (DOI non disponible / pas de DOI identifié lors de la recherche ciblée). ideas.repec.org+1

23. Burdette, M. M. (1988). *Zambia : Between two worlds*. Boulder : Westview Press.

24. Cardoso, F. H., & Faletto, E. (1971). *Dependencia y desarrollo en América Latina*. Mexico: Siglo XXI.

25. Casaburi, G. (1998). *Industrial policies and economic integration in Argentina.* London : Macmillan.

26. Castel, J.-L. (1991). *Le Mexique au XXe siècle*. Paris : Armand Colin.

27. Cairn. (2014). L'État développeur en question. *Revue internationale de politique comparée, 21*(2), 7–25. https://doi.org/10.3917/ripc.212.0007

28. CEPAL. (1979). *La industrialización mexicana: Etapas y perspectivas*. Santiago : CEPAL.

29. Chang, H.-J. (2002). *Kicking away the ladder : Development strategy in historical perspective*. London : Anthem Press.

30. Cherkaoui, M., & El Mansouri, M. (2018). *Politique industrielle et compétitivité au Maroc*. Casablanca : Université Hassan II.

31. Chenaf-Nicet, D. (2019). Institutions et industrialisation. *Revue d'Économie du Développement, 27*(4), 5–30. https://doi.org/10.3917/edd.334.0005

32. Chibber, V. (2014). *Locked in place : State-building and late industrialization in India*. Princeton : Princeton University Press.

33. Chiu, S. W. K., & Lui, T. L. (2004). *Hong Kong : Becoming a Chinese global city*. London : Routledge.

34. Chua, B. H. (2017). *L'État stratège à Singapour*. Singapore : NUS Press.

35. Clapham, C. (2018). *The Horn of Africa : State formation and decay*. London : Hurst.

36. Clarete, R., & Medalla, E. (2004). Trade policy reforms and structural adjustment in the Philippines. *The World Economy, 27*(7), 917–936. https://doi.org /10.1111/ j.0378-5920.2004.00629.x.

37. Coe, D. T., & Helpman, E. (1995). International R&D spillovers. *European Economic Review, 39*(5), 859–887. https://doi.org/10.1016/0014-2921(94)00100-E.

38. Conseil Économique, Social et Environnemental (CESE). (2021). *Rapport sur l'industrialisation au Maroc*. Rabat : CESE.

39. Debowicz, D., & Segal, P. (2012). Structural change in Argentina, 1935–2002. *Oxford Development Studies, 40*(1), 1–22. https://doi.org/10.1080/13600818 .2011.646438.

40. Díaz Alejandro, C. F. (1970). *Essays on the economic history of the Argentine Republic*. New Haven : Yale University Press.

41. Dos Santos, T. (1970). The structure of dependence. *American Economic Review, 60*(2), 231–236. (DOI non disponible / pas de DOI identifié). semanticscholar.org

42. Dornbusch, R., & Edwards, S. (1991). *The macroeconomics of populism in Latin America.* Chicago : University of Chicago Press.

43. Dussel Peters, E. (2000). *Polarizing Mexico : The impact of liberalization strategy.* Boulder : Lynne Rienner Publishers.

44. El Harras, M. (2020). *Industrialisation et déséquilibres territoriaux au Maroc.* Casablanca : Université Hassan II.

45. Evans, P. (1979). *Dependent development : The alliance of multinational, state, and local capital in Brazil.* Princeton : Princeton University Press.

46. Evans, P. (1995). *Embedded autonomy : States and industrial transformation.* Princeton : Princeton University Press.

47. Fajnzylber, F. (1983). *La industrialización trunca de América Latina.* Mexico : Nueva Imagen.

48. Faster Capital. (2024). Import substitution industrialization (ISI) : Definition, instruments and examples. Disponible sur https://fastercapital.com.

49. Fishlow, A. (1972). Origins and consequences of import substitution in Brazil. In L. di Marco (Ed.), *International economics and development : Essays in honor of Raúl Prebisch* (pp. 311–365). New York : Academic Press. (DOI non identifié lors de la recherche ciblée). sciencedirect.com+1

50. Frank, A. G. (1967). *Capitalism and underdevelopment in Latin America.* New York : Monthly Review Press.

51. Furtado, C. (1961). *Desenvolvimento e subdesenvolvimento.* Rio de Janeiro: Fundo de Cultura.

52. Furtado, C. (1964). *Development and underdevelopment : A structural view of the problems of developed and underdeveloped countries.* Berkeley : University of California Press.

53. Gandjon Fankem, J., & Feyom, C. (2023). Ouverture commerciale et industrialisation manufacturière en Afrique subsaharienne. *Revue d'Analyse des Politiques Économiques et Financières, 6*(2), 29–50.

54. Géoconfluences. (2023). L'industrialisation par substitution aux importations (ISI). Disponible sur https://geoconfluences.ens-lyon.fr.

55. Griffin, K. (1989). *Alternative strategies for economic development.* London : Macmillan.

56. Harsch, E. (2014). *Thomas Sankara : An African revolutionary.* Athens : Ohio University Press.

57. Hausmann, R., & Rodrik, D. (2003). Economic development as self-discovery. *Journal of Development Economics, 72*(2), 603–633. https://doi.org/10.1016/S0304-3878(03)00124-X.

58. Hill, H. (1996). *The Indonesian economy since 1966 : Southeast Asia's emerging giant*. Cambridge : Cambridge University Press.

59. Hirschman, A. O. (1958). *The strategy of economic development*. New Haven : Yale University Press.

60. Horizons. (2023). L'évolution des dragons asiatiques. Disponible sur https://www.horizonsmagazine.com.

61. Houssa, R., Megersa, K., & Nikiema, M. C. (2017). Domestic resource mobilization and financial development : Evidence from Africa. *Journal of African Economies, 26*(5), 447–472. https://doi.org/10.1093/jae/ejx012.

62. Hufty, M. (1993). *Argentine : La crise d'un modèle*. Paris : Karthala.

63. International Institute for Sustainable Development (IISD). (2025). Zones économiques spéciales et industrialisation en Afrique. Disponible sur https://www.iisd.org.

64. Ikiara, G. K., & Ndung'u, N. S. (1997). Kenya's industrialization dilemma. In P. M. Ochieng & L. A. McCormick (Eds.), *Industrialization in Sub-Saharan Africa* (pp. 85–110). London : Routledge.

65. International Journal of Scientific Research and Engineering Development (IJSRED). (2020). License Raj and industrial policy in India. *International Journal of Scientific Research and Engineering Development, 3*(4).

66. Jalilian, H., & Weiss, J. (2000). Deindustrialization in Sub-Saharan Africa : Myth or crisis ? *Journal of African Economies, 9*(1), 24–43. https://doi.org/10.1093/jae/9.1.24.

67. Jenkins, R. (1995). Trade, industrialization and the East Asian miracle. *Journal of Development Studies, 31*(3), 477–502. https://doi.org/10.1080/00220389508422369.

68. Johnson, C. (1982). *MITI and the Japanese miracle : The growth of industrial policy, 1925–1975*. Stanford, CA : Stanford University Press.

69. Kay, C. (1989). *Latin American theories of development and underdevelopment*. London : Routledge.

70. Keller, W. (1999). How trade patterns and technology flows affect productivity growth. *World Bank Economic Review, 13*(1), 17–47. https://doi.org/10.1093/wber/13.1.17.

71. Kennedy, S. (2015). *Made in China 2025*. Washington, DC : Center for Strategic and International Studies (CSIS).

72. Killick, T. (1978). *Development economics in action : A study of economic policies in Ghana*. London : Heinemann.

73. Kohli, A. (2004). *State-directed development : Political power and industrialization in the global periphery*. Cambridge : Cambridge University Press.

74. Krueger, A. O. (1974). The political economy of the rent-seeking society. *American Economic Review, 64*(3), 291–303. (DOI non disponible ; stable JSTOR record). bibbase.org

75. Leukhina, O., & Turnovsky, S. J. (2016). Demographic structure and macroeconomic dynamics : A review. *Journal of Economic Surveys, 30*(2), 245–272. https://doi.org/10.1111/joes.12152.

76. Les Yeux du Monde. (2023). L'industrialisation par substitution aux importations. Disponible sur https://les-yeux-du-monde.fr.

77. Levy, S., & Mántey, G. (2009). *Good intentions, bad outcomes : Social policy, informality, and economic growth in Mexico*. Washington, DC : Brookings Institution Press.

78. List, F. (1841). *Das nationale System der politischen Oekonomie*. Stuttgart : J. G. Cotta.

79. Lo, M., & Ramde, A. (2019). Ouverture commerciale et industrialisation en Afrique. *Revue d'Économie du Développement, 27*(4), 31–54. https://doi.org/10.3917/edd.334.0031

80. López, R. (2012). *La industrialización en México*. Mexico: El Colegio de México.

81. Low, L. (1998). *The political economy of a city-state : Government-made Singapore*. Oxford : Oxford University Press.

82. McMillan, M., Rodrik, D., & Verduzco-Gallo, I. (2014). Globalization, structural change, and productivity growth, with an update on Africa. *World Development, 63*, 11–32. https://doi.org/10.1016/j.worlddev.2013.10.012.

83. Meyer, L. (2002). *México: Una patria, dos tiempos*. Mexico: Océano.

84. Ministère des Petites et Moyennes Entreprises, de l'Économie Sociale et de l'Artisanat (MINPMEESA). (2024). *Transfert de technologie et industrialisation en Afrique*. Disponible sur https://minpmeesa.cm.

85. Mkandawire, T. (2001). Thinking about developmental states in Africa. *Cambridge Journal of Economics, 25*(3), 289–314. https://doi.org/10.1093/cje/25.3.289.

86. Munich Personal RePEc Archive (MPRA). (2015). Industrial policy in Africa : Lessons from the past. Disponible sur https://mpra.ub.uni-muenchen.de.

87. Musacchio, A., & Lazzarini, S. (2014). *Reinventing state capitalism : Leviathan in business, Brazil and beyond.* Cambridge, MA : Harvard University Press.

88. Nacional Financiera (NAFINSA). (1978). *Estadísticas históricas de la industria manufacturera mexicana.* Mexico : NAFINSA.

89. Naughton, B. (2007). *The Chinese economy : Transitions and growth.* Cambridge, MA : MIT Press.

90. National Bureau of Economic Research (NBER). (2024). Indian economy and License Raj. Disponible sur https://www.nber.org.

91. Nnadozie, E., Njuguna, A., & Wamukonya, N. (2021). Industrialization in Africa : Progress and challenges. *African Development Review, 33*(S1), S1–S15. https://doi.org/10.1111/1467-8268.12544.

92. North, D. C. (1990). *Institutions, institutional change and economic performance.* Cambridge : Cambridge University Press.

93. Noyola, J. (1956). Inflation in Latin America. *Economic Bulletin for Latin America, 1*(2), 1–20. .

94. Ocampo, J. A. (2004). Latin America's growth and equity frustrations during structural reforms. *Journal of Economic Perspectives, 18*(2), 67–88. https://doi.org/ 10.1257/0895330041371325.

95. Oyelaran-Oyeyinka, B. (2017). *Industrialization pathways for Africa : Diversification and structural change.* Abidjan : African Development Bank.

96. Pack, H., & Saggi, K. (2006). Is there a case for industrial policy ? A critical survey. *World Bank Research Observer, 21*(2), 267–297. https://doi.org/10.1093/ wbro/lkl001.

97. Payant, C. (2000). *Le mercantilisme.* Paris : La Découverte.

98. Peet, R., & Hartwick, E. (2009). *Theories of development : Contentions, arguments, alternatives* (2e éd.). New York : Guilford Press.

99. Prebisch, R. (1950). *The economic development of Latin America and its principal problems.* New York : United Nations.

100. Prebisch, R. (1963). *Towards a dynamic development policy for Latin America.* New York : United Nations.

101. Projet BaSES. (2013). *Modèle d'État développeur.* Disponible sur https:// bases-projet.fr.

102. Reinert, E. S. (2007). *How rich countries got rich ... and why poor countries stay poor.* London : Constable.

103. République du Cameroun. (2020). *Stratégie nationale de développement 2020–2030 (SND30).* Yaoundé : Gouvernement du Cameroun.

104. Robison, R., & Hadiz, V. R. (2004). *Reorganising power in Indonesia : The politics of oligarchy in an age of markets*. London : Routledge.

105. Rock, M. T. (2003). The politics of development policy and development policy reform in New Order Indonesia. In B. Pleskovic & N. Stern (Eds.), *The politics of economic policy reform in developing countries* (pp. 95–123). London : Routledge.

106. Rodrik, D. (2004). *Industrial policy for the twenty-first century*. CEPR Discussion Paper No. 4767. London : Centre for Economic Policy Research.

107. Rodrik, D. (2006). Goodbye Washington Consensus, hello Washington confusion ? *Journal of Economic Literature, 44*(4), 973–987. https://doi.org /10.1257 /jel.44.4.973

108. Rodrik, D. (2007). *One economics, many recipes : Globalization, institutions, and economic growth*. Princeton, NJ : Princeton University Press.

109. Rodrik, D. (2008). *Normalizing industrial policy*. Commission on Growth and Development Working Paper No. 3. Washington, DC : World Bank.

110. Rodrik, D. (2016). Premature deindustrialization. *Journal of Economic Growth, 21*(1), 1–33. https://doi.org/10.1007/s10887-015-9122-3

111. Rodrik, D., & Subramanian, A. (2005). From "Hindu growth" to productivity surge : The mystery of the Indian growth transition. *IMF Staff Papers, 52*(2), 193–228. https://doi.org/10.2307/30035996

112. Roscher, W., Schmoller, G., & Hildebrand, B. (XIXe siècle). *Œuvres diverses sur l'économie historique allemande*. (Référence classique, pas de DOI).

113. Samaké, S. (1994). *Le Mali : Du socialisme à l'économie de marché*. Paris : L'Harmattan.

114. Sawadogo, A. (1987). *La politique industrielle du Burkina Faso : Bilan et perspectives*. Ouagadougou : INSD.

115. Sénat. (2001). L'évolution des dragons asiatiques. Disponible sur https://www.senat.fr.

116. Shafaeddin, M. (2006). Does trade openness favour or hinder industrialization and development ? *UNCTAD Discussion Papers* No. 179. Geneva : UNCTAD.

117. Singer, H. W. (1950). The distribution of gains between investing and borrowing countries. *American Economic Review, 40*(2), 473–485. (DOI non disponible for original article ; reprinted chapter DOI : 10.1057/9781137271631 _19). ResearchGate+1

118. Smith, A. (1776). *An inquiry into the nature and causes of the wealth of nations*. London : W. Strahan & T. Cadell.

119. Stiglitz, J. E. (2002). *Globalization and its discontents*. New York : W. W. Norton.

120. Tabi, A. J., & Ondoa, H. A. (2013). Ouverture commerciale et industrialisation en Afrique. *Revue d'Économie du Développement, 27*(4), 55–74. https://doi.org/10.3917/edd.334.0055.

121. Tahir, M., Khan, I., & Malik, A. (2016). Trade openness and industrialization in developing countries. *Economic Modelling, 58*, 554–563. https://doi.org/10.1016/j.econmod.2016.06.006.

122. Tavares, M. C. (1972). The growth and decline of import substitution in Brazil. In L. di Marco (Ed.), *International economics and development : Essays in honor of Raúl Prebisch* (pp. 465–495). New York : Academic Press.

123. Taylor, A. M. (1994). Three phases of Argentine economic growth. *NBER Working Paper* No. 4715. Cambridge, MA : National Bureau of Economic Research. https://doi.org/10.3386/w4715.

124. Tchoungui, R. (1992). *L'industrialisation du Cameroun : Bilan et perspectives*. Paris : L'Harmattan.

125. Terra, M. C., & Pinheiro, A. C. (2016). Industrialization in Brazil : Past experiences and future prospects. *Brazilian Journal of Political Economy, 36*(2), 263–284. https://doi.org/10.1590/0101-31572016v36n02a01.

126. Thomas Sankara (cité dans Harsch, E.). (2014). *Thomas Sankara : An African revolutionary*. Athens : Ohio University Press.

127. United Nations Conference on Trade and Development (UNCTAD). (2014). *Economic development in Africa report 2014 : Catalysing investment for transformative growth in Africa*. Geneva : United Nations.

128. United Nations Conference on Trade and Development (UNCTAD). (2020). *The least developed countries report 2020 : Productive capacities for the new decade*. Geneva : United Nations.

129. United Nations Economic Commission for Africa (UNECA). (2016). *Transformative industrial policy for Africa*. Addis Ababa : UNECA.

130. United Nations Industrial Development Organization (UNIDO). (2019). *Industrial development report 2019 : Demand for manufacturing : Driving inclusive and sustainable industrial development*. Vienna : UNIDO.

131. Vajiram & Ravi. (2025). *Indian economy : License Raj and industrial policy*. Disponible sur https://vajiramandravi.com.

132. Van der Eng, P. (1996). *Agricultural growth in Indonesia : Productivity change and policy impact since 1880*. London : Macmillan.

133. Veblen, T. (1915). *Imperial Germany and the industrial revolution.* New York: Macmillan.

134. Villarreal, R. (1976). *La industrialización mexicana: Etapas y perspectivas.* Mexico: Fondo de Cultura Económica.

135. Wade, R. (1990). *Governing the market : Economic theory and the role of government in East Asian industrialization.* Princeton, NJ : Princeton University Press.

136. Whitfield, L., Staritz, C., & Morris, M. (2015). Global value chains, industrial policy, and economic upgrading in Ethiopia's apparel sector. Geneva : International Labour Organization (ILO).

137. Wobatolgma, K. (2015). Ouverture commerciale et industrialisation en Afrique. *Revue d'Économie du Développement, 27*(4), 75–90. https://doi.org/10.3917/edd.334.0075.

138. World Bank. (1993). *The East Asian miracle : Economic growth and public policy.* Washington, DC : World Bank.

139. World Bank. (2000). *Indonesia : Managing decentralization.* Washington, DC : World Bank.

140. Yeung, Y. M. (2001). *Hong Kong and the Pearl River Delta : Economic interactions and integration.* Hong Kong : Chinese University Press.

Chapitre 2

Expériences contemporaines dans la mise en œuvre de la stratégie d'industrialisation par substitution aux importations en Afrique

Contemporary experiences in the implementation of import substitution industrialization strategy in Africa

Par / by
Pierre NGUETSE TEGOUM
Serge FOTSO SIMO
Mohamadou MAZOU

Résumé

Depuis les années 1980, l'Afrique a progressivement abandonné les stratégies d'ISI, sous l'effet des programmes d'ajustement structurel et de la libéralisation économique imposée par les institutions financières internationales. Toutefois, face aux limites du libre-échange, aux vulnérabilités, aux tensions géopolitiques et à la quête de souveraineté productive, plusieurs pays africains renouent depuis les années 2010 avec une nouvelle génération d'ISI. Cette réorientation traduit une volonté de réduire la dépendance aux importations, de développer une base productive nationale et de s'insérer dans les chaînes de valeur régionales et mondiales.

Cette étude analyse les nouvelles stratégies d'ISI mises en œuvre en Afrique pour voir dans quelle mesure elles peuvent permettre de dépasser les échecs structurels du passé et de répondre aux défis contemporains de la transformation industrielle et de l'intégration régionale.

L'approche méthodologique adoptée est qualitative, comparative et analytique. Elle repose sur une analyse documentaire et statistique, et confronte six cas nationaux (Éthiopie, Nigeria, Ghana, Rwanda, Kenya, Cameroun et Maroc) choisis pour leur diversité historique, institutionnelle et régionale. La démarche est diachronique, mettant en perspective les politiques postindépendances et leurs déclinaisons contemporaines.

Les résultats montrent que, malgré des succès partiels – croissance industrielle soutenue en Éthiopie et au Rwanda, expansion de l'agro-industrie au Ghana et au Nigeria, promotion du patriotisme économique au Cameroun, dynamisme des ZES au Kenya et au Maroc – des contraintes structurelles persistent : dépendance aux intrants importés, déficits énergétiques et logistiques, faible financement et niveau d'intégration régionale, parfois l'instabilité ou les incertitudes politiques. Ces facteurs limitent la portée transformative de l'ISI.

Les recommandations soulignent la nécessité de renforcer la capacité stratégique des États, d'accroître les investissements dans les infrastructures, de promouvoir l'articulation entre politique industrielle, éducation et commerce, et de valoriser pleinement la ZLECAf pour construire des chaînes de valeur régionales. La réussite de l'ISI contemporaine repose ainsi sur un État stratège, discipliné et inclusif, capable de bâtir des chaînes de valeur régionales et d'assurer une industrialisation endogène, durable et compétitive.

Code JEL : O14,O25,O55,F63

Mots clés : Industrialisation par substitution aux importations ; Gouvernance industrielle ; État développeur ; Chaînes de valeur régionales

Abstract

Since the 1980s, Africa has gradually abandoned ISI (Import Substitution Industrialisation) strategies, under the influence of structural adjustment programs and economic liberalisation imposed by international financial institutions. However, in response to the limitations of free trade, growing vulnerabilities, geopolitical tensions, and the quest for productive sovereignty, several African countries have, since the 2010s, re-engaged with a new generation of ISI strategies. This shift reflects a deliberate effort to reduce import dependency, develop a national productive base, and integrate into regional and global value chains.

This study examines the new ISI strategies implemented across Africa to assess the extent to which they can overcome the structural failures of the past and address contemporary challenges related to industrial transformation and regional integration.

The methodological approach is qualitative, comparative, and analytical. It draws on documentary and statistical analysis and compares six national cases—Ethiopia, Nigeria, Ghana, Rwanda, Kenya, Cameroon, and Morocco—selected for their historical, institutional, and regional diversity. The study adopts a diachronic perspective, juxtaposing post-independence policies with their contemporary iterations.

Findings reveal that despite partial successes—sustained industrial growth in Ethiopia and Rwanda, agro-industrial expansion in Ghana and Nigeria, promotion of economic patriotism in Cameroon, and the dynamism of Special Economic Zones in Kenya and Morocco—structural constraints persist: reliance on imported inputs, energy and logistical deficits, limited financing, low levels of regional integration, and, in some cases, political instability or uncertainty. These factors hinder the transformative potential of ISI.

The recommendations emphasize the need to strengthen the strategic capacity of states, increase investment in infrastructure, promote alignment between industrial policy, education, and trade, and fully leverage the AfCFTA to build regional value chains. The success of contemporary ISI thus depends on a strategic, disciplined, and inclusive state, capable of fostering endogenous, sustainable, and competitive industrialisation.

JEL Codes : O14, O25, O55, F63

Keywords : Import-substitution industrialisation ; Industrial governance ; Developmental state ; Regional value chains

Introduction

Depuis les années 1980, les stratégies de développement industriel fondées sur l'industrialisation par substitution aux importations (ISI) ont été progressivement abandonnées en Afrique. Ce retrait découle des programmes d'ajustement structurel (PAS) et des réformes de libéralisation imposées par les institutions de Bretton Woods, notamment le Fonds monétaire international (FMI) et la Banque mondiale. Inspirés du Consensus de Washington formulé par John Williamson (1990), ces programmes recommandaient une stabilisation macroéconomique (réduction des déficits publics, ajustement monétaire, suppression des subventions) associée à des réformes structurelles telles que les privatisations, l'ouverture commerciale et la dérégulation des marchés (Géoconfluences, 2023). Dans ce cadre, les politiques industrielles ont été perçues comme inefficaces, coûteuses et génératrices de distorsions.

Cependant, au cours des années 2010, plusieurs pays africains renouent avec une nouvelle génération de stratégies industrielles, qui réhabilitent partiellement la logique de substitution aux importations. Cette réorientation s'inscrit dans un contexte géopolitique et économique mondial renouvelé, marqué par la remise en cause des excès du libre-échange, la montée du nationalisme économique, les vulnérabilités révélées par la pandémie de COVID-19, les tensions géopolitiques affectant les chaînes d'approvisionnement, et une volonté affirmée de souveraineté productive dans les pays du Sud (Rodrik, 2020 ; UNIDO, 2022).

L'ISI contemporaine se distingue de sa version des années 1960–1970 par son pragmatisme, son ciblage sectoriel et sa volonté de s'insérer dans les chaînes de valeur sous-régionales, régionales et mondiales. Elle s'inspire largement des trajectoires asiatiques (Corée du Sud, Taïwan, Malaisie) où un État développeur fort a joué un rôle stratégique dans la planification, la coordination et le développement accéléré des capacités industrielles (Evans, 1995 ; Chang, 2002). Contrairement au protectionnisme généralisé et rigide de l'époque postindépendance, les approches actuelles reposent sur des instruments hybrides : incitations fiscales ciblées, partenariats public-privé, financement productif, zones économiques spéciales et politiques de contenu local (Whitfield et al., 2020 ; Gereffi, 2019). Elles s'inscrivent dans un processus de transformation structurelle, visant à assurer une croissance forte et durable, à générer des emplois décents et à réduire les déficits commerciaux, notamment dans des secteurs stratégiques (Whitfield et al., 2020 ; Gereffi, 2019).

Cette renaissance industrielle en Afrique s'inscrit dans un contexte international marqué par les limites du libre-échange, la vulnérabilité révélée par la pandémie de COVID-19, les perturbations des chaînes d'approvisionnement mondiales et la montée des revendications de souveraineté productive (Rodrik, 2020 ; UNIDO, 2022) et les ambitions régionales portées par la Zone de libre-échange continentale africaine (ZLECAf), entrée en vigueur en 2021. Elle est aujourd'hui soutenue par les institutions africaines comme la Banque africaine de développement (2021) qui, dans son rapport Industrialize Africa : Strategies, Policies, Institutions and Financing, insiste en effet sur le rôle central de l'État comme catalyseur de l'industrialisation, rejoignant ainsi la logique du protectionnisme éducateur formulée par List (1841) et les perspectives structuralistes de Prebisch (1950) et Furtado (1964).

Dans cette perspective, il convient d'interroger la portée réelle des nouvelles stratégies d'industrialisation par substitution aux importations (ISI) déployées sur le continent africain, en évaluant leur capacité à dépasser les impasses structurelles héritées des expériences antérieures et à répondre aux impératifs contemporains de transformation productive et d'intégration régionale. Une telle problématique appelle une analyse approfondie des configurations de gouvernance adoptées, des instruments stratégiques mobilisés, ainsi que des contraintes systémiques persistantes qui entravent leur efficience. Elle s'appuie sur une hypothèse largement partagée dans la littérature spécialisée (Rodrik, 2008 ; Page, 2019 ; Altenburg, 2011), selon laquelle les performances contrastées des politiques industrielles africaines tiennent essentiellement à la faculté des États à articuler une vision stratégique cohérente, unc architecture institutionnelle robuste et une mise en œuvre opérationnelle efficace, dans un cadre de gouvernance à la fois sensible aux réalités locales et conforme aux exigences internationales.

L'étude s'appuie sur les expériences de six pays africains : l'Éthiopie, le Nigéria, le Ghana, le Rwanda, le Kenya, le Cameroun et le Maroc. Plusieurs éléments ont conduit au choix de ces pays de l'Afrique pour les analyses effectuées. Il s'agit, notamment de : (i) la diversité géographique et institutionnelle avec des pays d'Afrique de l'Ouest, Centrale et de l'Est et des régimes politiques variés (monarchie constitutionnelle, fédéralisme, État centralisé) ;(ii) la pertinence historique : implication ancienne ou renouvelée dans des politiques d'ISI, permettant une lecture chronologique des trajectoires ; (iii) les approches contrastées des instruments de l'ISI adoptées, allant des modèles de gouvernance interventionnistes aux modèles plus ouverts au marché ; et, (iv) la disponibilité des données, notamment l'accès à des sources fiables, actualisées et comparables sur les politiques industrielles, les résultats économiques et les dispositifs institutionnels.

À travers l'analyse comparative menée, il s'agit de mettre en lumière les similitudes et les divergences dans les modèles de gouvernance, les instruments politiques mobilisés, les secteurs prioritaires ciblés, ainsi que les résultats obtenus en matière de transformation industrielle. L'ambition est de dégager des enseignements stratégiques sur les conditions de succès de l'ISI en Afrique, dans un contexte mondial en pleines mutations en général, et de ressortir des spécificités pour le cas du Cameroun en particulier.

La suite du document est articulée autour de sept sections. Les six premières sections présentent chacune les études de cas pour l'Éthiopie, le Nigéria, le Ghana, le Rwanda, le Kenya, le Cameroun et le Maroc. Pour chaque pays, il est mis en exergue le contexte de mise en œuvre de la politique d'ISI, les instruments utilisés, le modèle de gouvernance économique, les résultats obtenus, les limites et les contraintes. La dernière section est consacrée à une analyse comparative des approches des différents pays et aboutit sur des recommandations précises pour réussir la politique d'ISI en Afrique en général.

I. Éthiopie : État centralisé et autoritaire

L'Éthiopie, située en Afrique de l'Est, est le deuxième pays le plus peuplé du continent africain après le Nigeria, avec une population estimée à plus de 123 millions d'habitants en 2023, selon les données de la Banque mondiale (World Bank, 2023). Le pays se caractérise par une forte dynamique démographique, marquée par un taux de croissance annuel de près de 2,5% et une population jeune dont plus de 70% ont moins de 30ans. Cet atout démographique, souvent qualifié de « dividende potentiel », s'accompagne néanmoins de défis sociaux considérables : un taux d'urbanisation encore limité (environ 23% en2022), un revenu national brut par habitant de seulement 1 020USD, ainsi qu'un taux de pauvreté monétaire qui touche encore près de 27 % de la population (World Bank, 2023 ; UNDP, 2022).

Dans ce contexte, les analyses portant sur l'économie éthiopienne post-2000 se réfèrent fréquemment au modèle de l'État développemental, revendiqué par les autorités éthiopiennes pour légitimer l'intervention active de l'État dans la transformation structurelle du pays (Ambrosetti & Harre, 2021). Ce modèle a permis de soutenir une croissance économique soutenue, avec un taux moyen avoisinant 8 à 10% entre 2004 et 2019, tout en cherchant à répondre aux besoins sociaux urgents liés à l'éducation, à la santé et à l'emploi des jeunes. Ce pays constitue un exemple contemporain d'État dévelop-pementaliste, centralisé et autoritaire, mettant en œuvre une politique industrielle proactive, notamment à travers la création de parcs industriels destinés à réduire les importations et à renforcer la production locale.

La suite de cette section propose une synthèse structurée de l'architecture théorique de la stratégie d'ISI de l'Éthiopie, du contexte de sa mise en œuvre, des instruments mobilisés, du modèle de gouvernance économique adopté par l'État, des principaux résultats enregistrés, ainsi que des limites et contraintes identifiées.

1. Ancrage théorique de la stratégie : protectionnisme éducateur

L'expérience de l'Éthiopie en ce qui concerne la stratégie d'ISI s'inscrit avec clarté dans la logique du protectionnisme éducateur, telle que formulée par Friedrich List (1841), selon laquelle les industries naissantes doivent être protégées et accompagnées par l'État jusqu'à leur maturité compétitive. Dans cette optique, l'État éthiopien a adopté une stratégie volontariste d'industrialisation, fondée sur la création de zones économiques spéciales, le soutien ciblé aux filières textile et cuir, ainsi que l'octroi d'incitations fiscales et foncières destinées à stimuler l'investissement productif (Oqubay, 2015 ; AfDB, 2014).

Cette orientation s'inscrit dans une vision structuraliste du développement, qui confère à l'État un rôle moteur dans la transformation des structures productives nationales (Chang, 2002 ; Reinert, 2007). Elle traduit une volonté affirmée de repositionner l'économie éthiopienne dans les chaînes de valeur mondiales, en favorisant l'émergence d'un tissu industriel capable de générer des externalités positives, tant en matière d'emploi que de diversification économique. Le cas éthiopien illustre la pertinence d'une relecture contemporaine du modèle listien dans les contextes africains. Il montre la capacité de l'action publique à structurer des trajectoires industrielles ambitieuses, fondées sur la mobilisation stratégique des ressources, l'attractivité des investissements et la consolidation d'une souveraineté productive nationale.

2. Contexte de mise en œuvre de la politique

Depuis le début des années 2000 l'Éthiopie s'est engagée dans un processus d'industrialisation ambitieux, porté par une vision stratégique où l'État assume un rôle central. Cette orientation s'est traduite par l'adoption successive des plans quinquennaux de développement, en particulier « *le Growth and Transformation Plan I&II (GTPI&II)* », qui structurent les priorités économiques et industrielles du pays (Oqubay, 2015). Dans ce cadre, la gouvernance reste fortement centralisée : l'État pilote la planification industrielle, alloue les ressources en fonction d'objectifs stratégiques, et mobilise les investissements, aussi bien domestiques qu'internationaux, pour stimuler les secteurs jugés porteurs (Altenburg, 2010 ; Chinigò, 2019).

La politique industrialisation par substitution aux importations est née d'une volonté affirmée des autorités de trouver une réponse appropriée aux défis structurels auxquels le pays faisait face à savoir : le déficit de production locale, la forte dépendance aux importations et la faiblesse du tissu industriel. Il était question pour le pays de produire ce qu'il consomme, renforcer la souveraineté économique, créer des emplois à forte valeur ajoutée et structurer une base productive durable. Pour cela, l'État a dû se réinventer en « *État développeur* », en s'appuyant notamment sur les enseignements de Peter Evans (1995) sur l'autonomie institutionnelle et les alliances stratégiques entre bureaucratie et secteur privé.

3. Instruments de mise en œuvre de la stratégie

L'administration centrale joue un rôle de coordinateur, tandis que les entreprises publiques sont utilisées comme leviers d'intervention. Des institutions solides comme l'Ethiopian Investment Commission et le Ministère de l'Industrie sont chargées d'assurer la mise en œuvre. L'État ne fait pas tout, mais il cadre les initiatives, fixe le cap, et veille à ce que les investissements étrangers s'insèrent dans une stratégie de développement national (Oqubay, 2015).

La stratégie repose sur un ciblage sectoriel clair qui est focalisé sur le textile, le cuir, l'agroalimentaire et les industries légères en raison du fait qu'ils sont intensifs en main-d'œuvre, techniquement accessibles et porteurs d'exportations. Les parcs industriels de Hawassa, Mekelle ou Bole Lemi incarnent cette volonté d'accélérer l'industrialisation dans des zones dédiées, dotées d'infrastructures modernes et d'un encadrement institutionnel rigoureux. Cette approche s'inspire des « zones économiques spéciales » asiatiques, mais avec un effort notable pour maîtriser les externalités, renforcer le contenu local et assurer le transfert de compétences (Altenburg, 2010).

La politique d'ISI met également l'accent sur la promotion des investissements directs étrangers à travers les allègements fiscaux, les exonérations sur les importations des machines, accès facilité au foncier industriel et l'accompagnement institutionnel implémenté par l'Ethiopian Investment Commission et le Ministère de l'industrie. Un autre axe c'est la protection tarifaire modérée qui consiste en l'application des tarifs douaniers raisonnables pour protéger les industries naissantes, tout en restant dans les engagements OMC (exemples : restrictions sur l'importation de vêtements usagés, pour soutenir le textile local). En outre le gouvernement Éthiopien a mis l'accent sur les infrastructures logistiques et énergétiques, afin d'abaisser les coûts des facteurs de production.

4. Modèle de gouvernance économique adopté par l'État

L'État éthiopien a exercé une gouvernance économique centralisée en jouant un rôle moteur dans la planification industrielle, l'allocation stratégique des ressources, la création d'infrastructures, et la mobilisation des financements publics pour orienter l'investissement privé vers les secteurs prioritaires (Oqubay, 2015). Il est l'architecte du développement, organise les secteurs clés, construit les infrastructures stratégiques, et oriente l'investissement (public et privé) en fonction d'une vision à long terme. En Éthiopie, la coordination intersectorielle est assurée par l'État pour structurer l'économie nationale.

Dès 2001, à la faveur d'une grave crise politique, les autorités font de la transformation industrielle du pays la nouvelle priorité, plus particulièrement dans les secteurs manufacturiers et agro-industriel orientés vers l'export, source de devises étrangères, d'emplois et de transferts technologiques, ainsi que les infrastructures, l'énergie, les transports (Ambrosetti, D. et Harre, D., 2021).

Le rôle de l'État dépasse la simple régulation, il soutient les champions nationaux émergents et organise le lien entre industrialisation et objectifs de développement (Clapham, 2018). Le gouvernement éthiopien a directement investi dans la construction des parcs industriels spécialisés, dans l'énergie (notamment hydroélectrique), les chemins de fer, et la formation technique, créant un environnement favorable à l'émergence d'un tissu industriel local. Il a également établi des partenariats avec des investisseurs étrangers ciblés, notamment chinois et turcs, en gardant un contrôle strict sur les secteurs jugés stratégiques (UNCTAD, 2021). Ce rôle a permis une certaine diversification économique et l'émergence des filières comme le textile-habillement, bien que les résultats restent contrastés en termes d'emplois durables et de compétitivité globale.

Figure 1 : : Vue synoptique de la gouvernance de la politique d'ISI en Éthiopie

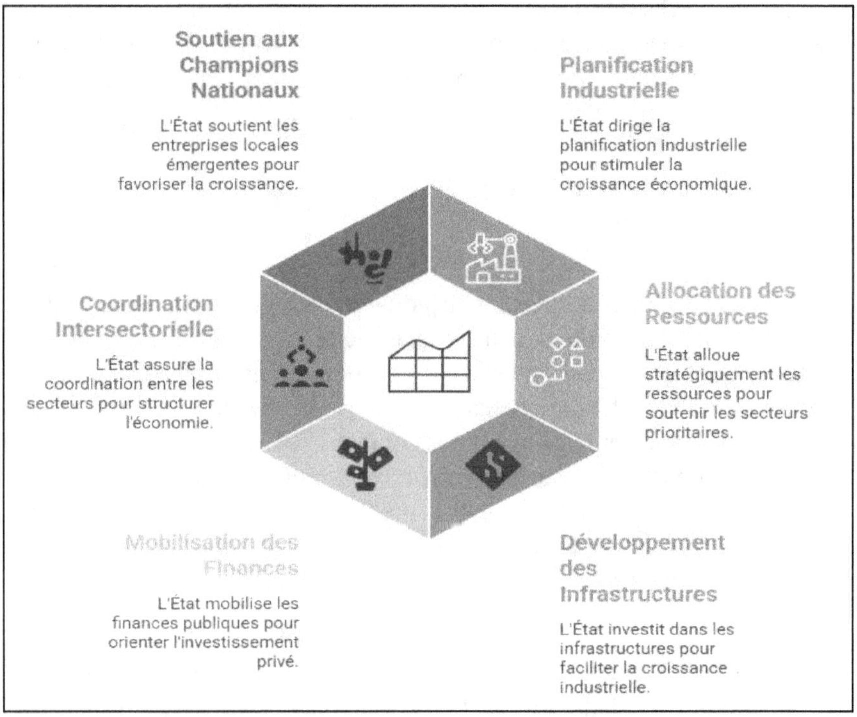

Source *: Auteurs*

5. Principaux résultats obtenus

Le modèle éthiopien combine protection ciblée, subventions conditionnelles à la performance et partenariats public-privé dans un cadre institutionnel centralisé, favorisant ainsi une montée en compétences progressive (Fantu, 2017 ; Teshome, 2020). Cette stratégie de gouvernance industrielle, fondée sur une version modernisée d'ISI, a permis à l'Éthiopie de réaliser des performances économiques remarquables au début des années 2010. Entre 2010 et 2019, le pays a enregistré une croissance moyenne annuelle du PIB d'environ 9,6%, un des taux les plus élevés au monde pour une économie en développement (Trésor Économique, 2024 ; BAD, 2014). Le PIB par habitant a triplé entre 2005 et 2023, passant de 171 USD à environ 1473 USD. Cette dynamique s'explique en grande partie par une planification étatique volontariste, incarnée par les Plans de croissance et de transformation (Growthand Transformation Plans-GTPI et II), qui ont orienté massivement les investissements publics vers les infrastructures, l'énergie et le développement des zones industrielles spécialisées (Oqubay, 2015 ; AfDB, 2014).

Le secteur du textile-habillement illustre particulièrement bien cette dynamique. Des parcs industriels dédiés, tels que ceux d'Hawassa, Bole Lemi et Kombolcha ont attiré des investissements directs étrangers (IDE) massifs représentant près de 35% du PIB (EIC, 2022), en provenance notamment de la Chine, de l'Inde et de la Turquie (Whitfield et al., 2020). Ces IDE représentaient près de 35% du PIB industriel. Ces parcs ont permis la création de plus de 60000 emplois manufacturiers formels, contribuant à la structuration d'un secteur industriel compétitif et exportateur (UNIDO, 2022). Cependant, la valeur ajoutée par travailleur dans le secteur textile reste faible, autour en dessus de 700 USD/an ; contre environ 1300USD/an au Bangladesh et plus de 12000 USD/an en Chine), soulignant les nombreux défis technologiques à relever dans le processus d'industrialisation (World Bank, 2023).

En ce qui concerne le commerce extérieur, l'Éthiopie a engagé une diversification graduelle des exportations. Bien que dominées par les produits agricoles traditionnels, notamment le café, représentant environ 30% des exportations totales, et le sésame ; les exportations manufacturières, en particulier textiles et chaussures, ont connu une croissance rapide, passant de moins de 5% des recettes en devises en 2010 à près de 15% en 2022 (UNIDO, 2022) ; Gebreeyesus, 2014). Cette évolution témoigne de la capacité d'un État développeur à adapter une stratégie d'ISI face aux contraintes contemporaines, en intégrant les chaînes de valeur mondiales tout en poursuivant une accumulation nationale du capital (Rodrik, 2016).

6. Limites et contraintes

Malgré les performances économiques enregistrées au cours des années 2010 et les efforts soutenus de l'État pour promouvoir l'industrialisation à travers une stratégie d'industrialisation par substitution aux importations (ISI), les effets sur la structure productive et sociale de l'Éthiopie restent limités. Le secteur industriel ne représente qu'une faible part de l'emploi total, inférieure à 10%, reflétant la faiblesse du tissu productif local et la prédominance persistante de l'agriculture informelle ainsi que de l'économie de subsistance (Oqubay, 2015).

Par ailleurs, bien que les zones industrielles aient attiré d'importants investissements étrangers, notamment dans le textile, le taux d'intégration locale demeure faible. La majorité des entreprises implantées dans ces zones dépendent fortement d'intrants, d'équipements et des savoir-faire importés, ce qui limite la création de valeur ajoutée. Cette dépendance freine la consolidation d'un écosystème industriel endogène et accentue la vulnérabilité du pays aux perturbations des chaînes d'approvisionnement mondiales (Whitfield et al., 2020).

À ces limites économiques s'ajoutent des tensions politiques internes croissantes, notamment autour des questions identitaires et territoriales, qui affectent la stabilité de l'État et compromettent les efforts de planification à long terme. L'Éthiopie est confrontée à des conflits récurrents entre groupes ethniques, parfois violents, comme en témoigne la guerre dans le Tigré entre 2020 et 2022. Ces instabilités pourraient mettre en péril la continuité des politiques industrielles, freiner les investissements privés et remettre en cause la viabilité d'un modèle reposant sur une gouvernance centralisée et technocratique (Clapham, 2018 ; Chinigò & Fantini, 2022).

Sur le plan social, les indicateurs restent préoccupants. L'incidence de la pauvreté a été estimée à 30,8% en 2015 selon la Banque Mondiale. L'Indice de développement humain (IDH) demeure très faible : en 2022, l'Éthiopie se classait 176e sur 191 pays (UNDP, 2023). Ces réalités sociales fragilisent l'acceptabilité politique des réformes économiques à long terme. Enfin, la trajectoire d'industrialisation éthiopienne repose largement sur le financement externe, notamment l'endettement bilatéral auprès de la Chine, utilisé pour financer les infrastructures et les zones industrielles. Le niveau d'endettement public est élevé (40,2% du PIB en 2023), ce qui soulève des questions quant à la soutenabilité budgétaire à moyen terme (FMI, 2024).

En synthèse, le cas éthiopien constitue une illustration emblématique de la mise en œuvre concrète des principes directeurs énoncés par la Banque africaine de développement (2021) en matière d'industrialisation. En mobilisant une stratégie fondée sur la création des parcs industriels intégrés, articulés à une planification étatique volontariste et soutenus par des institutions publiques spécialisées telles que l'Ethiopian Industrial Parks Développent Corporation, l'Éthiopie incarne une dynamique d'activation coordonnée des leviers institutionnels, infrastructurels et stratégiques. Ce modèle d'industrialisation par substitution aux importations offre des enseignements structurants sur les conditions de réussite du pilotage industriel étatique, lesquelles reposent sur un ensemble de facteurs critiques : la stabilité et la robustesse du cadre institutionnel, la construction d'un écosystème industriel cohérent, une gouvernance inclusive et adaptative, ainsi qu'une résilience politique capable de contenir les tensions internes et de préserver la trajectoire de transformation. Ce dispositif illustre également, la capacité d'un État à inscrire son projet industriel dans une logique de convergence entre vision nationale, alignement continental et adaptation aux contingences locales.

II. Nigeria : État interventionniste et dirigiste

Le Nigéria, situé en Afrique de l'Ouest, est le pays le plus peuplé du continent africain avec une population estimée à 223 millions d'habitants en 2023, soit environ 16% de la population totale de l'Afrique (World Bank, 2023). Doté d'une population jeune, près de 60% des Nigérians ont moins de 25 ans, le pays présente à la fois un potentiel considérable en termes de main-d'œuvre et de marché intérieur, mais également de lourds défis sociaux, notamment en matière d'éducation, d'emploi et de réduction de la pauvreté. En effet, malgré une richesse nationale soutenue par les revenus pétroliers, environ 40% de la population vit encore sous le seuil national de pauvreté, et le taux de chômage des jeunes dépasse les 19% (NBS, 2022 ; UNDP, 2023).

Sur le plan économique, le Nigéria a expérimenté des politiques d'industrialisation par substitution aux importations (ISI) dès les années 1970, dans un contexte marqué par l'essor de l'économie pétrolière. L'État nigérian a mis en œuvre une stratégie protectionniste caractérisée par un fort interventionnisme, afin de promouvoir la production locale et promouvoir le secteur industriel. Ces politiques se sont traduites par la révision des tarifs douaniers sur des produits stratégiques, l'octroi d'incitations fiscales ciblées, ainsi que l'imposition des restrictions sur certaines importations. Les secteurs de l'industrie automobile, des biens de consommation et des matériaux de construction furent particulièrement privilégiés. Cette orientation visait à réduire la dépendance vis-à-vis des importations, tout en utilisant les recettes pétrolières pour financer l'industrialisation et diversifier la structure productive du pays (Akinyoade & Uche, 2018).

Dans le prolongement de la section précédente consacrée au cas de l'Éthiopie, cette partie propose une synthèse structurée des fondements théoriques de la stratégie d'ISI, des instruments mobilisés pour sa mise en œuvre, du modèle de gouvernance économique adopté par l'État, des principaux résultats obtenus, ainsi que des limites et contraintes rencontrées au cours du processus.

1. Ancrage théorique de la stratégie d'ISI : théorie de la dépendance

L'expérience récente du Nigéria en matière de stratégie de substitution aux importations (ISI) s'inscrit dans une dynamique de reconfiguration des rapports de dépendance économique, telle que conceptualisée par les auteurs de l'école de la dépendance. En effet, selon Prebisch (1950), les économies périphériques, principalement exportatrices de matières premières, sont structurellement désavantagées dans les échanges internationaux, en raison de la détérioration des termes de l'échange. Frank (1967) approfondit cette analyse en soulignant que le sous-développement n'est pas une étape préalable au développement, mais le produit même de l'intégration asymétrique au système capitaliste mondial. Dos Santos (1970) soutient cette vision en insistant sur les mécanismes institutionnels et politiques qui perpétuent la dépendance, notamment à travers la domination technologique et financière des économies du centre.

En s'inspirant de ce cadre théorique, la décision du Nigéria de procéder à une fermeture temporaire de ses frontières entre 2019 et 2020 peut être interprétée comme une tentative de rupture avec cette dépendance historique. En restreignant les importations alimentaires et en promouvant activement la production nationale, l'État nigérian a cherché à instaurer une dynamique de substitution aux importations, visant à renforcer les capacités productives locales, à stimuler l'entrepreneuriat domestique et à consolider une souveraineté économique fondée sur l'autonomie industrielle (Central Bank of Nigeria, 2020 ; Ezeani, 2021).

Cette orientation stratégique s'inscrit dans une tradition de pensée développementaliste qui réhabilite le rôle de l'État comme architecte de la transformation structurelle. Elle traduit une volonté politique de réaffirmer le contrôle national sur les leviers de production, en mobilisant des instruments de régulation commerciale, des incitations sectorielles et des dispositifs de soutien à l'investissement local (Olayiwola & Okodua, 2020). En ce sens, le cas nigérian illustre une relecture contemporaine du protectionnisme éducateur listien (List, 1841), adapté aux réalités africaines, où la consolidation d'un marché intérieur dynamique et la valorisation des ressources locales deviennent des vecteurs de résilience économique et de repositionnement stratégique dans les chaînes de valeur mondiales.

Au-delà de sa portée conjoncturelle, cette initiative révèle une ambition plus large : celle de redéfinir les termes de l'insertion du Nigéria dans l'économie mondiale, en substituant à une logique de dépendance passive une trajectoire de développement fondée sur la maîtrise des capacités productives, la densification du tissu industriel et la revalorisation du rôle de l'État dans la conduite du changement structurel.

2. Contexte de mise en œuvre de la stratégie

Le Nigeria, a adopté dès les années 1970 une stratégie d'industrialisation par substitution aux importations (ISI), largement soutenue par les recettes générées par le pétrole. L'objectif était de promouvoir l'émergence d'une industrie nationale capable de répondre à la demande intérieure, tout en réduisant la dépendance du pays aux importations, notamment dans les secteurs alimentaire et manufacturier (Iyoha & Oriakhi, 2002 ; Obadan, 1994). Cependant, cette dynamique a été interrompue dans les années 1990, période marquée par une désindustrialisation progressive et l'adoption des programmes d'Ajustements structurels.

Avec l'arrivée du Président Muhammadu Buhari au pouvoir en 2015, le pays a effectué un retour à l'ISI à travers un modèle reposant sur un protectionnisme affirmé et une intervention étatique volontariste. Cette stratégie est articulée autour du discours souverainiste « Buy Nigerian to grow the Naira », visant à répondre aux déséquilibres structurels de l'économie nigériane notamment : la dépendance excessive aux importations, le déficit manufacturier, la volatilité des recettes pétrolières et l'insécurité alimentaire. Le Pays a opté pour un recentrage de ses priorités économiques sur la production locale (Suberu, 2015).

3. Instruments de mise en œuvre de la stratégie

L'orientation du développement avec pour socle l'industrialisation par substitution aux importations, a été engagée lorsque le Nigéria était confronté à un choc externe majeur avec la chute brutale des cours du pétrole, principale source de devises et de recettes fiscales. Cette crise avait accentué les déséquilibres de la balance commerciale et mis en évidence la fragilité du modèle économique basé sur les importations (Lewis, 2007). Les secteurs stratégiques ciblés par la stratégie d'ISI sont l'agroalimentaire, le textile et les biens de consommation de base.

La mise en œuvre de cette stratégie repose sur un protectionnisme ciblé au service de la production nationale. Dès 2015, 41 catégories de produits vont être exclues de l'accès aux devises sur le marché officiel, dans le but de freiner les importations et stimuler la production locale (Central Bank of Nigeria, 2015). Cette liste a inclus des denrées alimentaires, des matériaux de construction, et même des biens de luxe. Parallèlement, des barrières tarifaires et non tarifaires ont été renforcées, tandis que des mesures fiscales ont été introduites pour encourager les producteurs locaux. Le ministère de l'Industrie, du Commerce et de l'Investissement a soutenu cette orientation à travers des programmes tels que le Nigeria Industrial Revolution Plan (NIRP), qui visait à accroître la capacité de transformation locale (Federal Ministry of Industry, 2016).

Par ailleurs, le rôle de l'État dans l'économie a été renforcé en orientant le crédit et les incitations vers les secteurs jugés prioritaires. Le programme Anchor Borrowers Programme (ABP), lancé par la CBN en 2015, en est une illustration. Il s'est agi d'un mécanisme mettant en relation directe les petits agriculteurs (les "*anchorfarmers*") avec des transformateurs agro-industriels, tout en leur fournissant des crédits via les banques commerciales à taux préférentiels, des intrants subventionnés et un accompagnement technique (CBN, 2020). L'objectif de ce programme est de renforcer les chaînes de valeur locales tout en assurant un approvisionnement régulier de l'industrie nationale et de garantir la sécurité alimentaire durable. En outre, le Nigeria a mis en place une série de partenariats public-privé et de subventions ciblées pour relancer le textile, le cuir ou le ciment avec une ambition de reconstruire une base manufacturière nationale.

En 2018, dans le cadre de sa stratégie de relance industrielle, le Nigeria en partenariat avec des bailleurs internationaux tels que la Banque Africaine de Développement (BAD) et la Banque Mondiale, va se fixer l'objectif de faire des Zones économiques spéciales (ZES) un pilier majeur de la stratégie "*Made in Nigeria*" (World Bank, 2019). Ces zones sont conçues pour attirer les investissements locaux et étrangers ; offrir un environnement fiscal et règlementaire allégé et servir de catalyseur à la transformation structurelle de l'économie (NEPZA, 2018 ; UNIDO, 2020). A travers la Nigerian Export Processing Zones Authority (NEPZA), l'Etat va promouvoir des zones économiques comme Lekki Free Zone à Lagos, Kano Free Trade Zone, ou encore Calabar Free Trade Zone, avec un accent particulier sur l'implantation d'industries légères, textiles, pharmaceutiques et de transformation agroalimentaire.

4. Modèle de gouvernance économique adopté par l'État

L'État nigérian a adopté une approche protectionniste pour encourager la production locale et favoriser l'autosuffisance, notamment par la révision des tarifs douaniers sur certains produits stratégiques (Olaniyi, 2017). Il a mis en place des restrictions sur les importations de produits alimentaires et des mesures incitatives pour les producteurs locaux, renforçant ainsi son rôle d'intervenant direct dans les secteurs stratégiques. (Bello, 2019). L'État nigérian joue un rôle important en tant que développeur industriel, en soutenant les initiatives de production locales et en encourageant les investissements dans des secteurs jugés stratégiques. Cela se manifeste à travers la politique de l'industrialisation par zones économiques spéciales (ZES), qui offre des avantages fiscaux et des incitations à la production locale (Adekola, 2020). Les programmes de substitution agroalimentaire mis en œuvre dans le cadre de la stratégie d'ISI se sont également accompagnés d'initiatives visant à encourager la transformation locale des matières premières et à promouvoir des partenariats public-privé dans les secteurs de l'agriculture et de l'industrie (Agwu & Ezeani, 2018).

Figure 2 : Vue synoptique de la gouvernance de la stratégie d'ISI au Nigéria

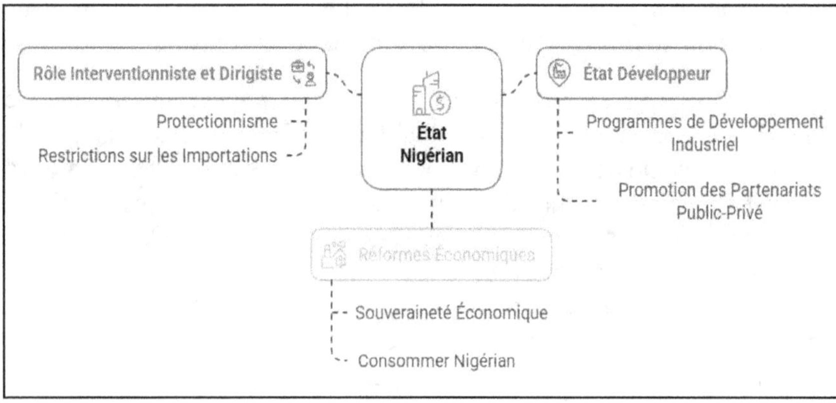

***Source** : Auteurs*

5. Principaux résultats obtenus

La stratégie d'ISI du Nigéria a permis d'obtenir plusieurs résultats dans le domaine agricole, la transformation locale, la création d'emplois et le commerce extérieur. L'un des succès majeurs a été enregistré dans le secteur agricole, notamment à travers « l'Anchor Borrowers' Programme », lancé parla Banque Centrale du Nigéria. Ce programme a permis à plus de 2,5 millions de petits producteurs d'accéder à des crédits pour cultiver des produits stratégiques comme le riz, le maïs, le sorgho et le coton (CBN, 2020). La production nationale de riz a presque doublé entre 2015 et 2021, passant de 3,7 millions à près de 7 millions de tonnes selon le Federal Ministry of Agriculture and Rural Development (FMARD, 2021).

Le pays a connu une diminution des importations des produits alimentaires grâce aux stratégies de restriction des importations et à la promotion de la production locale. Selon la Nigerian Customs Service (NCS, 2021), les importations de riz sont passées de 2,2 millions de tonnes en 2014 à moins de 1 million en 2020. Cette réduction s'explique aussi par l'interdiction de l'accès aux devises officielles pour importer certains produits jugés non essentiels (CBN, 2018). L'autre effet positif est la création d'emplois dans les chaînes de valeur locales. Selon la Nigeria Export Processing Zones Authority (NEPZA, 2022), plus de 60000 emplois directs et indirects y ont été créés entre 2017 et 2022 à travers les zones économiques spéciales. Par ailleurs, il y a eu un renforcement des capacités de transformation locale des matières premières, notamment dans les secteurs du cacao, de l'huile de palme, du manioc et du sésame.

Il faut aussi noter que le secteur textile au Nigéria bénéficie d'un ambitieux plan de relance porté par le gouvernement fédéral et Afreximbank, avec un investissement de 5 milliards USD destiné à créer jusqu'à 250 000 emplois et à réduire de 4,7milliards USD les importations annuelles de textiles. Cependant, la valeur ajoutée de ce secteur reste faible ; elle représentait seulement 1,75% au PIB en 2022 (NBS, 2024).

Les statistiques du commerce extérieur indiquent que, grâce à la réduction des importations de produits manufacturés et alimentaires, et à une légère amélioration des exportations non pétrolières, le déficit commercial du Nigéria s'est réduit entre 2017 et 2019. Le Bureau national des statistiques évalue la part des exportations non pétrolières dans les recettes d'exportation à 19% en 2019, contre 13% en 2015 (NBS, 2020). Pour ce qui est des exportations, ceux du Nigéria (22% et 15% des exportations d'Afrique en 1991 et en 1999) sont constituées, à plus de 95% de produits pétroliers et de ses dérivés et montre le haut degré de dépendance de l'évolution des exportations nigérianes en valeur à l'égard de la variation du cours international du baril de pétrole (Gros et al., 2002).

6. Limites et contraintes

La stratégie menée au Nigeria s'est accompagnée des effets pervers liés à un protectionnisme excessif. La fermeture unilatérale des frontières terrestres en 2019, officiellement justifiée par la lutte contre la contrebande et la promotion des productions locales, a eu des conséquences économiques et sociales ambivalentes. Elle a certes permis de stimuler temporairement certains segments agricoles, mais a aussi provoqué une hausse marquée des prix alimentaires, affectant les ménages urbains et fragilisant les équilibres sociaux (Adewuyi & Olayiwola, 2021). De plus, loin de réduire les flux illicites, cette mesure a entraîné une intensification de la contrebande dans les zones frontalières, en particulier avec le Bénin, en contournant les contrôles officiels.

Par ailleurs, les carences structurelles persistantes du secteur productif nigérian ont limité les effets attendus de cette stratégie protectionniste. L'insuffisance des infrastructures de stockage et de transformation, le coût élevé de l'énergie, les déficiences logistiques, mais aussi la mauvaise gouvernance et la corruption endémique dans les dispositifs de soutien public ont affaibli la compétitivité des produits locaux (Akinyoade & Uche, 2021). En outre, l'insécurité dans les régions agricoles du nord, notamment liée aux conflits intercommunautaires et à l'activité des groupes armés, complique davantage les chaînes d'approvisionnement et décourage les investissements privés dans les filières agro-industrielles.

Enfin, la fermeture des frontières a mis en évidence les tensions entre la recherche de souveraineté économique nationale et les engagements d'intégration régionale, notamment au sein de la CEDEAO. Ce paradoxe soulève des questions cruciales sur la cohérence des stratégies industrielles nationales dans un contexte africain où l'intégration économique est censée jouer un rôle moteur dans la transformation structurelle. Le cas nigérian rappelle ainsi que la relance de l'ISI ne peut faire l'impasse sur les contraintes de gouvernance, de coordination régionale et de soutenabilité sociale. Ces constats rejoignent les résultats empiriques de Houssa, Megersa et Nikiema (2017) : les déficits institutionnels et les lacunes de mobilisation fiscale réduisent nettement la capacité des États africains à financer des politiques industrielles soutenables, ce qui permet une meilleure compréhension des difficultés d'ancrage durable des initiatives d'ISI au Nigeria.

III. Ghana : État interventionniste, stratège et facilitateur

Le Ghana, situé en Afrique de l'Ouest, compte une population estimée à 34 millions d'habitants en 2023, dont près de 57% ont moins de 25ans, ce qui traduit un fort potentiel démographique, mais aussi des pressions accrues sur l'emploi, l'éducation et les infrastructures sociales (World Bank, 2023). Le taux d'urbanisation, évalué à environ 59%, révèle une dynamique de concentration urbaine qui favorise l'émergence d'un marché intérieur en expansion, mais accentue également les inégalités sociales entre zones urbaines et rurales. Sur le plan social, le pays affiche un revenu national brut par habitant de 2370 USD en 2022 et un taux de pauvreté monétaire avoisinant 23%, malgré des progrès notables en matière d'accès à l'éducation et de réduction de la mortalité infantile (UNDP, 2023).

Dans le prolongement du cas de l'Éthiopie et du Nigéria, la suite de la section examine le cas du Ghana en proposant une synthèse structurée des fondements théoriques de la stratégie d'ISI, des instruments mobilisés pour sa mise en œuvre, du modèle de gouvernance économique adopté par l'État, des principaux résultats enregistrés, ainsi que des limites et contraintes observées.

1. Ancrage théorique de la stratégie d'ISI : théorie structuraliste

Le cas du Ghana constitue une illustration contemporaine particulièrement éclairante de la mise en œuvre partielle du paradigme structuraliste, tel que formulé par Raúl Prebisch (1950) et institutionnalisé par la Commission économique pour l'Amérique latine et les Caraïbes (CEPAL). Ce courant de pensée postule que les économies du Sud doivent impérativement rompre avec leur dépendance historique à l'exportation des produits primaires, afin de construire une base industrielle autonome, capable de générer des dynamiques de développement endogène et résilient.

Dans cette perspective, le Ghana a lancé en 2017 la politique « One District, One Factory » (1D1F), qui s'inscrit dans une stratégie nationale d'industrialisation fondée sur la valorisation des ressources locales et l'activation des synergies entre acteurs publics et privés. Cette initiative vise à promouvoir la transformation locale des matières premières agricoles et minières, à renforcer les capacités productives territoriales, et à stimuler la création d'emplois dans les zones rurales, tout en réduisant les disparités régionales (Whitfield et al., 2021).

L'approche adoptée par le Ghana traduit une application pragmatique du principe structuraliste selon lequel l'État doit jouer un rôle proactif dans la correction des défaillances du marché, l'orientation stratégique des investissements et la structuration des chaînes de valeur nationales. Elle repose sur une logique de décentralisation industrielle, où chaque district devient un pôle potentiel de production, articulé à une politique d'incitations ciblées et de partenariats public-privé (UNECA, 2020).

En mobilisant les leviers institutionnels pour favoriser l'émergence d'un tissu industriel diversifié et territorialement ancré, le Ghana réaffirme la pertinence du paradigme structuraliste dans les contextes africains contemporains. Il démontre que l'industrialisation ne saurait être réduite à une dynamique spontanée du marché, mais qu'elle requiert une vision stratégique, une ingénierie institutionnelle adaptée et une volonté politique soutenue.

2. Contexte de mise en œuvre de la stratégie

Sur le plan économique, le Ghana est reconnu comme l'un des précurseurs de la stratégie d'industrialisation par substitution aux importations (ISI) en Afrique de l'Ouest. Dès les années 1960, sous la présidence de Kwame Nkrumah, le pays a adopté une approche volontariste marquée par un rôle central de l'État dans la création et le soutien des industries naissantes. L'État ghanéen jouait alors à la fois le rôle de stratège et de facilitateur, en protégeant les secteurs industriels locaux par des barrières tarifaires, en investissant massivement dans les infrastructures de base (énergie, transport, éducation technique) et en favorisant la production nationale des biens de consommation, des textiles des matériaux de construction et d'équipements légers (Aryeetey & Kanbur, 2017).

Cependant, à partir des années 1980, la crise économique et les conditionnalités des programmes d'ajustement structurel ont conduit à une réorientation de la politique économique. Entre 1990 et 2000, le Ghana enregistre une croissance positive de ses exportations, portée principalement par des gains de compétitivité qui compensent une spécialisation sectorielle défavorable. Ces performances s'expliquent en partie par les réformes libérales engagées à partir du milieu des années quatre-vingt, incluant privatisations, ouverture commerciale et encouragement à l'investissement privé, dans un contexte de relative stabilité politique (Gros, 2002).

Depuis 2017, le Ghana s'est engagé dans une nouvelle phase de politique industrielle avec la relance d'une stratégie d'ISI, cette fois orientée vers la réduction de la dépendance aux importations et la création d'emplois, notamment en milieu rural. Cette stratégie s'inscrit dans le Plan de transformation industrielle du Ghana (Ghana Industrial Transformation Agenda), coordonné par le Ministère du Commerce et de l'Industrie, le Ministère des Finances et plusieurs agences de développement industriel, afin d'assurer la cohérence de la mise en œuvre (MoTI, 2019). Elle repose sur trois piliers principaux : (i) le programme One District, One Factory (1D1F), destiné à promouvoir la décentralisation industrielle ; (ii) une politique de protection commerciale modérée ; et (iii) un ensemble d'incitations fiscales visant à attirer les investisseurs et stimuler la production nationale.

3. Instruments de mise en œuvre de la stratégie

S'agissant du programme One District, One Factory (1D1F) constitue l'un des piliers de la stratégie ghanéenne d'industrialisation par la valorisation des ressources locales et les partenariats public-privé. Il a été lancé en 2017 avec pour cible la création d'au moins une usine dans chacun des 261 districts du pays en partenariat avec le secteur privé. L'approche de mise en œuvre a consisté pour le gouvernement à apporter son soutien par le biais des subventions, d'exonérations fiscales et de garanties de crédit (GIPC, 2022). Il repose sur une approche de cofinancement entre l'État et le secteur privé, où le gouvernement joue un rôle facilitateur par l'octroi d'incitations fiscales, l'accès au foncier, le soutien à l'exportation et des lignes de crédit à taux préférentiels via la Ghana Exim Bank. Les secteurs ciblés incluent l'agroalimentaire, la transformation du cacao, la fabrication de matériaux de construction, le textile, les produits pharmaceutiques, et les produits d'hygiène (MoTI, 2022). Selon les données, 296 projets avaient été approuvés en fin 2022, dont 126 déjà opérationnels et 143 en cours d'implémentation. Environ 160000 emplois directs et indirects auraient été générés, la majorité en zones rurales (GIPC, 2023 ; ISSER, 2022). Des unités notables comprennent une usine de transformation de tomates dans le Nord-Est, une usine de jus de fruits dans le district d'Ejisu, ou encore des unités de production de matériaux préfabriqués à usage local et exportable.

En ce qui concerne la protection modérée et incitations fiscales, le Ghana a mis l'accent sur l'agroalimentaire, le textile, le cuir, les matériaux de construction et la pharmaceutique. Le pays a adopté une stratégie visant à protéger l'industrie locale naissante tout en évitant les excès de protectionnisme susceptibles de nuire à la compétitivité et à l'intégration régionale. Le gouvernement a procédé à une révision ciblée des tarifs douaniers sur certains produits stratégiques, dont le riz, la volaille, le jus de fruits, le sucre raffiné et les produits laitiers pour rendre les importations de ces produits moins compétitives et stimuler, de ce fait, la production locale (MoTI, 2022 ; ISSER, 2022).

Dans le secteur minier, la politique mise en œuvre encourage la transformation locale de l'or et d'autres minerais, l'installation des raffineries d'or et l'obligation faite aux compagnies minières d'utiliser des fournisseurs locaux (Minerals Commission, 2021). En outre, les matières premières et les équipements industriels bénéficient d'un régime d'importation allégé (GRA, 2021). En outre, les entreprises bénéficiant du statut de « société stratégique » ou de « projet prioritaire national » reçoivent des avantages fiscaux sur mesure, incluant l'exonération des droits de douane sur les équipements importés, l'accès facilité au crédit à taux réduit via la Ghana EXIM Bank, et l'assistance technique offerte par le Ghana Investment Promotion Centre (GIPC, 2022). Par ailleurs, des zones économiques spéciales et des parcs industriels vont être développés pour offrir des infrastructures adaptées aux investisseurs (UNIDO, 2020).

Encadré 1 : Le programme One District, One Factory (1D1F) du Ghana : une approche territorialisée de l'ISI

Lancé en 2017 sous la présidence de Nana Akufo-Addo, le programme One District, One Factory (1D1F) est un pilier de la stratégie nationale d'industrialisation du Ghana. Inspiré d'une logique décentralisée de substitution aux importations, il vise à créer une usine dans chacun des 261 districts du pays, en valorisant les ressources locales. L'objectif est de favoriser la transformation structurelle, la création d'emplois, la réduction de la pauvreté rurale et la revitalisation des économies locales (Government of Ghana, 2020).

Le programme repose sur un partenariat entre l'État, qui agit en facilitateur via des incitations fiscales, subventions, garanties de crédit et infrastructures de base, et le secteur privé. Une institution dédiée, le 1D1F Secrétariat, coordonne les projets et les financements, en collaboration avec les banques locales et la Banque de développement du Ghana (Afriyie et al., 2022).

Les secteurs ciblés sont principalement agro-industriels, avec un focus sur la transformation du cacao, manioc, fruits, riz, maïs et huile de palme. Cette démarche vise à créer des chaînes de valeur locales, corriger l'asymétrie entre zones de production agricole et zones de transformation, et réduire la dépendance aux importations alimentaires transformées.

Entre 2017 et 2022, plus de 290 projets ont été approuvés, dont plus de 160 étaient opérationnels ou en cours de construction en 2023, générant environ 160000 emplois directs et indirects (Ministry of Trade and Industry, 2023). Le programme jouit d'un fort soutien politique et populaire grâce à son ancrage territorial et son potentiel inclusif.

Cependant, des critiques portent sur la viabilité financière de certains projets, le manque de coordination intersectorielle, l'insuffisance de formation technique et la lenteur des décaissements publics (ISSER, 2021). La concentration géographique des projets et la faible capacité d'exportation limitent aussi son impact sur la balance commerciale.

Malgré ces défis, 1D1F illustre une réactualisation innovante de l'ISI, combinant décentralisation, incitations et partenariats public-privé, témoignant de l'évolution des politiques industrielles africaines vers des modèles hybrides

***Source** : Auteurs à partir de la revue de la littérature*

4. Modèle de gouvernance économique adopté par l'Etat

Le rôle de l'État ghanéen dans la mise en œuvre de la stratégie d'ISI est celui de facilitateur stratégique et de catalyseur du développement industriel. Plutôt que d'adopter une posture interventionniste directe, le Ghana privilégie une approche fondée sur les partenariats public-privé, en mettant en place un environnement incitatif destiné à encourager la production locale et la transformation des ressources nationales (Ministry of Trade and Industry, 2022).

L'État joue un rôle central dans la définition des priorités industrielles, en lien avec la Vision « Ghana Beyond Aid » et les axes du Ghana Coordinated Programme of Economic and Social Development Policies. Il intervient également en tant que régulateur et aménageur, en développant les infrastructures économiques de base et en accompagnant les acteurs privés à travers des facilités fiscales et financières (ISSER, 2022 ; AfDB, 2023). Le programme « One District, One Factory » illustre bien ce rôle d'intermédiaire entre secteur public et secteur privé : l'État fournit un soutien institutionnel, des garanties, et facilite l'accès au financement, tandis que l'investissement productif est assuré par des entreprises locales ou étrangères (GIPC, 2023). Ce positionnement renforce la lecture du Ghana comme un État développeur avec une gouvernance collaborative, qui s'inscrit dans une dynamique de marché encadré plutôt que de dirigisme étatique (Whitfield et al., 2015).

Figure 3 : Vue synoptique de la gouvernance de la stratégie d'ISI au Ghana

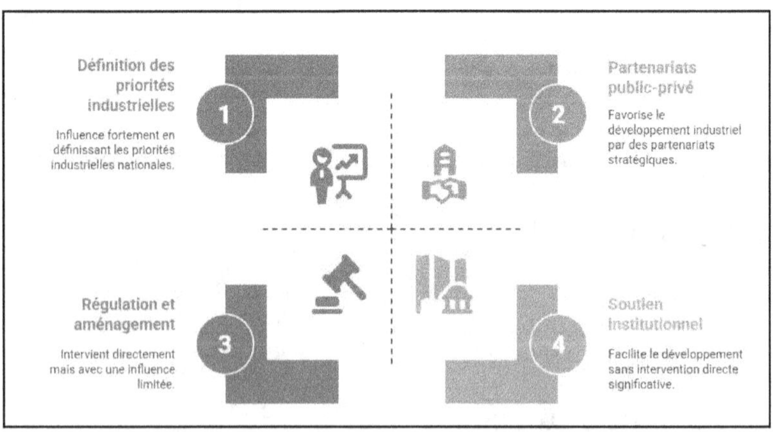

Source *: Auteurs*

5. Principaux résultats obtenus

Sur le plan macro économique, la stratégie d'ISI a permis au secteur industriel ghanéen d'avoir une croissance annuelle moyenne de 7,6% entre 2018 et 2021, tirée notamment par les performances de l'agro-industrie, du BTP, et de certaines industries extractives (ISSER, 2022 ; UNIDO, 2020). Le pays a enregistré plusieurs résultats notables. Premièrement, le programme One District, One Factory (1D1F) a permis la mise en place de 126 usines opérationnelles à la fin de 2022, avec plus de 140 projets supplémentaires en cours de développement. Ces infrastructures industrielles ont généré plus de 160000 emplois directs et indirects, majoritairement en zones rurales (MoTI, 2022 ; GIPC, 2022).

En outre, en termes de transformation structurelle la transformation locale dans certaines chaînes de valeur agricoles a augmenté. Le pays a ainsi accru de 15% sa capacité de transformation du manioc, de 12% celle de la noix de cajou, et a lancé de nouvelles unités de transformation du riz et du soja (MoFA, 2020). Dans le secteur minier, la politique de contenu local a permis l'ouverture de raffineries d'or comme la Gold Coast Refinery et l'augmentation des contrats accordés à des entreprises nationales (Minerals Commission, 2021). Enfin, entre 2018 et 2021, le secteur industriel a enregistré une croissance annuelle moyenne de 7,6%, soutenue par les performances de l'agro-industrie et du BTP (ISSER, 2022 ; UNIDO, 2020).

6. Limites et contraintes

Malgré ces avancées, la stratégie d'ISI au Ghana fait face à plusieurs défis structurels et institutionnels. Premièrement, l'accès au financement reste insuffisant pour de nombreuses PME locales, en dépit du soutien de la Ghana EXIM Bank. Les taux d'intérêts élevés et les exigences de garantie freinent la participation des acteurs privés, en particulier dans les régions rurales (ISSER, 2022). De plus, l'encadrement technique des promoteurs privés n'est pas toujours satisfaisant (AfDB, 2023). Deuxièmement, les infrastructures logistiques ne sont pas encore suffisamment développées, notamment en matière de transport, d'énergie et de connectivité numérique.

Deuxièmement, les infrastructures logistiques ne sont pas encore suffisamment développées, qu'il s'agisse du transport, de l'énergie ou de la connectivité numérique. Cette situation entrave la compétitivité des industries émergentes face aux produits importés, généralement moins onéreux et mieux distribués. Cette situation limite la compétitivité des industries naissantes face aux importations, souvent moins coûteuses et mieux distribuées (UNIDO, 2020). En outre, il y a la dépendance technologique vis-à-vis de l'étranger qui constitue une autre contrainte. En effet, une grande partie des équipements industriels est importée, ce qui expose les unités locales aux chocs extérieurs (taux de change, inflation importée) et limite le transfert de technologie.

Sur le plan institutionnel, la coordination intersectorielle demeure parfois insuffisante, entraînant des chevauchements de compétences ou des retards dans la mise en œuvre de certains projets (MoTI, 2022). Enfin, certaines unités industrielles créées dans le cadre du programme One District, One Factory (1D1F) rencontrent des difficultés de gestion ou souffrent d'un manque de débouchés commerciaux, compromettant leur viabilité à moyen terme (GIPC, 2022).

En dépit des efforts déployés récemment par le gouvernement pour promouvoir l'industrialisation grâce à des initiatives comme la politique « Un district, une usine », qui est un programme essentiel du projet de transformation industrielle en dix points coordonné par le ministère du Commerce et de l'Industrie, l'industrie est toujours confrontée à plusieurs contraintes (l'accès limité au financement, la non-fiabilité de l'approvisionnement en énergie à usage industriel, le faible niveau d'investissement et l'inadéquation entre les compétences et connaissances acquises et celles requises dans le secteur (BAD, 2024).

IV. Rwanda : État développeur, technocratique et centralisé

Le Rwanda, situé en Afrique de l'Est, compte une population estimée à 13,6 millions d'habitants en 2023, avec une structure démographique très jeune : près de 65% de la population a moins de 25 ans (World Bank, 2023). Cette dynamique démographique représente à la fois un potentiel significatif en termes de main-d'œuvre et un défi majeur pour l'emploi, l'éducation et les infrastructures sociales. Le pays affiche un taux d'urbanisation de 17% seulement, soulignant la prédominance des zones rurales et la nécessité des politiques de développement inclusives. Sur le plan social, le Rwanda a fait des progrès notables dans l'éducation et la santé, avec un taux d'alphabétisation des adultes estimé à 73% et une espérance de vie qui a atteint 70 ans en 2022, malgré les contraintes liées à l'accès limité aux ressources et aux infrastructures (UNDP, 2022). Économiquement, le Rwanda est un pays peu doté en ressources naturelles majeures, mais il a mis en place un modèle de développement axé sur la transformation structurelle et l'industrialisation ciblée. L'État y joue un rôle central, technocratique et fortement centralisé, guidant les investissements et pilotant les politiques industrielles. Le taux de croissance du PIB réel est d'environ 7% par an entre 2010 et 2019, (MINECOFIN, 2020)

La suite de cette section explore la trajectoire de la stratégie d'ISI au Rwanda. Elle en retrace les fondements théoriques, détaille les instruments mobilisés pour sa mise en œuvre, examine le modèle de gouvernance économique adopté par l'État, et met en lumière les principaux résultats obtenus, tout en soulignant les limites et les contraintes qui ont marqué son évolution.

1. Ancrage théorique de la stratégie d'ISI : État développeur

L'expérience rwandaise offre une démonstration saisissante de la réactualisation du paradigme de l'État développeur dans un contexte africain post-crise, en s'inspirant des trajectoires asiatiques théorisées par Johnson (1982), Amsden (1989) et Evans (1995). Depuis le tournant des années 2000, le Rwanda s'est engagé dans une stratégie de transformation structurelle où l'État assume un rôle moteur, articulant une vision de développement à long terme à une administration technocratique, disciplinée et stratégiquement mobilisée pour orienter les investissements vers des secteurs à forte valeur ajoutée.

La mise en œuvre du National Strategy for Transformation (NST1, 2017–2024) constitue le socle programmatique de cette ambition, en plaçant l'industrialisation, la digitalisation et l'innovation au cœur du projet national (GoR, 2017). Cette orientation s'est traduite par des politiques industrielles ciblées, visant à valoriser les ressources endogènes — notamment le café, le thé et les minerais — tout en favorisant l'intégration dans les chaînes de valeur régionales, en particulier au sein de la Communauté d'Afrique de l'Est.

Behuria (2019) souligne que cette stratégie a permis une reconquête progressive du marché intérieur par la substitution aux importations, tout en catalysant l'investissement privé et l'émergence d'un entrepreneuriat local dynamique. Dans une perspective complémentaire, Booth et Golooba-Mutebi (2012) qualifient le Rwanda de cas exemplaire de « patrimonialisme développemental », où l'État, soutenu par une coalition politique cohérente, parvient à allouer les ressources de manière stratégique, renforçant ainsi la compétitivité nationale.

Cette trajectoire confirme que l'adaptation contextuelle du modèle de l'État développeur, loin d'être une simple transposition, peut constituer un levier puissant d'industrialisation accélérée, de mobilisation des investissements et d'intégration économique régionale. Elle invite à reconsidérer les potentialités de l'action publique en Afrique, non pas comme résidu institutionnel, mais comme vecteur structurant de souveraineté productive et d'innovation institutionnelle.

2. Contexte de mise en œuvre de la stratégie

Depuis la fin du génocide de 1994, le Rwanda a engagé une profonde transformation économique, s'appuyant sur une stratégie de développement volontariste centrée sur l'industrialisation. Face à une forte dépendance aux importations, notamment des produits manufacturés de base, le pays a progressivement adopté une stratégie d'ISI, articulée à un modèle d'État développeur, proactif dans l'investissement, la planification et la régulation. Cette stratégie s'inscrit également dans un cadre régional dynamique, le Rwanda tirant profit de son intégration dans la Communauté de l'Afrique de l'Est (CAE) pour sécuriser des débouchés régionaux et des chaînes de valeur (Gathani & Stoelinga, 2020).

L'ISI au Rwanda émerge dans un contexte particulier. C'est un petit pays enclavé, à faible base industrielle et confronté à un déficit commercial structurel. Dès 2000, à travers la Vision 2020, puis la Vision 2050, l'industrialisation est érigée en priorité nationale, dans une optique de montée progressive de la production locale et de transformation structurelle de l'économie (Republic of Rwanda, 2012). Cette orientation est consolidée par les National Industrial Policies

(2009, révisée en2019) et par les plans stratégiques du ministère du Commerce et de l'Industrie, qui visent à renforcer les capacités industrielles, à encourager les investissements privés et à créer des emplois durables (MINECOFIN, 2020).

3. Instruments de mise en œuvre de la stratégie

Le Rwanda a mis en œuvre une combinaison cohérente d'instruments pour appuyer l'ISI, en cohérence avec une vision centralisée du développement. Il y a les mesures tarifaires et non tarifaires ciblées qui ont été progressivement relevées sur certains produits manufacturés importés, en particulier les vêtements usagés, afin de stimuler la production locale de textile et d'habillement (EAC Secretariat, 2016). Le pays a aussi appliqué des restrictions quantitatives sur des produits jugés sensibles pour sa base industrielle naissante. L'autre instrument est le soutien au capital productif local qui est actionné via le Rwanda Development Board (RDB) et d'autres institutions. Ces structures accordent des incitations fiscales, des facilités douanières et un accès au foncier industriel aux investisseurs nationaux et étrangers engagés dans des secteurs industriels prioritaires (MINICOM, 2019).

Le Rwanda a, par ailleurs, mis en place des Zones économiques spéciales (ZES) comme la Kigali Special Economic Zone et prévoit d'autres parcs industriels à Bugesera et dans les régions rurales, afin de concentrer les investissements industriels, offrir des infrastructures de qualité et favoriser les économies d'échelle (UNIDO, 2017). Un autre levier est celui du développement des chaînes de valeur locales orientées sur la transformation des ressources disponibles, notamment dans l'agro-industrie (transformation du maïs, du manioc, du lait, etc.), la fabrication des matériaux de construction et dans le numérique avec l'exemple de Mara Phone, premier smart phone assemblé localement (RDB, 2021). Le gouvernement rwandais, réalise aussi des interventions stratégiques à travers des entreprises publiques pour investir directement dans plusieurs secteurs comme la construction, l'agroalimentaire ou la logistique, selon une logique de pilotage étatique du capital (Booth & Golooba-Mutebi, 2012).

4. Modèle de gouvernance économique adopté par l'État

Le modèle rwandais repose sur une forme d'État développeur centralisé, combinant une autorité politique forte, la planification stratégique, une forte cohérence institutionnelle et un leadership technocratique. Ce modèle est sous-tendu sur des documents stratégiques structurants, tels que la Vision 2050, le National Strategy for Transformation (NST1), et la Politique industrielle nationale, qui traduisent une volonté politique claire de transformation structurelle par l'industrialisation (Republic of Rwanda, 2020). Le gouvernement oriente les ressources publiques vers des secteurs stratégiques, favorise le capital local, et encadre les investissements étrangers pour qu'ils s'alignent sur les orientations stratégiques et priorités nationales (Booth & Golooba-Mutebi, 2014).

Le Rwanda se distingue également par une approche technocratique de la gouvernance industrielle, où les décisions sont guidées par des données, des objectifs mesurables et une forte culture de la performance (Booth & Golooba-Mutebi, 2012). L'État mobilise aussi des partenariats public-privé (PPP) pour mettre en œuvre les projets industriels tout en conservant un fort contrôle stratégique. Ces partenariats sont utilisés pour combler les déficits de financement, renforcer les compétences locales et favoriser le transfert de technologies dans des secteurs clés tels que les matériaux de construction, le textile ou la transformation agroalimentaire (MINICOM, 2021).

Par ailleurs, la gouvernance de l'ISI rwandaise est articulée autour d'un dispositif institutionnel intégré et hiérarchisé. Le Bureau du Premier Ministre coordonne les ministères sectoriels, tandis que les agences d'exécution comme le Rwanda Development Board (RDB) ou le National Industrial Research and Development Agency (NIRDA) assurent la mise en œuvre technique des politiques publiques. Ce modèle favorise la réactivité, la coordination interinstitutionnelle et l'évaluation régulière des résultats (World Bank, 2021). Enfin, la gouvernance de l'ISI au Rwanda est renforcée par une diplomatie économique active et un ancrage dans l'intégration régionale, notamment au sein de la Communauté d'Afrique de l'Est (EAC), permettant au pays de sécuriser des marchés pour ses industries émergentes tout en protégeant certaines industries locales (UNECA, 2022).

Figure 4 : Vue synoptique de la gouvernance de la stratégie d'ISI au Rwanda

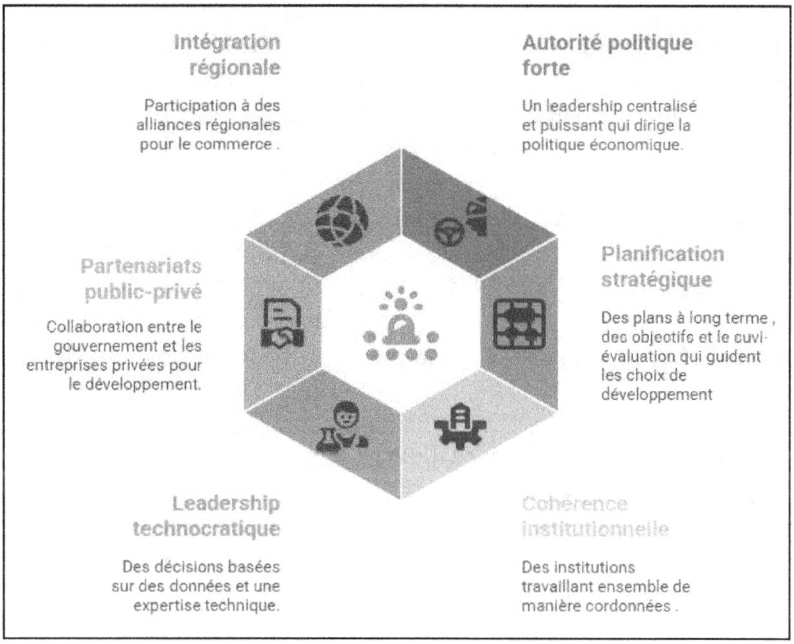

***Source** : Auteurs*

6. Principaux résultats obtenus

Les résultats de la stratégie de développement du Rwanda basée l'ISI et l'intégration régionale, sont perceptibles. En effet, la contribution de l'industrie manufacturière au PIB est passée de 7,5% en 2010 à environ 10% en 2021, avec des performances notables dans les sous-secteurs agro-industriels, matériaux de construction et textile (National Institute of Statistics of Rwanda, 2022). Cette progression a été particulièrement importante dans des sous-secteurs de l'agro-industrie, des matériaux de construction et du textile, qui ont bénéficié d'un soutien ciblé de l'État, des mesures de protection temporaire, ainsi que d'incitations fiscales et réglementaires favorables à l'investissement.

En termes de productivité, les estimations issues des travaux de l'International Growth Center (IGC) indiquent que la valeur ajoutée par travailleur dans le secteur du textile rwandais se situe entre 1 200 et 1 800 USD/an, soit un niveau supérieur à celui du Cameroun (environ 900USD), mais encore loin des standards asiatiques. Le secteur de la construction, dopé par les investissements dans les infrastructures et les zones économiques spéciales (ZES), contribue à hauteur de 6% à 8% du PIB, avec une demande croissante en matériaux locaux et en main-d'œuvre qualifiée. Par ailleurs, le Rwanda investit dans les technologies de l'information et de la communication **(TIC)**, avec des initiatives comme l'assemblage des smart phones (Mara Phone) et le développement des services numériques, positionnant le pays comme un hub régional de l'innovation. Le secteur pharmaceutique, bien que naissant, bénéficie d'un soutien stratégique pour la production locale de médicaments génériques et d'équipements médicaux, en réponse aux enjeux de souveraineté sanitaire. En outre, la création d'emplois industriels a suivi cette dynamique ascendante, stimulée par l'implantation de nouvelles unités de production et l'expansion d'entreprises existantes qui ont été soutenues par des politiques industrielles incitatives. Le nombre d'emplois dans l'industrie a augmenté. En parallèle, la part des exportations manufacturières dans les recettes totales a connu une légère hausse, en partie grâce aux accords régionaux d'intégration, notamment avec la Communauté d'Afrique de l'Est (CAE) et le COMESA, qui ont offert de nouveaux débouchés aux produits fabriqués localement et facilité la diversification des marchés d'exportation (UNECA, 2020).

Le développement des firmes locales dans des segments technologiques émergents comme la fabrication de téléphones mobiles, les emballages plastiques ou encore la transformation agroalimentaire a consolidé l'émergence d'un tissu industriel national. Cette dynamique est soutenue par des politiques de contenu local, un accès facilité au financement, des programmes de formation professionnelle, ainsi qu'une stratégie d'incubation industrielle favorisant l'innovation et l'entrepreneuriat (AfDB, 2021).

Enfin, le climat des affaires est régulièrement cité comme l'un des plus favorables d'Afrique pour attirer des investisseurs régionaux et étrangers (World Bank, 2020). Le pays se classe parmi les premiers en Afrique dans les classements Doing Business de la Banque Mondiale, grâce à des réformes structurelles en matière de création d'entreprise, de fiscalité, de réglementation et de digitalisation des services publics. Ces avancées ont permis d'attirer des investissements directs étrangers et de renforcer la confiance des acteurs économiques nationaux et internationaux (World Bank, 2020).

7. Contraintes et limites

Malgré les progrès observés, la mise en œuvre de la stratégie d'ISI aux importations au Rwanda est confrontée à plusieurs contraintes structurelles majeures. Premièrement, la taille limitée du marché intérieur constitue un frein important au développement de certaines filières industrielles, en raison de la faiblesse du niveau des économies nécessaires pour soutenir une production compétitive à moyen terme. Ce facteur renforce la nécessité d'une intégration régionale plus efficace, sans laquelle l'accès à des marchés élargis reste difficile.

En second lieu, la diversification industrielle demeure faible, avec une concentration dans quelques segments ayant une faible intensité technologique comme l'agroalimentaire, les matériaux de construction et certains biens de consommation. Cette faible diversification se traduit par une valeur ajoutée limitée et un niveau technologique relativement bas, freinant la montée en puissance des capacités productives nationales (IMF, 2022). S'ajoute à cela une insuffisance de compétences techniques et de capital humain spécialisé, ce qui limite la capacité d'innovation et d'adoption technologique par les entreprises locales. La transition vers une industrie compétitive fondée sur la transformation et l'innovation reste conditionnée à un renforcement du système éducatif technique et professionnel (AfDB, 2021). Par ailleurs, de nombreuses industries locales dépendent encore d'équipements et des matières premières importés limitant l'endogénéisation de la stratégie d'ISI tout en exposant ces entreprises aux chocs extérieurs. Enfin, les différends commerciaux avec les pays comme l'Ouganda ou le Burundi limitent les effets bénéfiques attendus.

V. Kenya : État stratège et facilitateur

Le Kenya, situé en Afrique de l'Est, compte une population estimée à 55 millions d'habitants en 2023, dont près de 60% ont moins de 25 ans, ce qui constitue un potentiel important pour le marché du travail mais représente également un défi pour l'emploi, l'éducation et les services sociaux (World Bank, 2023). Le pays connaît un taux d'urbanisation de 32%, avec une concentration progressive des activités économiques dans les principales villes comme Nairobi et Mombasa. Sur le plan social, le Kenya affiche un taux d'alphabétisation des adultes de 78%, une espérance de vie de 67ans, et un taux de pauvreté monétaire estimé à 33%, bien que des progrès soient observés dans l'accès à l'éducation et aux services de santé (UNDP,2023).

Économiquement, le Kenya présente une économie diversifiée et dynamique, en pleine transformation, avec un accent marqué sur les services modernes et la technologie. Le pays a mis en œuvre une stratégie industrielle soutenue par le Big Four Agenda. Le pays se distingue par un État stratège et facilitateur, jouant un rôle central dans la planification et la mise en œuvre des politiques économiques, sociales et infrastructurelles cohérentes, tout en créant un environnement favorable à l'investissement privé, à l'innovation et au développement durable.

Dans le prolongement des études de cas précédentes, cette section se poursuit avec l'examen de la stratégie d'ISI du Kenya. Elle en restitue les fondements théoriques, analyse les instruments de mise en œuvre mobilisés, éclaire le modèle de gouvernance économique adopté par l'État, et met en perspective les principaux résultats obtenus, tout en identifiant les limites structurelles et les contraintes opérationnelles qui ont jalonné son application.

1. Ancrage théorique de la stratégie d'ISI : néo-structuralisme

Le cas du Kenya constitue une illustration contemporaine particulièrement significative de l'actualisation du paradigme néo-structuraliste, qui réaffirme le rôle stratégique de l'État dans la transformation productive à travers la diversification économique, l'intégration régionale et le développement d'infrastructures de soutien (Prebisch, 1950 ; Rodrik, 2004). Ce cadre analytique, hérité du structuralisme latino-américain, mais adapté aux réalités du XXIe siècle, postule que les économies du Sud ne peuvent surmonter les pièges de la dépendance et de la spécialisation primaire qu'en mobilisant une action publique cohérente, orientée vers la reconfiguration des structures productives.

Avec le lancement du programme Big Four Agenda en 2017, le Kenya a placé l'industrialisation manufacturière au cœur de sa stratégie de croissance inclusive et durable, avec pour objectif d'accroître la contribution du secteur industriel au PIB, de générer des emplois qualifiés et de renforcer la résilience économique (Government of Kenya, 2018). Cette stratégie s'est traduite par une concentration des efforts sur des secteurs à fort potentiel de transformation : textile-habillement, agro-industrie, produits pharmaceutiques et métallurgie légère. Des incitations fiscales ciblées, des facilités d'accès au foncier industriel et un appui renforcé aux petites et moyennes entreprises ont été mis en place pour stimuler l'investissement productif et favoriser l'émergence d'un tissu industriel local (AfDB, 2021).

Parallèlement, le développement d'infrastructures structurantes, telles que le port de Lamu, le chemin de fer à écartement standard reliant Mombasa à Nairobi, et les zones économiques spéciales (ZES), a contribué à améliorer la connectivité logistique, à réduire les coûts de transaction et à positionner le Kenya comme un hub régional stratégique en Afrique de l'Est (World Bank, 2020). Ces investissements publics, articulés à une vision territoriale de l'industrialisation, traduisent une volonté d'ancrer la transformation productive dans une logique d'intégration régionale et de compétitivité transfrontalière.

Comme le souligne l'Organisation des Nations Unies pour le développement industriel (UNIDO, 2022), la politique industrielle kényane récente illustre une articulation réussie entre intervention étatique proactive et ouverture sélective aux marchés régionaux et mondiaux. Elle témoigne d'une mise en œuvre pragmatique des principes néo-structuralistes, où l'État ne se contente pas de corriger les défaillances du marché, mais assume pleinement son rôle de catalyseur de la transformation structurelle, en mobilisant les leviers institutionnels, fiscaux et infrastructurels pour orienter les trajectoires économiques vers une industrialisation inclusive et durable.

2. Contexte de mise en œuvre de la stratégie

Au début des années 2000, le Kenya a engagé une stratégie de transformation structurelle visant à revitaliser son secteur industriel, gravement affaibli par les programmes d'ajustement structurel (PAS) des années 1980, qui avaient conduit à une désindustrialisation rapide et à la disparition de nombreuses entreprises locales (Mkandawire, 2001 ; Whitfield et al., 2020). Bien que ces réformes aient assaini la macroéconomie, elles ont libéralisé les marchés de manière non maîtrisée, affaiblissant la base industrielle du pays.

La Vision 2030, adoptée en 2008, a marqué un tournant en plaçant l'industrialisation au cœur du développement économique, avec l'ambition de faire du Kenya un pays à revenu intermédiaire supérieur d'ici 2050 (Government of Kenya, 2008). Ce plan vise à diversifier et renforcer le secteur manufacturier, en lien avec la productivité, l'urbanisation et l'intégration régionale. En 2017, le gouvernement a lancé l Big Four Agenda ciblant quatre piliers stratégiques : le développement manufacturier, la santé, le logement et la sécurité alimentaire. En ce qui concerne l'industrie manufacturière, l'objectif d'augmenter sa contribution au PIB de 8,4% à 15% d'ici 202 (AfDB, 2021 ; MoTI, 2021). Cette stratégie encourage la production locale à valeur ajoutée, soutient les PME industrielles et développe les infrastructures nécessaires. Pour atteindre ces objectifs, le Kenya a mis en place une politique industrielle proactive intégrant des instruments classiques de l'industrialisation par substitution aux importations (ISI) modernisés et régionalisés. Parmi ces instruments figurent les zones économiques spéciales (ZES), les politiques d'achat local telles que Buy Kenya, Build Kenya, et des barrières non tarifaires ciblées (Republic of Kenya, 2019 ; UNIDO, 2022).

3. Instruments de mise en œuvre de la stratégie

Pour atteindre ces objectifs, le Kenya a mis en place une politique industrielle proactive reposant sur une série d'instruments économiques et institutionnels adaptés à son contexte socio-économique et à ses objectifs de transformation structurelle. Premièrement, des politiques commerciales protectionnistes ont été mises en place, notamment à travers la révision du tarif extérieur commun de la Communauté d'Afrique de l'Est (CAE). Des droits de douane plus élevés ont été appliqués sur certains produits manufacturés importés tels que le sucre, les produits laitiers, le textile ou les meubles, afin de protéger l'industrie locale naissante et de limiter la concurrence des produits à bas coût venus d'Asie.

Deuxièmement, l'État a investi dans la création des zones économiques spéciales (ZES) et des villes industrielles planifiées, telles que Tatu City, Athi River Export Processing Zone, Konza Technopolis ou encore Vipingo Integrated Industrial City. Ces zones offrent des avantages fiscaux incitatifs, une logistique intégrée, un accès facilité au foncier, ainsi qu'un environnement administratif rationalisé pour encourager les investisseurs. Depuis l'adoption de la loi sur les ZES en 2015, ces espaces sont devenus des moteurs essentiels de l'industrialisation, de l'attraction des investissements directs étrangers et de la création d'emplois qualifiés.

Troisièmement, des efforts ont été consentis pour améliorer l'accès au financement des PME industrielles, par le biais de la Kenya Development Corporation, qui fournit des lignes de crédit à taux préférentiels et des garanties de crédit ciblées aux entreprises œuvrant dans les secteurs industriels prioritaires. Malgré le développement du secteur financier, l'accès au crédit reste un défi pour de nombreuses PME, en raison du coût élevé de l'emprunt et d'une offre de produits financiers encore limitée.

En outre, une politique de contenu local a été instaurée, imposant des quotas d'achat public local dans des domaines stratégiques comme les infrastructures routières, le bâtiment et travaux publics (BTP), ou encore la fourniture d'uniformes scolaires. Cette mesure vise à stimuler la demande intérieure des produits fabriqués localement et à renforcer les chaînes de valeur domestiques (Ministry of Industrialization, 2019).

Enfin, le gouvernement a mis en œuvre des programmes de développement sectoriel, en particulier dans l'agro-industrie (transformation du coton, du cuir, du maïs et du thé), combinant subventions à la production, incitations fiscales à la transformation locale, et partenariats public-privé pour faciliter l'émergence des champions nationaux dans ces filières à fort potentiel de valeur ajoutée. Ces initiatives s'inscrivent dans la Vision 2030 et le Kenya Industrialization Transformation Programme, qui placent la valorisation des chaînes de valeur et l'innovation au cœur de la stratégie industrielle kenyane.

Encadré 2 : Le programme Buy Kenya, Build Kenya pour stimuler l'offre industrielle locale

Le programme Buy Kenya, Build Kenya (BK-BK), lancé officiellement en 2017, s'impose comme l'un des piliers majeurs de la stratégie kényane de relance industrielle, visant à promouvoir la consommation des biens et services produits localement. Cette initiative s'inscrit dans une dynamique de substitution aux importations, mobilisant la commande publique, des campagnes de sensibilisation et des incitations réglementaires pour stimuler la production nationale, renforcer les capacités industrielles et soutenir les chaînes de valeur domestiques.

Le programme s'articule autour de quatre axes principaux :

- ✓ L'accès préférentiel des entreprises locales aux marchés publics, en réservant une part des achats gouvernementaux aux biens et services produits au Kenya ;
- ✓ La sensibilisation des consommateurs et des entreprises à l'importance du « consommer local », à travers des campagnes médiatiques, des foires commerciales et la labellisation des produits kényans :
- ✓ Le renforcement des normes de qualité et de la compétitivité des produits nationaux, afin d'accroître la confiance des consommateurs et de réduire l'écart perçu avec les biens importés ;
- ✓ Le soutien aux entreprises manufacturières, notamment les PME, via l'accès au crédit, la formation technique et les allègements fiscaux.

Les premiers résultats du programme révèlent une augmentation des achats publics des produits locaux, particulièrement dans les secteurs du textile, de la papeterie, des matériaux de construction et de l'agroalimentaire. Par exemple, en 2019, il a été exigé que 40 % des achats publics soient réservés à des entreprises kényanes, offrant ainsi à de nombreuses PME une demande stable et sécurisée, favorable à leur croissance et à leur formalisation.

BK-BK répond également à la nécessité de rééquilibrer la balance commerciale, encore largement déficitaire, notamment vis-à-vis de la Chine et de l'Inde. En stimulant la demande intérieure, le gouvernement espère réduire la dépendance aux importations non essentielles et réorienter la consommation vers des circuits plus vertueux pour l'économie nationale.

Cependant, plusieurs défis persistent. La conformité aux normes de qualité, l'inefficacité des systèmes logistiques et la préférence des consommateurs urbains pour les produits importés limitent l'impact du programme. Le secteur manufacturier, notamment le textile, souffre de la dépendance aux matières premières importées et de la concurrence des vêtements de seconde main, dont la demande ne cesse de croître. De plus, la corruption et le manque de transparence dans les marchés publics entravent l'efficacité des mesures incitatives, comme le montrent les faibles taux de conformité dans certaines institutions gouvernementales.

Malgré ces obstacles, Buy Kenya, Build Kenya illustre une tentative structurée de dynamiser la base productive nationale par la mobilisation de la demande intérieure, s'inscrivant dans une stratégie plus large de transformation industrielle et de développement économique durable

***Source** : Auteurs à partir de la revue de la littérature*

4. Modèle de gouvernance économique adopté par l'État

La gouvernance de la stratégie d'ISI au Kenya repose sur un modèle hybride qui combine planification étatique, incitations de marché et coordination multipartite. Dans ce cadre, l'État joue un rôle de facilitateur stratégique en orientant les investissements vers les secteurs prioritaires et en structurant les filières industrielles clés à travers des stratégies sectorielles ciblées. Cette approche vise à concilier la performance économique du marché avec une intervention publique proactive pour soutenir la transformation industrielle.

Le pilotage de cette stratégie est assuré par plusieurs institutions clés : le ministère de l'Industrialisation, du Commerce et du Développement des Entreprises, la Kenya Investment Authority, le Conseil Présidentiel pour la Vision 2030, ainsi que diverses agences techniques spécialisées. Ce dispositif institutionnel favorise une coordination étroite entre les acteurs publics et privés, renforçant ainsi la cohérence et la visibilité des actions industrielles. Cette gouvernance est structurée autour des plans d'action à moyen terme, notamment le Third Medium Term Plan (2018–2022), qui définit les priorités, les objectifs et les mécanismes de suivi pour assurer la mise en œuvre efficace de la stratégie industrielle.

Figure 5 : Vue synoptique du modèle de gouvernance de la stratégie d'ISI au Kenya

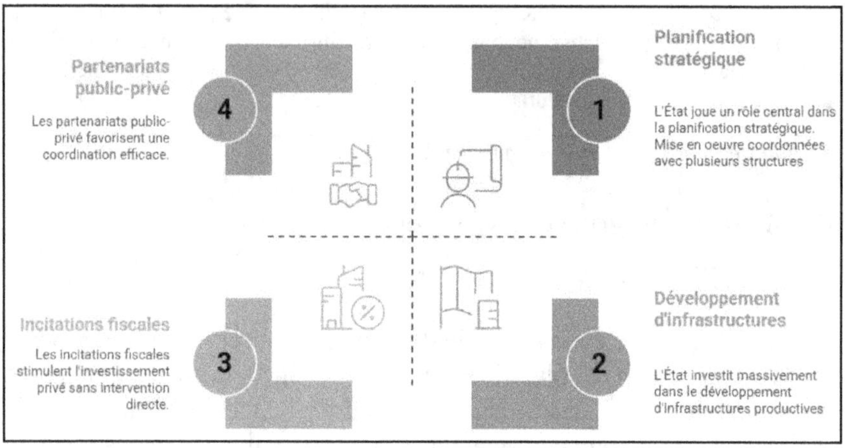

Source *: Auteurs*

5. Principaux résultats obtenus

La stratégie ISI a permis des avancées notables bien qu'elles demeurent limitées par des contraintes structurelles persistantes. La contribution du secteur manufacturier au PIB est passée de 7,2% à 7,8% entre 2015 et 2021 (KNBS, 2023), avec un objectif affiché de 15% à l'horizon 2025 et de 20% d'ici 2030 (Republic of Kenya, 2019). Cette progression, modeste, mais régulière, s'explique en partie par la mise en œuvre des politiques ciblées en faveur de la production locale, de la création d'emplois industriels et du développement des chaînes de valeur nationales.

Parmi les instruments mobilisés, les zones économiques spéciales (ZES), les zones industrielles intégrées et les parcs d'agro-transformation ont joué un rôle central. Entre 2015 et 2020, ces dispositifs ont permis la création d'environ 60000 emplois directs, principalement dans les secteurs du textile, de la fabrication des chaussures, de l'agroalimentaire et des matériaux de construction (UNIDO, 2020 ; AfDB, 2021). Le programme Buy Kenya, Build Kenya, qui vise à encourager l'achat des produits locaux par l'État et les entreprises, a également soutenu la demande intérieure et favorisé une substitution partielle des importations dans certains segments. Toutefois, l'industrie locale reste confrontée à des contraintes majeures

: coûté levé de l'énergie, faible automatisation, dépendance aux matières premières importées, et concurrence des vêtements de seconde main. Le rapport du Kenya Institute for Public Policy Research and Analysis (KIPPRA, 2020) souligne également une faible participation des jeunes qualifiés dans les segments amont de la chaîne de valeur, ainsi qu'un déficit de recherche et développement dans les filières textiles locales.

Dans les chaînes de valeur agricoles, on observe une augmentation significative du nombre d'unités locales de transformation, notamment pour le maïs, le lait, le café, les fruits tropicaux et les oléagineux. Cette dynamique industrielle a également été soutenue par des investissements dans l'électrification rurale, la modernisation des infrastructures de transport et la mise en place des politiques fiscales incitatives en faveur des PME industrielles.

À l'échelle régionale, le Kenya a renforcé ses exportations manufacturières vers la Communauté d'Afrique de l'Est (CAE), grâce à la mise en œuvre du Tarif extérieur commun (TEC) et à l'harmonisation progressive des règles commerciales intra-régionales. Ce positionnement régional a permis de stimuler la demande pour les produits locaux, tout en offrant aux entreprises kényanes des débouchés plus stables (EAC, 2022).

6. Limites et contraintes

Malgré les avancées enregistrées ces dernières années, la stratégie d'ISI au Kenya reste confrontée à des contraintes structurelles et institutionnelles, qui freinent son efficacité et compromettent sa capacité à transformer durablement l'économie nationale. Premièrement, le pays connaît des contraintes infrastructurelles et coûts de production élevés. Le secteur manufacturier évolue dans un environnement caractérisé par des coûts de production assez élevés, notamment dans le domaine de l'énergie. Les réseaux routiers secondaires ne sont pas toujours dans un bon état et les goulets d'étranglement dans les ports et la congestion ferroviaire affectent l'accès aux intrants et freinant l'écoulement des produits finis (AfDB, 2021 ; World Bank, 2020). Le déficit technologique et la qualité du capital humain constituent aussi une contrainte majeure pour la diversification des activités, la compétitivité des entreprises et l'attractivité du pays. En effet, le Kenya a un déficit de main-d'œuvre qualifiée, notamment dans les secteurs stratégiques comme l'agro-transformation, la chimie ou l'électronique. De plus, la recherche-développement est faiblement développée, faute de financement adéquat et de synergies entre universités, centres de recherche et entreprises privées (UNIDO, 2020).

Pour conduire sa politique d'industrialisation, le pays a créé plusieurs structures (KIRDI, Kenya Investment Authority, etc.). Cependant, leur gouvernance met en lumière une faible coordination et des chevauchements de compétences entre plusieurs institutions affectant l'efficience de l'action publique. Les petites et moyennes entreprises (PME), essentielles à une ISI inclusive, sont souvent découragées par les lenteurs administratives, l'instabilité réglementaire et l'incertitude juridique (MoTI, 2021). En outre, les politiques de préférence nationale, telles que Buy Kenya, Build Kenya, sont fragilisées par la corruption, notamment dans l'attribution des marchés publics. Les contrats bénéficient souvent à des entreprises ayant des connections avec les agents publics au détriment des producteurs locaux et innovants. Cette situation affaiblit l'efficacité des dispositifs de soutien à l'industrie nationale (TI-Kenya, 2020).

L'autre limite du modèle ISI du Kenya est la dépendance aux importations et la vulnérabilité externe. En effet, malgré l'objectif de réduction des importations, ce pays importe encore plusieurs intrants industriels, équipements, matières premières et technologies ce qui le rend vulnérable aux chocs extérieurs, aux fluctuations des prix internationaux et aux perturbations des chaînes d'approvisionnement mondiales (Rodrik, 2020 ; UNIDO, 2022). Par ailleurs, le Kenya peine à tirer pleinement parti de l'intégration régionale. Les barrières non tarifaires persistantes, les désaccords commerciaux et la concurrence asymétrique avec certains voisins (notamment la Tanzanie et l'Ouganda) entravent le développement de véritables chaînes de valeur régionales (EAC, 2022).

VI. Cameroun : État semi-stratège et facilitateur

Le Cameroun, situé en Afrique centrale, a, comme plusieurs pays de la région, adopté une stratégie d'industrialisation par substitution aux importations (ISI) afin de stimuler la production locale et réduire la dépendance aux importations. Le pays compte une population estimée à 28,5 millions d'habitants en 2023, dont près de 62% ont moins de 25ans, représentant à la fois un potentiel important pour le marché du travail et un défi majeur pour l'emploi, l'éducation et les infrastructures sociales (World Bank, 2023). Le taux d'urbanisation est d'environ 58%, avec une concentration des activités économiques dans les principales villes comme Yaoundé et Douala. Sur le plan social, le Cameroun présente un taux d'alphabétisation des adultes de 77%, une espérance de vie de 61ans, et un taux de pauvreté monétaire estimé à 37%, bien que le pays ait réalisé des progrès dans l'accès à l'éducation et aux services de santé (UNDP, 2023).

Dans ce contexte, le Cameroun a mis en place une politique industrielle reposant sur un État stratège, qui planifie et pilote les politiques de développement économique, social et infrastructurel, et sur un État facilitateur, qui œuvre pour un environnement favorable à l'investissement privé, à l'innovation et au développement durable.

La suite de cette section, consacrée à l'analyse du cas du Cameroun, propose une présentation synthétique des fondements théoriques de la stratégie d'industrialisation par substitution aux importations (ISI), du contexte de sa mise en œuvre, des instruments mobilisés, du modèle de gouvernance économique adopté par l'État, ainsi que des principaux résultats obtenus et des limites structurelles et contraintes opérationnelles relevées.

1. Ancrage théorique de la stratégie d'ISI : structuralisme et néo-structuralisme

Le Cameroun offre une illustration contemporaine particulièrement instructive de l'actualisation des principes structuralistes et néo-structuralistes dans le contexte africain. Héritée des réflexions fondatrices de Raúl Prebisch (1950) et de Celso Furtado (1964), cette approche attribue à l'État un rôle moteur dans la transformation économique, en promouvant la diversification productive, la montée en gamme industrielle et la valorisation des ressources locales. Elle postule que la dépendance historique aux exportations primaires (cacao, café, pétrole, bois, etc.) constitue un verrou structurel qu'il convient de dépasser par la construction d'une base industrielle nationale autonome et résiliente.

C'est dans cette logique que s'inscrit la Stratégie nationale de développement 2020–2030 (SND30), qui érige l'industrialisation et la transformation locale en piliers de la croissance inclusive et de la création d'emplois (MINEPAT, 2020). Cette orientation traduit une volonté pragmatique de mise en œuvre du principe structuraliste de substitution aux importations, en articulant les politiques industrielles à une mobilisation stratégique des ressources endogènes. Simultanément, la SND30 intègre les apports du néo-structuralisme, notamment ceux formulés par Rodrik (2004), en soulignant l'importance des infrastructures, de l'intégration régionale et de l'ouverture sélective aux marchés mondiaux. Les investissements dans le port en eau profonde de Kribi, les corridors de transport multimodaux et les grands barrages hydroélectriques (notamment Nachtigal, Lom Pangar et Memve'ele) constituent des leviers structurants pour améliorer la compétitivité nationale, réduire les coûts logistiques et favoriser l'insertion du Cameroun dans les chaînes de valeur régionales, notamment au sein de la CEMAC (CEA, 2021).

Comme le souligne la Banque Africaine de Développement (AfDB, 2020), cette orientation stratégique s'inscrit dans une vision de long terme visant à accroître la part du secteur manufacturier dans le PIB, à densifier le tissu industriel et à positionner le Cameroun comme un pôle industriel régional en Afrique centrale. Elle témoigne d'une volonté politique de réhabiliter l'action publique comme vecteur de transformation structurelle, en combinant planification stratégique, partenariats public-privé et intégration territoriale.

2. Contexte de mise en œuvre de la stratégie

Dans la période postindépendance, le Cameroun a placé l'industrialisation par substitution aux importations (ISI) au cœur de sa stratégie de développement, suivant les recommandations des institutions panafricaines telles que la Charte de Lagos (1980), qui promouvait un modèle de développement autocentré, planifié et protégé, caractérisé par un protectionnisme, un fort interventionnisme de l'État et une faible exigence de compétitivité (UNIDO, 2009). L'objectif était de réduire la dépendance aux importations des biens manufacturés tout en construisant une base industrielle nationale solide. Cette stratégie d'ISI a été mise en œuvre à une logique (barrières tarifaires et quotas). La crise économique intervenue en 1986, consécutive à la chute brutale des prix du pétrole et des matières premières, va marquer l'arrêt de cette stratégie et l'entrée en vigueur des programmes d'ajustements structurels.

À partir des années 2010, le Cameroun a amorcé un retour à une logique d'ISI, dans un contexte où les limites du modèle de croissance fondé sur l'exportation des matières premières et l'importation de biens finis devenaient manifestes (MINEPAT, 2020 ; IMF, 2024). Cette réorientation s'appuie sur un discours de souveraineté économique et sur des politiques publiques visant la substitution des importations stratégiques, tout en s'inscrivant dans une dynamique mondiale de redéfinition du rôle de l'État dans l'économie (Rodrik, 2008 ; AfDB, 2020).

Ce changement s'est concrétisé dans plusieurs documents stratégiques majeurs. En effet, en 2009 le Cameroun a adopté une Vision de développement à long terme pour son émergence à l'horizon 2035. La première phase de cette vision a été déclinée par le Document de stratégie pour la croissance et l'emploi (DSCE 2010–2020), qui préconisait la relance de la production nationale dans les filières agricoles et manufacturières (MINEPAT, 2020 ; IMF, 2024). La Stratégie nationale de développement 2020–2030 (SND 30) constitue la deuxième phase de mise en œuvre de la Vision. Elle qui vise à réduire progressivement les importations des produits essentiels (riz, poisson, sucre, lait, mil/sorgho, engrais) en favorisant l'investissement dans les capacités de productives locales (MINEPAT, 2020 ; IMF, 2024).

Cette nouvelle approche d'ISI s'inscrit dans un environnement international marqué par la réévaluation du rôle de la planification stratégique, la promotion du « made in Cameroon » et le renforcement des mécanismes de résilience face aux chocs externes et d'adaptation aux changements climatiques (Rodrik, 2008 ; IMF, 2024). A la différence des années 1960, l'approche actuelle est moins centralisée et plus hybride. Elle combine intervention publique (incitations fiscales, partenariats public-privé, zones industrielles) et les partenariats public-privé (IMF, 2024 ; UNIDO, 2024). Par ailleurs, le Cameroun est désormais engagé dans des accords commerciaux régionaux et multilatéraux (ZLECAf, CEMAC, OMC), ce qui limite la marge de manœuvre protectionniste et impose une ISI « ouverte », fondée sur la recherche de la compétitivité (IMF, 2024 ; UNIDO, 2024).

3. Instruments de mise en œuvre de la stratégie

La stratégie d'ISI du Cameroun est structurée autour d'un ensemble d'instruments publics, visant à soutenir la production locale, attirer les investissements productifs et renforcer les filières industrielles nationales.

Le premier instrument de la stratégie d'ISI est la loi n°2013/004 du 18 avril 2013 sur les incitations à l'investissement privé. Elle constitue le pilier central qui encadre les incitations fiscales et douanières aux entreprises industrielles et offre aux entreprises la possibilité de bénéficier des exonérations fiscales (TVA, impôt sur les sociétés, droits d'enregistrement) sur une période de 5 à 10 ans, selon la localisation et le secteur d'activité. Elle a également des dispositions relatives aux réductions de droits de douane pour les équipements et intrants non disponibles localement.

Le second instrument ce sont les zones industrielles et infrastructures productives. A travers la Mission d'aménagement et de gestion des zones industrielles (MAGZI), le Gouvernement a mis en place plusieurs zones industrielles à Douala-Bonabéri, Bafoussam, Kribi, Ngaoundéré et Bamenda. Ces zones offrent un accès facilité au foncier aux industries, une proximité logistique et une meilleure disponibilité des services de base. Parallèlement, des pôles agro-industriels intégrés ont été promus dans l'Est et l'Adamaoua pour soutenir la transformation locale des produits agricoles (MAGZI, 2021).

Le troisième instrument de la stratégie ISI ce sont les plans sectoriels. Dans ce cadre, l'outil phare est le Plan intégré d'import-substitution agropastoral et halieutique (PIISAH) qui a été adopté en fin 2023 dans l'optique d'accélérer la production des biens de grande consommation dont les importations grèvent le déficit de la balance commerciale tels que le riz, le maïs, le poisson et le mil. Par ailleurs, un Programme d'impulsion initiale pour la transformation structurelle de l'économie (P2I) a été élaboré depuis 2022 pour conduire les investissements nécessaires à l'installation des opérateurs privés dans les filières prioritaires de la SND30. Ces plans combinent les incitations fiscales, subventions à la production locale et partenariats public-privé pour stimuler l'offre locale et renforcer la compétitivité des chaînes de valeur nationales (MINEPAT, 2020 ; MINADER, 2021).

La stratégie d'ISI repose également sur le renforcement de la gouvernance institutionnelle. A cet effet, l'État a consolidé le dispositif institutionnel d'appui à la politique industrielle : l'Agence de promotion des investissements (API) agit comme guichet unique pour les investisseurs, facilitant l'obtention des agréments et exonérations, tandis que le Guichet unique des opérations du commerce extérieur (GUCE) a été modernisé pour digitaliser les formalités douanières. Des comités interinstitutionnels assurent la cohérence des interventions et le suivi des chaînes de valeur prioritaires (API, 2022 ; MINEPAT, 2020). De plus, l'accès au financement pour les industries locales a été amélioré à travers des instruments spécifiques, notamment : création de fonds de garantie partielle, des lignes de crédit dédiées avec la Banque des PME et la Banque africaine de développement, ainsi que des soutiens indirects via les projets agro-industriels cofinancés (AfDB, 2022).

4. Modèle de gouvernance économique adopté par l'État

Durant la période postindépendance le Cameroun avait adopté le modèle d'État développeur centralisé, dans lequel le gouvernement planifie, finance et contrôle les principales unités industrielles. Cette gouvernance étatique a été marquée par une intervention verticale, avec peu de concertation avec le secteur privé ou les collectivités locales (Bayart, 1989). Le modèle de l'ISI adopté par le Cameroun en 2010 intègre les enseignements tirés de cette approche adoptée pendant la période 1960-1980 et des politiques purement libérales appliquées depuis les ajustements structurels. Le modèle actuel n'est pas un dirigisme étatique ou une renationalisation de l'économie. Il s'agit d'une forme hybride, où l'État agit comme stratège et facilitateur du développement industriel, en s'appuyant sur les leçons des expériences internationales (Rodrik, 2008 ; AfDB, 2020).

Ce retour de l'État stratège est clairement affirmé par la Stratégie nationale de développement 2020–2030 (SND30), qui consacre explicitement la promotion de la production locale et la substitution aux importations comme axes prioritaires de la politique économique (MINEPAT, 2020).

Le premier axe de ce repositionnement repose sur une planification du développement économique à long terme, structurée autour d'objectifs clairs de diversification, d'industrialisation et de souveraineté productive. Contrairement à la planification centralisée des années 1970, la planification contemporaine vise à instaurer un cadre de coordination intersectoriel et à fournir des signaux cohérents aux acteurs privés. La SND30 prévoit, entre autres, de porter la part de l'industrie manufacturière à 25 % du PIB d'ici 2030 et de réduire la facture d'importation des produits stratégiques (MINEPAT, 2020).

Le deuxième axe est celui des instruments incitatifs à l'investissement productif, notamment : (i) la loi n°2013/004 portant incitations à l'investissement privé (MINFI, 2021) ; la création de guichets uniques, notamment l'Agence de promotion des investissements (API), pour simplifier les procédures administratives et accélérer les décisions d'investissement (API, 2024) ; et (iii) l'appui au développement des zones industrielles aménagées (Kribi, Douala-Bonabéri, Bamenda) (AfDB, 2020 ; MAGZI, 2022).

Le troisième axe est celui de la promotion des partenariats public-privé et de la concertation avec la co-construction des politiques industrielles avec les organisations patronales. De plus, l'Etat met aussi l'accent sur le soutien aux start-ups industrielles et aux PME locales, via des programmes comme le PIASSI. Le modèle de gouvernance de l'ISI repose aussi sur l'amélioration du climat des affaires avec des initiatives relatives à la réduction des délais de paiement, des procédures douanières et des barrières informelles.

En somme, le modèle d'État stratège et facilitateur adopté depuis 2010 repose sur un équilibre entre planification stratégique, incitation au secteur privé et coordination des acteurs économiques. Il vise une transformation structurelle fondée sur la valorisation des ressources locales, l'industrialisation et la substitution progressive aux importations.

Figure 6 : Vue synoptique du modèle de gouvernance de la stratégie d'ISI au Cameroun

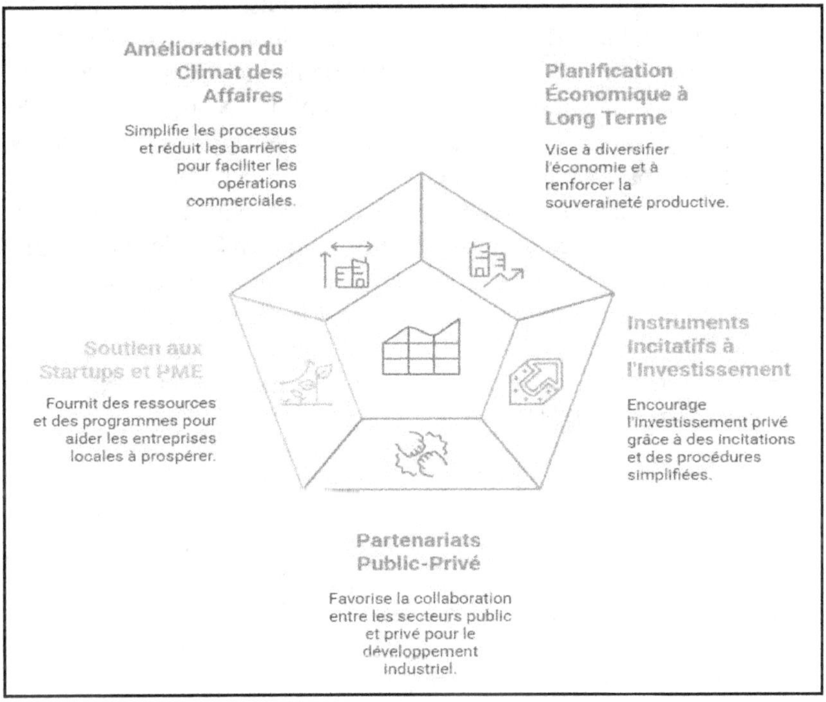

Source : *Auteurs*

5. Principaux résultats obtenus

Les résultats obtenus illustrent à la fois des avancées notables. On note que la part de l'industrie manufacturière dans le PIB, considérée comme un indicateur clé de la transformation structurelle, est passée de 11,5% en 2010 à environ 13% en 2021. Cette progression s'explique par les performances enregistrées dans l'agro-industrie, la production de ciment et les biens de consommation courante (AfDB, 2022). Toutefois, ce niveau reste inférieur à l'objectif de 25% fixé pour 2030 par la SND30, ce qui met en évidence la lenteur du processus de transformation structurelle et la nécessité d'intensifier les réformes pour accélérer l'industrialisation (MINEPAT, 2020).

La stratégie d'ISI a aussi permis d'amorcer la structuration des chaînes de valeur locales dans les filières du manioc, du riz, du maïs et du cacao qui ont bénéficié d'investissements, soutenus par des programmes publics. Des plateformes agro-industrielles pilotes ont ainsi vu le jour dans les régions de l'Adamaoua, du Centre et de l'Est, contribuant à la création de nouveaux emplois locaux (MINADER, 2021). Il y a aussi eu le développement des zones industrielles modernes à Kribi, Douala-Bonabéri et Bamenda permettant d'accroître la capacité d'accueil industrielle. Ces avancées ont contribué à une meilleure répartition des projets industriels sur l'ensemble du territoire national, rompant avec la concentration historique à Douala et Yaoundé. Elles facilitent l'implantation des PME industrielles locales, favorisent la dynamique industrielle régionale et participent à la décentralisation de l'activité productive, conformément aux objectifs de la SND30 (MAGZI, 2021)

En matière de création d'emplois formels, le secteur manufacturier a généré environ 15 000 emplois directs entre 2015 et 2021, principalement dans les zones industrielles réhabilitées. Toutefois, l'emploi industriel ne représente encore que 4,5 % de l'emploi total, ce qui reste faible pour une transformation inclusive et met en lumière la nécessité d'accélérer la diversification industrielle pour absorber une main-d'œuvre plus importante (AfDB, 2022 ; INS, 2022).

L'impact de la stratégie d'ISI sur la réduction de la pauvreté demeure essentiellement indirect. Certaines chaînes de valeur agro-industrielles, notamment dans la transformation du manioc ou du maïs, ont permis d'augmenter les revenus agricoles, mais les effets macroéconomiques sur la pauvreté restent limités. Le taux de pauvreté monétaire demeure élevé à 37,7 % en 2021, contre 39,9 % en 2010, illustrant la nécessité de renforcer les filets de protection sociale pour une croissance inclusive (INS, 2022). De plus, l'expansion de la production locale de sucre, de savon, de ciment et d'autres produits alimentaires transformés a permis de stabiliser les prix et d'améliorer la disponibilité de certains produits sur les marchés urbains et ruraux. Toutefois, l'inflation alimentaire reste un défi majeur, en particulier pour les produits importés comme le riz, le blé ou l'huile, ce qui appelle à renforcer la stratégie d'import-substitution et à poursuivre la modernisation des filières agro-industrielles (MINCOMMERCE, 2021 ; AfDB, 2022).

En ce qui concerne les exportations, elles demeurent dominées par le pétrole, le cacao, le bois et l'aluminium, traduisant une dépendance persistante aux produits primaires. Selon le rapport du MINPMEESA (2022), seulement 1% du coton produit localement est transformé sur place, tandis que 99 % est exporté à l'état brut. Toutefois, la part des exportations manufacturières, bien que marginale (6% en 2021), connaît une légère progression grâce à l'exportation des produits tels que le ciment, le savon et les boissons vers la sous-région CEMAC. Cette évolution reflète les premiers effets des politiques de substitution aux importations et de soutien à la transformation locale, mais souligne aussi la nécessité de renforcer la compétitivité des filières industrielles nationales (World Bank, 2022).

6. Limites et contraintes

Depuis 2010, le Cameroun demeure confronté à d'importantes contraintes structurelles, institutionnelles et économiques qui limitent la portée, la durabilité et l'inclusivité des résultats obtenus. Elles entravent la capacité du pays à enclencher une véritable transformation structurelle et à renforcer sa souveraineté productive.

Le tissu industriel camerounais reste peu compétitif, tant au niveau régional qu'international. Les coûts de production sont élevés en raison d'un accès limité et irrégulier à l'énergie, d'une logistique peu fiable et d'un niveau technologique insuffisant. De nombreuses industries locales fonctionnent en sous-capacité, avec des équipements dépassés, une faible automatisation et une forte dépendance aux intrants importés (MINEPAT, 2020 ; UNCTAD, 2021). Par ailleurs, le tissu industriel demeure faiblement intégré, constitué majoritairement de PME peu capitalisées et confrontées à un accès restreint au financement bancaire. Les analyses révèlent aussi une dépendance du secteur industriel vis-à-vis de l'extérieur. La plupart des industries locales importent des intrants, des machines et technologies, ce qui limite l'effet de substitution aux importations et rend les filières vulnérables aux chocs extérieurs (taux de change, inflation importée, ruptures logistiques). Le contenu local dans les chaînes de valeur demeure faible, en raison de l'étroitesse du tissu industriel amont (AfDB, 2022 ; Les Yeux du Monde, 2024).

Par ailleurs, malgré l'existence d'incitations fiscales prévues par la loi de 2013, les PME industrielles peinent à accéder à des sources de financement viables. Le système bancaire camerounais, privilégie les crédits à court terme et exige des garanties souvent prohibitives. Les dispositifs publics d'appui, comme les fonds de garantie ou les financements à taux bonifié, restent limités en volume et en couverture, ce qui constitue un handicap pour la modernisation et l'expansion du secteur industriel (API, 2022).

Il y a également des problèmes de gouvernance et de coordination institutionnelle. La mise en œuvre de la stratégie d'ISI souffre d'une désarticulation institutionnelle persistante. Le faible niveau de coordination entre les ministères techniques (MINMIDT, MINEPAT, MINADER, MINFI) et l'absence d'une entité stratégique forte de pilotage industriel réduisent l'efficacité des politiques sectorielles. Les chevauchements de compétences, la lenteur administrative et les conflits d'intérêts entre administrations sont autant de facteurs qui limitent l'impact des réformes et la cohérence des actions publiques (MINEPAT, 2020 ; MINMIDT, 2024).

En outre, le climat des affaires n'est pas assez attractif malgré quelques avancées, il présente des contraintes peu propices aux investissements productifs. Les lourdeurs bureaucratiques, la persistance des pratiques de corruption et l'insuffisance de la protection judiciaire des investisseurs sont de nature à décourager de nombreux porteurs de projets industriels, en particulier dans les filières à cycle long (Transparency International, 2023). De plus, la demande intérieure camerounaise de certains produits est limitée ; en raison du niveau élevé de pauvreté et de l'importance de l'économie informelle. Cette situation restreint les débouchés pour les industries locales, notamment dans les régions enclavées ou rurales, et empêche l'atteinte d'économies d'échelle indispensables à la compétitivité industrielle (World Bank, 2022 ; INS, 2024). En outre, l'appartenance du Cameroun à la CEMAC, à la ZLECAf et à l'OMC limite la marge de manœuvre en matière de protection commerciale. Ces engagements rendent difficile la mise en place de mesures de soutien ciblées, telles que les subventions à la production locale ou les barrières tarifaires sélectives, pourtant cruciales pour la consolidation du secteur industriel (UNCTAD, 2021 ; Les Yeux du Monde, 2024).

VII. Maroc : État stratège et planificateur

Le Royaume du Maroc est une monarchie constitutionnelle située à l'extrémité nord-ouest du continent africain, bordée par l'océan Atlantique et la mer Méditerranée. Sa capitale politique est Rabat, tandis que Casablanca constitue le principal pôle économique. Grâce à sa position géostratégique entre l'Europe, l'Afrique et le monde arabe, le Maroc s'affirme comme une plateforme régionale de premier plan pour les échanges commerciaux et les investissements internationaux (Aït El Mekki, 2016). En 2025, la population marocaine est estimée à environ 38,4 millions d'habitants, avec un taux de croissance annuel de 0,88. Cette évolution démographique s'accompagne d'une urbanisation soutenue, puisque plus de 67% de la population réside désormais en milieu urbain.

L'économie marocaine présente une structure relativement diversifiée. Elle repose historiquement sur l'agriculture qui mobilise encore une part importante de la population active sur l'exploitation des phosphates, dont le pays détient environ 70% des réserves mondiales (OCP, 2020), sur le tourisme, ainsi que sur une industrie en expansion. Depuis le début des années 2000, le Royaume a engagé des réformes structurelles ambitieuses, afin de moderniser son appareil productif, renforcer sa compétitivité et attirer les investissements directs étrangers (Benhida, 2014 ; Ministère de l'Industrie, 2015). Ces réformes ont favorisé l'essor des secteurs industriels stratégiques tels que l'automobile, l'aéronautique, l'électronique, l'agroalimentaire et les services délocalisés (offshoring), notamment dans les zones franches comme Tanger Medou Casablanca Nearshore (CESE, 2021).

En clôture de cette série d'études de cas, la suite de la section examine la stratégie d'ISI telle qu'elle a été mise en œuvre au Maroc. Elle en présente les fondements théoriques, le contexte institutionnel et économique de déploiement, les instruments mobilisés, le modèle de gouvernance adopté par l'État, ainsi que les principaux résultats obtenus. L'analyse met également en évidence les limites structurelles et les contraintes opérationnelles qui ont marqué cette expérience nationale.

1. Ancrage théorique de la stratégie d'ISI : structuralisme, néo- structuralisme et protectionnisme éducateur

Le cas du Maroc constitue une illustration paradigmatique de l'actualisation contemporaine des doctrines structuralistes et néo-structuralistes dans les politiques industrielles des économies émergentes. Ces courants théoriques qui convergent sur l'idée que l'État doit jouer un rôle central dans la transformation productive, en corrigeant les déséquilibres structurels hérités de l'insertion périphérique dans l'économie mondiale. Dans cette perspective, le Maroc a engagé, depuis le lancement du *Plan d'accélération industrielle* (PAI) 2014–2020, prolongé par la stratégie *Maroc industriel 2021–2025*, une politique de diversification sectorielle orientée vers des filières à forte intensité technologique et à potentiel d'intégration internationale.

L'approche marocaine s'inscrit également dans la logique du protectionnisme éducateur (List, 1841), qui postule que les industries naissantes doivent être temporairement protégées et accompagnées par l'État afin de développer leur compétitivité avant leur exposition aux dynamiques du marché mondial. Ce principe est ici réinterprété dans un cadre néo-structuraliste, où l'ouverture commerciale n'est pas rejetée, mais insérée dans une stratégie sélective d'intégration aux chaînes de valeur régionales et globales.

2. Contexte de mise en œuvre de la stratégie d'ISI depuis 2014

À partir de 2014, le Maroc engage une nouvelle étape de sa politique industrielle avec le Plan d'accélération industrielle (PAI) 2014–2020, prolongeant les orientations du Pacte national pour l'émergence Industrielle lancé en 2009 (ministère de l'Industrie, 2015). Bien que le PAI soit initialement centré sur le renforcement de la compétitivité à l'exportation, il amorce également une réflexion sur la réduction de la dépendance extérieure dans certaines filières stratégiques, notamment les intrants industriels et les biens de consommation intermédiaire (Benhida, 2014).

Ce repositionnement stratégique s'explique par une combinaison de facteurs économiques et sociaux. Sur le plan économique, le pays fait face à un déficit commercial structurel, alimenté par une forte dépendance aux importations de produits manufacturés à haute valeur ajoutée (World Bank, 2022). Parallèlement, la montée en puissance de nouveaux secteurs industriels comme l'automobile, l'aéronautique, l'électronique qui nécessitent une intégration locale accrue des chaînes de valeur (Aït El Mekki, 2016). Cette dynamique est soutenue par la mise en place de Plateformes industrielles intégrées (P2I) dans le cadre du Pacte national pour l'émergence industrielle (2009), visant à attirer des investissements industriels stratégiques. Sur le plan social, la période est marquée par une pression accrue pour la création d'emplois qualifiés, notamment pour les jeunes diplômés urbains, et par des attentes croissantes en matière de réduction des inégalités régionales (CESE, 2021). Le développement industriel est perçu comme un moyen d'atténuer le chômage et de stimuler l'ascension sociale dans un contexte où plus de 60% de la population vit en milieu urbain (Haut-commissariat au Plan, 2023).

Toutefois, c'est à partir de 2020, dans le contexte de la pandémie de Covid-19, que la logique d'industrialisation par substitution aux importations (ISI) devient un axe prioritaire explicite. La crise sanitaire révèle la vulnérabilité des chaînes d'approvisionnement mondiales et la dépendance du pays pour des biens essentiels, allant des dispositifs médicaux aux produits alimentaires de base (World Bank, 2022).

3. Instruments de mise en œuvre de la stratégie d'ISI depuis 2014

La mise en œuvre de la stratégie d'industrialisation par substitution aux importations (ISI) au Maroc depuis 2014 repose sur un ensemble cohérent d'instruments stratégiques, économiques, fiscaux, infrastructurels et humains. Ces leviers visent à créer un environnement propice au développement industriel local, à renforcer l'intégration des chaînes de valeur et à réduire la dépendance aux importations.

3.1. Le Plan d'accélération industrielle (PAI)

Lancé en 2014 par le gouvernement marocain, ce plan vise à porter la part de l'industrie dans le PIB national à 23% d'ici 2020, avec la création de 500000 emplois dans l'industrie manufacturière (Ministère de l'Industrie, 2014). Il cible plusieurs filières stratégiques : automobile, aéronautique, électronique, textile et agroalimentaire, dans une logique progressive et d'intégration locale accrue. Le PAI agit comme un catalyseur pour renforcer les capacités productives nationales, encourager l'exportation des produits manufacturés et réduire le recours aux importations (Cherkaoui & El Mansouri, 2018).

3.2. Incitations fiscales et douanières

Le pays a mis en place un cadre d'incitations attractives pour faciliter les investissements industriels. Il comprend : (i) ses exonérations partielles ou totales d'impôt sur les sociétés pour les nouveaux investissements industriels dans les zones ciblées ; (ii) des réductions de TVA sur les équipements et intrants nécessaires à la production locale ; et, (iii) des droits de douane protecteurs sur certains produits importés, afin de favoriser la consommation des biens fabriqués localement (OECD, 2019). Des mesures qui visent à rendre la production nationale plus compétitive et à orienter les investissements vers les secteurs industriels clés.

3.3. Le développement des infrastructures industrielles

Le pays a investi massivement dans leur modernisation et des zones industrielles intégrées ont été créées, notamment à Tanger Med, Casablanca, Kénitra et Mohammedia, offrant aux entreprises un environnement logistique performant et sécurisé (AFD, 2020). De plus, il a également redynamisé les infrastructures portuaires et ferroviaires, notamment le port de Tanger Med qui est l'un des plus importants en Méditerranée ; permettant ainsi de renforcer sa connectivité internationale tout en facilitant les exportations et l'approvisionnement en intrants industriels.

3.4. Le renforcement de la formation professionnelle et de la recherche

Le Maroc a renforcé ses dispositifs de formation professionnelle, notamment via l'Office de la Formation professionnelle et de la Promotion du travail (OFPPT), qui propose des formations techniques adaptées aux besoins des filières industrielles (ILO, 2018). A partir de 2016, L'OFPPT a entrepris une révision en profondeur de ses programmes de formation pour les adapter aux exigences du PAI. Cela a impliqué la création de nouvelles filières professionnalisantes, notamment dans les secteurs de l'automobile, de l'aéronautique, du textile et de l'offshoring. Par ailleurs, des partenariats entre universités, centres de recherche et entreprises ont été développés pour promouvoir la recherche appliquée et l'innovation industrielle (Bensaid, 2019).

La promotion des investissements et partenariats public-privé (PPP). Le Maroc encourage la mobilisation des investissements nationaux et étrangers à travers l'action de l'Agence marocaine de développement des investissements et des exportations (AMDIE). Le recours aux partenariats public-privé (PPP) permet de combiner ressources publiques et expertise privée pour financer et gérer les projets industriels (World Bank, 2020).

La mise en place de la Banque de projets "Made in Morocco" lancée en 2020, visant à identifier et accompagner des investissements industriels capables de remplacer les importations par une production nationale compétitive (ministère de l'Industrie, 2021). Il s'agit également de stimuler l'investissement industriel dans des secteurs clés tels que le textile, l'agroalimentaire, l'électronique, la chimie et les dispositifs médicaux.

4. Modèle de gouvernance adopté

Depuis 2014, la gouvernance économique du Maroc dans le cadre de la stratégie d'ISI repose sur un modèle hybride, combinant une forte intervention étatique avec une ouverture maîtrisée au secteur privé et aux investisseurs étrangers. Ce modèle cherche à concilier planification stratégique, coordination multi-acteurs et dynamisme entrepreneurial, dans une logique de souveraineté productive et de compétitivité globale.

4.1. Pilotage étatique et planification stratégique

L'État marocain joue un rôle central en tant que stratège et facilitateur du développement industriel. Le ministère de l'Industrie, du Commerce et de l'Économie verte et numérique est chargé de la définition des politiques industrielles, de la planification des filières prioritaires et de la mise en œuvre du Plan d'accélération industrielle (PAI) (ministère de l'Industrie, 2014). Ce pilotage centralisé permet d'assurer la cohérence des actions publiques et d'orienter les ressources vers les secteurs jugés stratégiques, tout en garantissant une visibilité aux investisseurs.

4.2. Coordination multi-acteurs

La gouvernance économique marocaine repose sur une coordination étroite entre acteurs publics et privés : agences spécialisées (AMDIE, Maroc PME), collectivités territoriales, chambres de commerce, fédérations sectorielles et entreprises. Cette articulation vise à assurer la convergence des politiques industrielles à l'échelle nationale et régionale, à promouvoir les investissements et à accompagner les entreprises dans leur processus de développement (Cherkaoui & El Mansouri, 2018).

4.3. Partenariat public-privé (PPP)

Les partenariats public-privé (PPP) constituent un levier essentiel du modèle de gouvernance. Ils permettent de mobiliser les ressources financières, techniques et managériales du secteur privé tout en bénéficiant du soutien institutionnel de l'État. De nombreux projets industriels — zones économiques spéciales, centres de formation, pôles technologiques — ont été réalisés grâce à ce mode de gouvernance, contribuant à une mise en œuvre plus efficace des politiques industrielles (World Bank, 2020).

4.4. Ouverture aux investissements étrangers avec protectionnisme ciblé

Le Maroc maintient une politique d'ouverture sélective aux investissements étrangers directs (IED), considérés comme vecteurs de transfert technologique, de création d'emplois et d'intégration dans les chaînes de valeur mondiales. Toutefois, cette ouverture est réglementée, afin de préserver les intérêts nationaux, à favoriser l'intégration locale et à renforcer les compétences industrielles internes. Ce positionnement reflète une approche pragmatique typique des États développeurs modernes, combinant libéralisation économique et intervention ciblée (Kaufmann & Kraay, 2017).

4.5. Gouvernance régionale décentralisée

Depuis l'adoption de la régionalisation avancée en 2015, les régions marocaines disposent de compétences renforcées pour appuyer le développement industriel local. Elles participent à l'implantation d'écosystèmes productifs adaptés aux spécificités territoriales, favorisant une industrialisation plus équilibrée et inclusive. Cette gouvernance territoriale permet de mieux répondre aux disparités régionales et de renforcer la cohésion économique nationale (Benchekroun, 2019).

Figure 7 : Vue synoptique du modèle de gouvernance de la stratégie d'ISI au Maroc

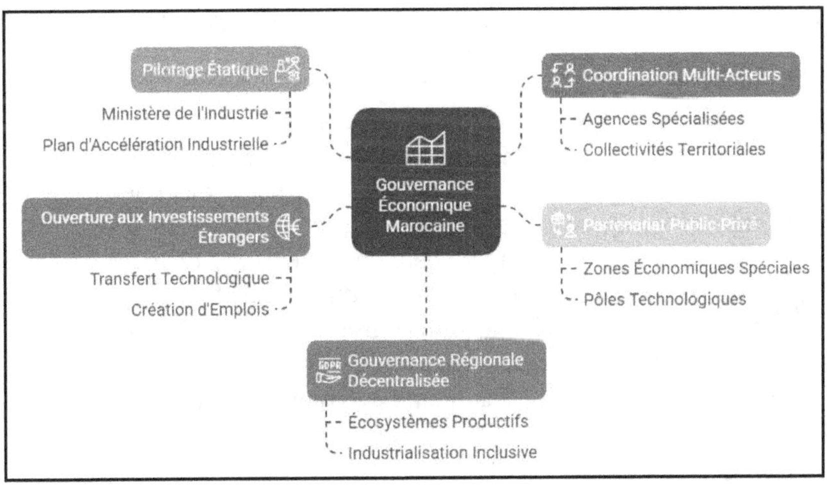

***Source** : Auteurs*

5. Principaux résultats obtenus

Depuis le lancement du Plan d'accélération industrielle (PAI) en 2014, les résultats obtenus sont significatifs. Le taux de croissance du PIB marocain a oscillé entre 2,4% et 4,8% entre 2020 et 2025, la valeur ajoutée manufacturière (VAM) a connu une croissance soutenue, avec une hausse moyenne annuelle de 3,4% entre 2014 et 2022, portée par les secteurs de l'automobile, de l'aéronautique et de l'agroalimentaire (Trading Economics, 2025). Le secteur industriel représente désormais près de 23% du PIB, contre 14% en 2010, traduisant une montée en puissance des filières productives locales (World Bank, 2022).

Sur le plan social, la stratégie industrielle a eu un impact contrasté. Entre 2001 et 2014, la pauvreté monétaire avait reculé de 4,8 points. Toutefois, la pandémie de Covid-19 et l'inflation ont inversé cette tendance : en 2022, le Maroc est revenu aux niveaux de pauvreté avec 3,2 millions de personnes supplémentaires touchées (HCP, 2022). Les **inégalités sociales**, mesurées par l'indice de Gini, ont également connu une évolution préoccupante. Après une légère amélioration entre 2001 et 2014 (de 40,6 à 39,5), l'indice est remonté à 40,5 en 2022, traduisant un creusement des écarts de niveau de vie, notamment entre zones urbaines et rurales (HCP, 2022 ; Afrik. com, 2025). Ce paradoxe souligne que la croissance industrielle, bien qu'efficace en termes de production et d'exportation, n'a pas encore pleinement corrigé les déséquilibres sociaux et territoriaux. Sur un autre plan, le Maroc a consolidé sa position comme hub industriel régional, attirant des investissements directs étrangers dans les filières stratégiques, tout en renforçant l'intégration locale. Cette trajectoire illustre une forme contemporaine d'État développeur, où l'intervention stratégique de l'État s'articule avec les dynamiques du marché dans une logique de transformation structurelle (Kaufmann & Kraay, 2017).

6. Limites et contraintes

Malgré les avancées notables enregistrées depuis 2014, la stratégie marocaine d'industrialisation par substitution aux importations (ISI) demeure confrontée à plusieurs limites structurelles, institutionnelles et socio-économiques qui entravent son efficacité et sa pérennité.

6.1. Faible intégration locale des chaînes de valeur

La majorité des filières industrielles, notamment dans les secteurs de l'automobile et de l'aéronautique, restent fortement dépendantes d'intrants importés. Par exemple, le taux d'intégration locale dans l'industrie automobile oscille autour de 60%, ce qui limite considérablement l'impact de la stratégie ISI sur la souveraineté productive nationale (ministère de l'Industrie, 2021). Cette forte dépendance freine la capacité du pays à substituer efficacement les importations dans les segments à haute valeur ajoutée, freinant ainsi l'essor industriel.

6.2. Concentration géographique des investissements

Les investissements industriels sont majoritairement concentrés dans les zones côtières et les grands pôles urbains tels que Tanger, Casablanca et Kénitra, accentuant les déséquilibres territoriaux et limitant le rayonnement de l'ISI dans les régions enclavées ou moins développées (Conseil économique, social et environnemental [CESE], 2021). Malgré la politique de régionalisation avancée, on observe encore une faible déconcentration industrielle, ce qui compromet l'impact socio-économique équilibré de la politique industrielle.

Faiblesses en matière de recherche et d'innovation. Le Maroc investit moins de 0,8%de son PIB en recherche et développement (R&D), un niveau nettement inférieur à la moyenne des pays émergents comparables (World Bank, 2022). Ce manque d'effort dans le domaine de l'innovation limite la capacité du pays à développer des technologies endogènes et à renforcer la durabilité d'une ISI compétitive et évolutive.

6.3. Contraintes institutionnelles et gouvernance peu cohérente

Selon Benchekroun, (2019), la gouvernance industrielle marocaine présente des faiblesses liées à des chevauchements de compétences entre différents niveaux administratifs. Cette situation crée une faible articulation entre les administrations centrale et régionale, ralentissant la mise en œuvre efficace des projets industriels et réduisant l'impact des dispositifs d'accompagnement et de soutien

6.4. Vulnérabilité aux chocs externes

Les récentes crises mondiales, notamment la pandémie de Covid-19, la guerre en Ukraine et les tensions commerciales internationales ont mis en lumière la fragilité des chaînes d'approvisionnement marocaines. La dépendance forte du Maroc à l'égard des marchés internationaux pour des produits clés expose le modèle industriel à des risques majeurs, soulignant la nécessité d'une diversification stratégique accrue et d'une résilience renforcée (World Bank, 2022).

En somme, malgré des avancées, la stratégie ISI marocaine doit surmonter des défis structurels multidimensionnels pour garantir une industrialisation durable, inclusive et souveraine.

VIII. Analyse comparative et recommandations

Cette section ressort l'analyse comparative des approches des différents pays objet de cette étude et aboutit sur des recommandations précises pour réussir la stratégie d'ISI en Afrique en général et propose des spécificités pour le cas du Cameroun en particulier. Elle aborde ainsi la synthèse des approches d'ISI mise en œuvre ; ressort les principaux défis à relever ; et, se termine par des recommandations pour réussir la stratégie d'ISI.

1. Synthèse des approches ISI mise en œuvre

L'analyse comparative des stratégies d'industrialisation par substitution aux importations (ISI) en Afrique révèle une diversité d'approches qui reflète les différences institutionnelles, les contextes politiques et les choix sectoriels propres à chaque pays.

L'Éthiopie et le Rwanda incarnent des modèles proches du paradigme de l'État développeur, caractérisés par une planification centralisée, une technocratie compétente et une intervention publique structurée. L'Éthiopie s'appuie sur les grands programmes de croissance et de transformation (GTPI & II) et un réseau de zones industrielles spécialisées, attirant d'importants investissements directs étrangers (IDE) dans le textile et le cuir (Mkandawire, 2001 ; Whitfield et al., 2020). Le Rwanda, plus pragmatique, soutient la production locale et promeut les chaînes de valeur nationales via l'initiative Made in Rwanda. Ces deux pays ont obtenu des résultats notables, mais restent confrontés à des limites structurelles, notamment la dépendance aux intrants importés, la faiblesse du marché intérieur et, dans le cas éthiopien, une instabilité politique persistante (Whitfield et al., 2020).

À l'opposé, le Nigeria illustre un modèle plus interventionniste, faiblement articulé et politiquement réactif, marqué par une gouvernance fédérale souvent désordonnée. Les mesures protectionnistes, telles que la fermeture des frontières en 2019, ont eu des effets mitigés : elles ont temporairement stimulé certaines filières agroalimentaires, mais ont aussi engendré une inflation élevée, favorisé la contrebande et révélé l'absence d'une politique industrielle cohérente (Mkandawire, 2001 ; Whitfield et al., 2020).

Le Ghana, le Kenya et le Cameroun occupent une position intermédiaire. Le Ghana, avec son programme One District, One Factory (1D1F), combine incitations publiques et décentralisation productive, favorisant la montée en puissance des PME locales dans l'agro-transformation (Republic of Kenya, 2019). Le Kenya mobilise des instruments classiques tels que les zones économiques spéciales (ZES) et les politiques d'achat local (Buy Kenya, Build Kenya), dans un environnement plus interventionniste. Toutefois, il peine à générer une transformation industrielle soutenue en raison du coût élevé des intrants, de la logistique déficiente et d'une coordination institutionnelle limitée (AfDB, 2021 ; MoTI, 2021 ; Republic of Kenya, 2019). Le modèle camerounais de gouvernance de l'ISI est celui d'un État stratège et facilitateur, fondé sur la planification stratégique, les incitations fiscales et le soutien ciblé à certaines filières. Il repose sur une coexistence de dispositifs publics et privés, mais souffre d'une coordination institutionnelle faible et d'une mise en œuvre assez dispersée (MINEPAT, 2020 ; AfDB, 2022).

L'expérience du Maroc, constitue un cas singulier en Afrique, avec une stratégie industrielle articulée autour du Plan d'accélération industrielle (PAI) lancé en 2014. Piloté par une monarchie constitutionnelle à forte capacité de centralisation, ce modèle s'apparente à celui de l'État développeur. Le Maroc a ciblé des secteurs à haute valeur ajoutée comme l'automobile, l'aéronautique, le textile, l'agroalimentaire et la chimie-pharmacie, et a réussi à intégrer ses filières aux chaînes de valeur mondiales. Le pays est ainsi devenu le premier exportateur africain de voitures, et un hub régional attractif pour les IDE (UNCTAD, 2021). Toutefois, cette réussite reste marquée par une dépendance aux firmes multinationales, un faible niveau d'innovation locale et un déséquilibre territorial, l'essentiel des bénéfices se concentrant sur les pôles Casablanca–Tanger (El Harras, 2020 ; ministère de l'Industrie, 2019).

La diversité de trajectoires nationales confirme les résultats de Nguetse Tegoum, Nakelse et Ngwesse (2012), qui montrent que l'Afrique ne suit pas une logique uniforme de convergence. Elle s'inscrit dans un contexte où l'industrialisation rapide de l'Afrique constitue une nécessité stratégique. Selon la Banque mondiale, la région devra créer près de 450 millions d'emplois décents dans les deux prochaines décennies pour absorber sa croissance démographique, alors que les politiques actuelles n'en génèrent qu'environ 100 millions (Francis Journot, 2023 ; World Bank, 2023). Sans une industrialisation massive et structurée, la région s'expose à des tensions socioéconomiques majeures liées au chômage des jeunes, l'extrême pauvreté, la malnutrition et la pression démographique (Industrialisation Afrique subsaharienne, 2023).

Pour répondre à ce défi, des programmes ambitieux comme le Programme pour l'industrialisation de l'Afrique en moins de 20 ans proposent un plan structuré et pragmatique, combinant la création de zones industrielles modernes, le financement massif des entreprises locales et étrangères, et l'intégration dans les chaînes de valeur mondiales (Francis Journot, 2023 ; La Tribune Afrique, 2023). Ce programme, doté d'un fonds de 1000 milliards d'euros sur 20 ans, vise à générer une croissance annuelle entre 8% et 12%, suffisante pour transformer durablement les économies et réduire la pauvreté (Francis Journot, 2023).

En résumé, si les sept pays analysés partagent l'objectif de réduire leur dépendance aux importations, leurs résultats dépendent étroitement de la cohérence de la gouvernance, de la capacité de mise en œuvre des politiques publiques et de la qualité du pilotage stratégique. Le modèle de l'État développeur se révèle plus performant lorsqu'il s'appuie sur une administration disciplinée, une stabilité politique relative et une vision de long terme. Le cas marocain illustre la capacité d'un pilotage fort et centralisé à soutenir une industrialisation rapide, tout en révélant les risques d'une dépendance excessive aux IDE et d'un déséquilibre territorial de la croissance. À l'inverse, un interventionnisme ponctuel, non adossé à un cadre institutionnel solide, conduit généralement à des résultats limités, voire contre-productifs (Mkandawire, 2001 ; Whitfield et al., 2020 ; Republic of Kenya, 2019).

Tableau 1 : Vue comparative des approches ISI mises en œuvre dans les six pays

Payss	**Instruments utilisés**	**Modèle de gouvernance**	**Secteurs ciblés**	**Résultats observés**	**Contraintes / limites**
Éthiopie	Zones industrielles intégrées, incitations fiscales, infrastructures publiques, contrôle des devises (ACTT, 2014)	État développeur centralisé, pilotage étatique fort (Gatweyer, 2016)	Textile, cuir, agroalimentaire, construction, assemblage	Part du secteur manufacturier passée à 10 % du PIB ; forte croissance textile ; IDE massifs (World Bank, 2021)	Manque de devises ; dépendance à l'aide extérieure ; tensions politiques
Nigéria	Restrictions à l'importation, contenu local, subventions agricoles, financement ciblé par la banque centrale (TNX, 2021)	État interventionniste, piloté par la banque centrale et les ministères sectoriels	Riz, volaille, viande, ciment, textile, automobile	Taux d'autosuffisance (ciment et riz) ; retour partiel de la production locale ; programme agricole intégré	Inflation ; volatilité ; dépendance aux importations d'intrants ; corruption
Ghana	Initiative 1D1F, incitations fiscales, exonérations, révision des tarifs douaniers (WTO, 2022)	État interventionniste, esprit de facilitateur, gouvernance axée sur le secteur privé (World Bank, 2021)	Transformation agricole (manioc, cacao, ananas), ciment, bovins, matériaux	Plus de 300 usines ciblées via 1D1F ; hausse des exportations transformées ; emplois locaux modestes	Sélection des initiatives ; influence du financement des PME ; dépendance politique
Rwanda	Incitations à la production locale, ZES, subventions ciblées, digitalisation, promotion de la qualité (MINICOM, 2021)	État développeur technocratique, pilotage étatique, axé sur les résultats (Booth & Golooba-Mutebi, 2012)	Agroindustrie, textile, électronique légère, plasturgie	Taux de croissance manufacturière soutenu ; création d'emplois ; progression de la transformation locale	Taille réduite du marché intérieur ; coût courant local ; dépendance technologique
Kenya	ZES, guichet unique local, subventions agricoles,	État stratège et planificateur ; modèle	Textile, cuir, agro, matériaux, thé, ciment,	6 000 emplois créés dans les ZES ; légère	Coûts logistiques élevés ; faible accès

Payss	Instruments utilisés	Modèle de gouvernance	Secteurs ciblés	Résultats observés	Contraintes / limites
	allégements fiscaux pour les PME (MKITI, 2022)	hybride : planification stratégique et partenariat privé	électronique	hausse de la part manufacturière dans le PIB ; extraction de certaines filières	au crédit ; pression concurrentielle asiatique
Cameroun	Loi sur l'investissement privé (2013) modifiée en juillet 2023, plan d'impôt sélectif, ZI aménagées, appui/accompagnement des PME (MINPAT, 2023)	État semi-stratège et facilitateur (capacité stratégique incomplète)	Riz, maïs, poisson, sucre, métallurgie, bois, énergie, ciment, matériaux de construction	Croissance du secteur cimentier ; relance des PME agro ; relance modeste de la transformation locale	Contraintes étrangères fortes ; climat des affaires fragile ; faible financement industriel
Maroc	Plan d'Accélération Industrielle (2014), zones franches, écosystèmes, incitations fiscales, pilotage du secteur (ministère de l'Industrie, 2019)	État stratège et planificateur ; monarchie centralisée à pilotage stratégique ; modèle proche de l'État développeur (El Hanas, 2019)	Automobile, aéronautique, textile, agroalimentaire, chimie-pharmacie	Forte montée industrielle ; le Maroc est devenu premier exportateur de voitures en Afrique ; IDE massifs ; intégration aux chaînes de valeur mondiales (UNCTAD, 2021)	Dépendance aux firmes multinationales ; déficit de formation locale ; inégalités territoriales industrielles (Casablanca–Tanger versus reste du pays)

***Source** : Auteurs à partir de la revue de la littérature*

2. Analyse comparative des instruments de politique industrielle mobilisés par les pays

La matrice ci-dessous révèle une hétérogénéité marquée dans la mobilisation des instruments de politique industrielle à travers les pays africains étudiés. Elle met en évidence trois profils distincts : les pays à stratégie consolidée (Maroc, Éthiopie), les pays en structuration (Rwanda, Ghana, Kenya), et ceux en déficit de cohérence stratégique globale (Cameroun, Nigeria).

2.1. Pays à stratégie consolidée : Maroc et Éthiopie

Ces deux pays se distinguent par une vision stratégique claire, une coordination institutionnelle forte, et une mobilisation cohérente des instruments. Le Maroc illustre une approche sectorielle ciblée, notamment dans l'automobile et l'aéronautique, avec des incitations fiscales stables et des PPP bien structurés (Whitfield et al., 2020 ; UNIDO, 2022). L'Éthiopie, quant à elle, incarne un modèle d'État développeur, avec des ZES pilotées par l'État, un contenu local imposé dans l'agro-industrie, et un financement public actif via la Développent Bank of Ethiopia (Rodrik, 2008 ; Altenburg, 2011). Ces deux cas confirment que la cohérence entre vision stratégique, instruments opérationnels et gouvernance institutionnelle est un facteur clé de succès.

2.2. Pays en structuration : Rwanda, Ghana, Kenya

Ces pays montrent une volonté politique affirmée, mais leur architecture institutionnelle reste en construction. Le Rwanda se distingue par un fort appui à l'innovation et une stratégie Vision 2050 cohérente, bien que les instruments comme le contenu local ou les subventions restent limités (AfDB, 2023). Le Ghana et le Kenya bénéficient d'un soutien international et des ZES en développement, mais souffrent d'une faible intégration des dispositifs et d'une insuffisante évaluation des politiques (UNECA, 2021 ; page, 2019). Ces trajectoires suggèrent que l'institutionnalisation des instruments et leur articulation stratégique sont encore en phase de consolidation.

2.3. Pays en déficit de cohérence stratégique globale : Cameroun et Nigeria

Malgré une présence formelle des instruments, ces pays souffrent d'un pilotage stratégique faible, d'une coordination institutionnelle déficiente, et d'une instabilité réglementaire. Au Cameroun, les instruments tels que les incitations fiscales ou les PPP sont peu transparents et faiblement évalués, ce qui limite leur efficacité (Tchouassi, 2020). Le Nigeria, bien que doté de documents stratégiques et d'une législation sur le contenu local, fait face à des problèmes de mise en œuvre, de détournement des incitations et une faible cohérence d'ensemble des programmes (Oyelaran-Oyeyinka, 2016 ; UNIDO, 2022). Ces cas illustrent que la présence d'instruments ne garantit pas leur efficacité sans gouvernance robuste et mécanismes d'évaluation.

Tableau 2 : Matrice comparative des instruments de politique industrielle mobilisés par le pays étudiés

Instrument	Éthiopie	Maroc	Cameroun	Nigeria	Ghana	Rwanda	Kenya
Zones économiques spéciales (ZES)	Structurées, pilotées par l'État	Modernes, intégrées aux clusters	Faible coordination, résultats limités	Multiples, mais peu intégrées	En développement, avec appui international	Ciblées, centrées TIC et agro	Actives, mais relativement récentes
Incitations fiscales et douanières	Ciblées, liées aux ZES	Sélectives, attractives pour IDE	Peu transparentes, instables	Présentes, mais parfois détournées	Progressives, liées à des secteurs clés	Sélectives, centrées innovation	Présentes, mais peu ciblées
Contenu local obligatoire	Fort dans agro et textile	Faible, sauf automobile	Présent mais peu contraignant	Législation active, mais contournée	En discussion, peu appliqué	Encouragé mais non imposé	Présent dans l'agro-industrie
Financement public / subventions	Banque de développement active	Fonds sectoriels ciblés	Faible mobilisation budgétaire	Programmes dispersés	Appui ponctuel, dépendant des bailleurs	Innovation et PME soutenues	Faible soutien direct
Partenariats public-privé (PPP)	En émergence, peu institutionnalisés	Structurés, appuyés par l'État	Faibles	Présents dans infrastructures	Développement en cours	Forte dans TIC et santé	Actifs, dans énergie et transport
Stratégie industrielle nationale	Vision claire, plans quinquennaux	Plans sectoriels cohérents	Stratégie existante mais faiblement intégrée	Documents stratégiques, mais mise en œuvre variable	Cadre en consolidation	Vision 2050, cohérente	Stratégie en révision
Appui à l'innovation / R&D	Faible, sauf dans agro	Clusters technologiques	Marginal, peu financé	Présent mais peu structuré	Centres technologiques émergents	Fort appui à la recherche	Initiatives universitaires

Source *: Auteurs à partir de la revue de la littérature*

3. Défis majeurs et recommandations

La mise en œuvre de la stratégie d'Industrialisation par substitution aux importations (ISI) en Afrique se heurte à une série de contraintes structurelles, institutionnelles et opérationnelles qui en limitent la portée et l'efficacité, comme le révèlent les trajectoires contrastées des pays étudiés. Cette section récapitule ces principaux défis relatifs à la gouvernance, aux infrastructures, à la compétitivité industrielle, aux compétences techniques, au financement et à l'intégration régionale. En réponse à ces limitations, elle propose un ensemble de recommandations visant à renforcer les capacités étatiques, cibler les filières prioritaires, articuler formation et innovation à la dynamique industrielle, structurer des écosystèmes productifs compétitifs, et inscrire l'ISI dans une logique panafricaine.

3.1. Principaux défis à relever

Les expériences des six pays étudiés montrent que la mise en œuvre de la politique d'ISI en Afrique se heurte à de multiples obstacles. Les résultats restent en deçà des attentes. Les analyses mettent en lumière les limites structurelles, institutionnelles et opérationnelles qui freinent la réalisation des objectifs de transformation industrielle (Whitfield et al., 2020 ; Chinigò & Fantini, 2022). Ces obstacles se rapportent à la gouvernance centralisée et peu coordonnée, au déficit d'infrastructures, à la faible compétitivité des produits locaux, la dépendance aux investissements directs étrangers, la déconnexion entre formation et besoins industriels et une intégration régionale encore embryonnaire (UNIDO, 2022 ; AfDB, 2021). De manière précise, ils sont présentés comme suit.

✓ ***Un pilotage étatique vertical, mais sans cohésion intersectorielle***

Tous les pays étudiés ont fait preuve d'un pilotage étatique affirmé des politiques industrielles. Cependant, ce pilotage souffre souvent d'un manque de coordination interinstitutionnelle, de chevauchements de responsabilités et d'un faible ancrage au niveau local (Whitfield et al., 2020). En Éthiopie, malgré un modèle d'État développeur assumé, les tensions politiques internes et les déséquilibres territoriaux ont affecté la cohérence dans la mise en œuvre des initiatives de développement (Chinigò & Fantini, 2022). Au Nigeria et au Kenya, l'absence d'un organe central de coordination industrielle robuste a entraîné la coexistence des programmes parallèles, parfois contradictoires (AfDB, 2021). Au Ghana, le programme 1D1F a été porté de manière dynamique, mais sans toujours une articulation efficace avec les politiques de formation, de commerce et d'investissement (MoTI, 2022).

✓ ***Faiblesses des infrastructures de soutien à l'industrialisation***

D'après Akinyoade & Uche (2021), l'une des limites majeures de l'ISI réside dans l'insuffisance des infrastructures de base (électricité, transport, logistique industrielle). En Éthiopie et au Kenya, par exemple, bien que des zones industrielles aient été construites, elles restent sous-utilisées en raison des coupures d'électricité, de la faiblesse de la connectivité logistique ou du manque de services d'appui. Ces auteurs soulignent qu'au Nigeria, les industries sont confrontées à des coûts énergétiques prohibitifs et à des routes dégradées, ce qui compromet la compétitivité des produits locaux.

✓ ***Faible compétitivité des entreprises locales et forte dépendance aux intrants importés***

La majorité des entreprises opérant dans le cadre de l'ISI dans les pays africains sont confrontées à une faible productivité, à un déficit technologique et à une dépendance chronique aux intrants importés (Whitfield et al., 2020). Au Ghana, plusieurs usines créées dans le cadre du programme 1D1F utilisent des machines importées et dépendent des matières premières venues de l'extérieur, ce qui limite l'intégration en amont (MoTI, 2022). En Éthiopie, le secteur textile a certes connu une croissance rapide, mais avec peu de transfert de technologies et une forte présence d'entreprises étrangères (Clapham, 2018).

✓ ***Insuffisance de main-d'œuvre qualifiée et inadéquation formation-emploi***

Le déficit de compétences techniques, voire professionnelles, constitue une contrainte à l'industrialisation dans tous les pays étudiés (ISSER, 2022). Les systèmes éducatifs, encore très généralistes, peinent à répondre aux besoins des filières industrielles émergentes (UNIDO, 2020). Au Rwanda, la stratégie « Made in Rwanda » s'est heurtée à une pénurie d'ouvriers qualifiés dans les secteurs du textile, de la transformation agroalimentaire et de la mécanique (UNIDO, 2022). Au

Kenya, le lien entre les stratégies d'industrialisation et les réformes de l'EFTP (enseignement technique et formation professionnelle) reste faible malgré la Vision 2030 (AfDB, 2021). Au Cameroun, la structure de l'emploi n'a pas enregistré de changements majeurs pendant les deux dernières décennies (2000-2020), et demeure caractérisée par une concentration dans l'agriculture de subsistance, malgré les initiatives d'ISI adoptées (MINEPAT, 2020).

✓ ***Financement limité et dépendance externe***

Le rapport du FMI (2024) indique que les stratégies d'ISI nécessitent des investissements importants, que peu de pays peuvent assurer durablement sans recourir à l'endettement ou à l'aide extérieure. En Éthiopie, la stratégie industrielle est fortement financée par des emprunts extérieurs, notamment auprès de la Chine, ce qui pose des problèmes de soutenabilité budgétaire. Au Nigeria, les programmes de soutien industriel sont souvent sous-financés ou mal ciblés, réduisant leur portée réelle (Whitfield et al., 2020).

✓ ***Discontinuité et instabilité des politiques industrielles***

Dans plusieurs pays, les changements de gouvernements ou de priorités politiques ont entraîné des interruptions, des remaniements ou des abandons de programmes ISI (Whitfield et al., 2020). Au Ghana, le programme 1D1F a été fortement associé à une logique partisane, ce qui pourrait menacer sa pérennité en cas de changement de majorité politique (MoTI, 2022). Au Kenya, le Big Four Agenda a vu sa portée réduite en raison des conflits internes et d'une instabilité politique croissante (AfDB, 2021).

✓ ***Faible intégration régionale et pression des importations***

L'un des postulats de l'ISI est le développement d'un marché intérieur protégé. Or, la faible intégration économique régionale et la concurrence déséquilibrée au sein des zones de libre-échange (ex. CAE, CEDEAO) réduisent les marges de manœuvre (CEA, 2021). Le Rwanda et le Kenya, membres de la CAE, peinent à imposer des barrières efficaces sans heurter les engagements d'intégration (AfDB, 2021). Le Nigeria, en fermant ses frontières, en 2019, a suscité des tensions avec ses partenaires de la CEDEAO (Adewuyi & Olayiwola, 2021).

✓ ***Manque de discipline industrielle et d'évaluation***

Les stratégies ISI manquent souvent d'instruments de suivi-évaluation rigoureux et de dispositifs de reddition de comptes (Amsden, 2001 ; Whitfield et al., 2020). Peu de pays exigent des entreprises subventionnées des objectifs de performance mesurables, comme le font les États développeurs asiatiques (Amsden, 2001). Les dispositifs statistiques sont souvent faibles, ce qui rend difficile l'appréciation des résultats (UNIDO, 2022).

✓ ***Rôle marginal de l'Innovation et la R&D***

Dans la plupart des pays, malgré leur rôle crucial dans la structuration d'une politique industrielle souveraine (Gereffi, 2019 ; Lall, 2001).

✓ ***Complexité de la réglementation et faible coordination régionale***

Comme l'indique l'African Tax Administration Forum (ATAF, 2022), les régimes tarifaires et fiscaux incohérents entre pays voisins engendrent des coûts de transaction élevés et favorisent parfois la concurrence déloyale intra-africaine. Les CER continuent de fonctionner selon des règles distinctes, souvent non harmonisées. Ces blocages se traduisent concrètement par :

(i) la persistance de barrières non tarifaires (quotas, licences, procédures administratives lourdes) ;

(ii) la duplication de réglementations parfois contradictoires ;

(iii) la lenteur dans l'adoption de normes communes, notamment en matière de propriété intellectuelle, de règles d'origine ou de fiscalité du commerce. Ils contribuent à maintenir un environnement des affaires fragmenté qui freine l'émergence des chaînes de valeur régionales intégrées et réduit l'attractivité des marchés africains pour les investisseurs.

Figure 8 : Principaux problèmes rencontrés par les pays africains dans la mise en œuvre de la stratégie d'ISI

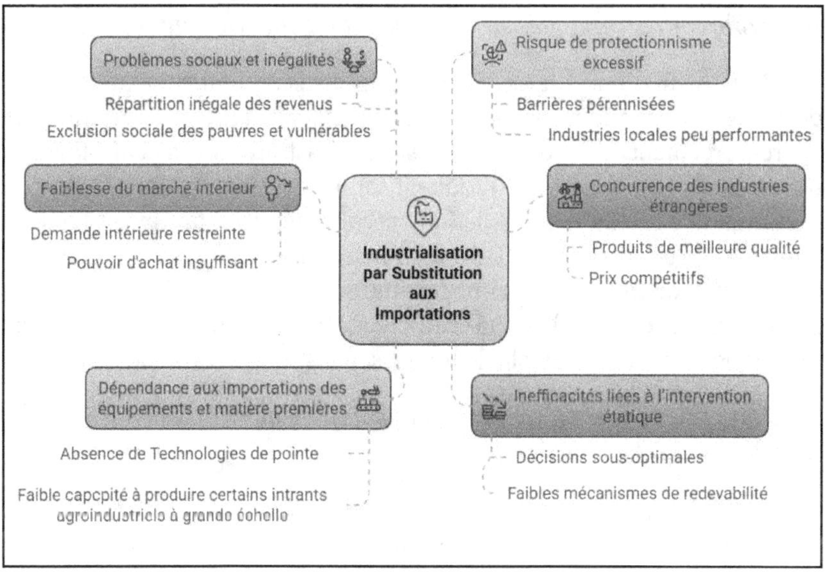

Source *: Auteurs*

Plusieurs autres chercheurs ont également mis en évidence ces défis. Les travaux récents de Romain Houssa, notamment ceux conduits avec Babatoundé et Capéau (2023) apportent un éclairage déterminant sur les conditions structurelles du développement industriel en Afrique. Ils suggèrent que la croissance durable et inclusive repose sur un triptyque interdépendant à savoir : (i) la qualité des institutions, garante de la cohérence des politiques publiques et de la stabilité économique ; (ii) la mobilisation efficace des ressources domestiques, en particulier fiscales et financières, pour réduire la dépendance aux financements extérieurs ; et, (iii) la formation d'un capital humain qualifié, adapté aux besoins des entreprises locales et des secteurs manufacturiers émergents.

3.2. Recommandations pour réussir la stratégie d'ISI

Les résultats hétérogènes observés montrent que le succès de l'approche ISI exige la mise en synergie des facteurs institutionnels, économiques et politiques. À partir des expériences de l'Éthiopie, du Nigeria, du Ghana, du Rwanda, du Kenya, du Cameroun et du Maroc, six leviers stratégiques apparaissent essentiels pour rendre la politique d'ISI plus efficace, soutenable et transformatrice. Ils sont présentés ci-après.

- ***Renforcer les capacités stratégiques et technocratiques de l'État***

L'efficacité d'une stratégie d'ISI repose sur un État stratège, capable de piloter l'action industrielle avec cohérence et rigueur. Cela implique le renforcement des compétences administratives, la coordination intersectorielle, et l'institutionnalisation d'une culture de la performance. L'expérience asiatique montre que les États ayant réussi à s'industrialiser rapidement ont réussi à conjuguer autonomie bureaucratique et enracinement institutionnel (Evans, 1995 ; Amsden, 2001). En Afrique, le faible niveau de coordination entre les ministères techniques, observé dans plusieurs pays, constitue un obstacle majeur.

- ***Cibler des filières stratégiques et appliquer une approche progressive***

Les stratégies industrielles généralisées sont coûteuses et inefficaces. Une stratégie ciblée permet d'optimiser les ressources limitées. Dani Rodrik (2008) plaide pour une stratégie industrielle « intelligente », fondée sur l'expérimentation, l'apprentissage et la sélection des secteurs à fort potentiel. Chang (2002) rappelle également que les pays industrialisés ont historiquement protégé et soutenu certaines industries avant de libéraliser. En Afrique, il s'agit d'identifier des segments porteurs (agroalimentaire, textile, matériaux de construction), de mettre en place des incitations conditionnelles, et de réviser les dispositifs selon les résultats (UNIDO, 2022).

- ***Articuler l'ISI à la réforme des systèmes de formation et d'innovation***

L'insuffisance de main-d'œuvre qualifiée et de capacité technologique freine l'ISI. Il est impératif de mettre les systèmes de développement de compétences techniques et professionnelles (DCTP), d'adapter les curricula aux besoins industriels et d'encourager la recherche appliquée. L'Union africaine et la CEA (2020) recommandent de renforcer les liens entre formation, innovation et industrialisation. Plusieurs études soulignent que les pays africains doivent investir dans des écosystèmes de compétences capables de soutenir une transformation productive durable (UNECA, 2024 ; AfDB, 2021 ; UNIDO, 2022).

✓ ***Constituer des écosystèmes industriels compétitifs***

L'ISI ne peut réussir sans un environnement productif compétitif, structuré autour d'infrastructures fiables et d'un tissu entrepreneurial diversifié. Gereffi (2019) insiste sur l'importance des plateformes logistiques efficaces, des services de soutien à la production et des stratégies favorisant les synergies entre grandes entreprises, PME, fournisseurs locaux et centres techniques. Le développement des zones économiques spéciales performantes, comme en Éthiopie ou au Rwanda, témoigne de l'impact potentiel d'un écosystème bien conçu (IJAFAME, 2023 ; CEA, 2020).

✓ ***Ancrer l'ISI dans une dynamique d'intégration régionale***

L'ISI contemporaine doit dépasser les limites des marchés nationaux et s'inscrire dans une logique régionale. La Zone de libre-échange continentale africaine (ZLECAf) offre une opportunité majeure pour élargir les débouchés, harmoniser les normes et structurer des chaînes de valeur régionales (Silva, 2007 ; CEA, 2020 ; UNECA, 2024). Le développement d'un tissu industriel compétitif passe par une meilleure articulation entre stratégies nationales et stratégies régionales, notamment dans les communautés économiques régionales comme la CEDEAO ou la CAE.

✓ ***Instaurer un système rigoureux de suivi, d'évaluation et de redevabilité***

Les stratégies d'ISI doivent être accompagnées d'un dispositif de suivi-évaluation robuste, garantissant la transparence, la performance et l'adaptabilité. Whitfield et al. (2020) montrent que les pays africains ayant obtenu des résultats significatifs en matière d'ISI ont su mettre en place des systèmes de pilotage rigoureux, reposant sur des indicateurs de performance, des revues périodiques et des mécanismes de sanction ou de réajustement. Cela suppose aussi une meilleure production de statistiques fiables indispensables à la prise de décision fondée sur les évidences (UNIDO, 2022).

La réussite de la mise en œuvre d'une stratégie d'ISI dans un pays africain repose sur sa capacité à concevoir une approche hybride, contextuelle et stratégique, fondée sur un État développeur orienté vers les résultats avec une participation active du secteur privé et une intégration régionale. À l'ère de la ZLECAf et des transitions mondiales, l'ISI peut redevenir un levier pertinent de transformation structurelle, si elle est intelligemment conçue, bien gouvernée et adossée à des capacités nationales renforcées.

Figure 9 : Principaux axes pour une mise en œuvre réussie de la stratégie d'ISI

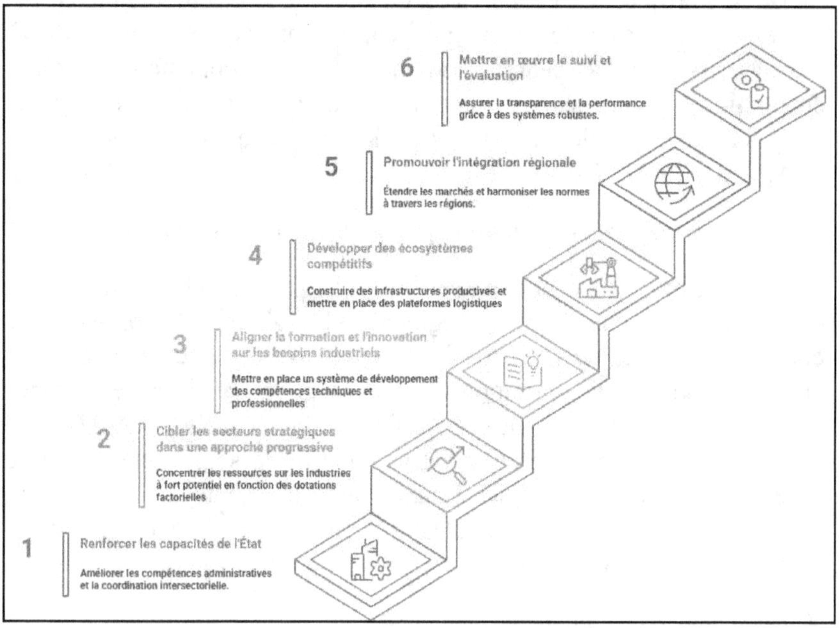

Source *: Auteurs*

Références bibliographiques

1. Adewuyi, A. O., & Olayiwola, W. K. (2021). *Trade policy, border closure and informality in Nigeria*. Lagos: Nigerian Economic Summit Group.

2. African Development Bank (AfDB). (2014). *Ethiopia country strategy paper 2011–2015*. Abidjan: AfDB.

3. African Development Bank (AfDB). (2020). *African economic outlook 2020*. Abidjan: AfDB.

4. African Development Bank (AfDB). (2021). *Industrialize Africa: Strategies, policies, institutions*. Abidjan: AfDB.

5. African Development Bank (AfDB). (2021). *Kenya Country Strategy Paper 2020–2025*. Abidjan: AfDB.

6. African Development Bank (AfDB). (2022). *Cameroon country diagnostic note*. Abidjan: AfDB.

7. African Development Bank (AfDB). (2023). *African economic outlook 2023*. Abidjan: AfDB.

8. Agence de Promotion des Investissements (API). (2022). *Rapport annuel de l'API Cameroun*. Yaoundé: API.

9. Agence de Promotion des Investissements (API). (2024). *Note d'information sur les agréments aux investisseurs industriels*. Yaoundé: API.

10. Aït El Mekki, A. (2016). Le Maroc s'affirme comme une plateforme régionale de premier plan pour les échanges commerciaux et les investissements internationaux. In Ministère de l'Économie et des Finances (dir.), *Rapport économique et financier 2016* (pp. 45–62). Rabat: DEPF.

11. Akinyoade, A., & Uche, C. (2021). *Rentier practices and industrial policy failure in Nigeria* (African Studies Centre Working Paper). Leiden: African Studies Centre.

12. Altenburg, T. (2010). *Industrial policy in Ethiopia* (Discussion Paper No. 2/2010). Bonn: Deutsches Institut für Entwicklungspolitik (DIE). https://doi.org/10.23661/dp2.2010

13. Altenburg, T. (2011). *Industrial policy in developing countries: Overview and lessons from seven country cases* (Discussion Paper). Bonn: DIE. https://doi.org/10.23661/dp4.2011

14. Ambrosetti, D., & Harre, D. (2021). Un entrepreneuriat local à l'ombre de la politique industrielle en Éthiopie. *Revue internationale des études du développement, 245*(1), 41–67. https://doi.org/10.3917/ried.245.0041

15. Amin, S. (1973). *Le développement inégal*. Paris: Éditions de Minuit.

16. Amsden, A. H. (1989). *Asia's next giant: South Korea and late industrialization.* Oxford University Press. https://doi.org/10.1093/oso/9780195076035.001.0001

17. Amsden, A. H. (2001). *The rise of "the rest": Challenges to the West from late-industrializing economies*. Oxford: Oxford University Press.

18. ATAF. (2022). *Implications fiscales de la Zone de libre-échange continentale africaine (ZLECAf): enjeux et perspectives*. African Tax Administration Forum (ATAF). https://ataftax.org/fr/wp-content/uploads/2025/07/ATAF_Tariff_Policy_FRCH_ V1. pdf

19. Babatoundé, A., Capéau, B., & Houssa, R. (2023). Welfare effects of indirect tax policies in West Africa (CESifo Working Paper No. 10381). https://doi.org/10.2139/ssrn.4428280

20. Bayart, J.-F. (1989). *L'État en Afrique : La politique du ventre*. Paris: Fayard.

21. Behuria, P. (2019). The politics of industrial policy in a context of competitive clientelism: The case of Rwanda. *African Affairs, 118*(472), 556–581. https://doi.org/10.1093/afraf/adz017

22. Benchekroun, H. (2019). *La gouvernance industrielle au Maroc*. Rabat: Conseil Économique, Social et Environnemental.

23. Benhida, K. (2014). *Le Maroc industriel: Trajectoires et enjeux*. Casablanca : Economie & Entreprises.

24. Bensaid, M. (2019). *Innovation industrielle et compétitivité au Maroc*. Rabat: Université Mohammed V.

25. Booth, D., & Golooba-Mutebi, F. (2012). Developmental patrimonialism ? The case of Rwanda. *African Affairs, 111*(444), 379–403. https://doi.org/10.1093/afraf/ads026

26. Booth, D., & Golooba-Mutebi, F. (2014). *Policy for growth: Rwanda and Uganda compared.* London: Overseas Development Institute (ODI).

27. Cardoso, F. H., & Faletto, E. (1979). *Dependency and development in Latin America.* Berkeley: University of California Press.

28. Centre National de la Jeunesse et de la Citoyenneté (CNJC). (2024). *Import substitution and economic development in Cameroon.* Yaoundé : CNJC.

29. Central Bank of Nigeria (CBN). (2015). *List of items not valid for forex.* Abuja : CBN.

30. Central Bank of Nigeria (CBN). (2018). *Forex restrictions policy brief.* Abuja : CBN.

31. Central Bank of Nigeria (CBN). (2020). *Anchor Borrowers' Programme annual report.* Abuja : CBN.

32. Chang, H.-J. (2002). *Kicking away the ladder : Development strategy in historical perspective.* London: Anthem Press.

33. Cherkaoui, M., & El Mansouri, M. (2018). *Politique industrielle et compétitivité au Maroc.* Casablanca: Université Hassan II.

34. Chinigò, D. (2019). The politics of development planning in Ethiopia. *African Affairs, 118*(470), 451–470. https://doi.org/10.1093/afraf/ady059

35. Chinigò, D., & Fantini, E. (2022). Federalism and developmentalism in Ethiopia. *Journal of Modern African Studies, 60*(1), 1–25. https://doi.org/10.1017/S0022278X21000590

36. Citi Newsroom. (2025, July 9). Gov't scraps 1D1F, shifts focus to agro-processing parks under 24-Hour Economy. *Citi Newsroom.*

37. Clapham, C. (2018). The Ethiopian developmental state. *Third World Quarterly, 39*(6), 1151–1165. https://doi.org/10.1080/01436597.2018.1458305

38. Commission Économique pour l'Afrique (CEA). (2020). *Industrialisation et intégration régionale en Afrique.* Addis-Abeba: CEA.

39. Commission Économique pour l'Afrique (CEA). (2021). *Rapport sur la ZLECAf et les chaînes de valeur régionales.* Addis-Abeba : CEA.

40. Commission Économique pour l'Afrique (CEA). (2021). *Évaluation des progrès de l'industrialisation en Afrique centrale.* Addis-Abeba: CEA.

41. Conseil Économique, Social et Environnemental (CESE). (2021). *Rapport sur l'industrialisation au Maroc.* Rabat: CESE.

42. El Harras, M. (2020). *Industrialisation et déséquilibres territoriaux au Maroc.* Casablanca: Université Hassan II.

43. Evans, P. B. (1995). *Embedded autonomy: States and industrial transformation.* Princeton, NJ: Princeton University Press.

44. Fantu, C. (2017). Ethiopia's developmentalism : Achievements and challenges. *Journal of African Development Studies, 12*(1), 37–56.

45. Fonds Monétaire International (FMI). (2024). *Rapport sur la viabilité de la dette publique en Afrique*. Washington, DC: FMI.

46. Frank, A. G. (1967). *Capitalism and underdevelopment in Latin America.* New York : Monthly Review Press.

47. Furtado, C. (1964). *Development and underdevelopment.* Berkeley : University of California Press.

48. Gathani, S., & Stoelinga, D. (2020). *The industrial policy landscape in Rwanda.* London : International Growth Centre (IGC).

49. Gebreeyesus, M. (2014). *Industrial policy and development in Ethiopia.* Helsinki : UNU-WIDER.

50. Gereffi, G. (2019). *Global value chains and development : Redefining the contours of 21st century capitalism*. Cambridge: Cambridge University Press.

51. Ghana Investment Promotion Centre (GIPC). (2022). *Annual report 1D1F implementation.* Accra: GIPC.

52. Ghana Investment Promotion Centre (GIPC). (2023). *Industrial transformation in Ghana*. Accra : GIPC.

53. Ghana News Agency (GNA). (2022, July 25). 125 1D1F projects are operational—Finance Minister. *GNA*.

54. Ghana News Agency (GNA). (2024, February 28). One District, One Factory created 170,000 jobs. *GNA*.

55. Government of Kenya. (2018). *The Big Four Agenda.* Nairobi : Government of Kenya.

56. Government of Rwanda (GoR). (2017). *National Strategy for Transformation (NST1), 2017–2024*. Kigali : Ministry of Finance and Economic Planning.

57. Gros, J.-B., Letilly, G., & Martinet, S. (2002). *Performances commerciales de l'Afrique subsaharienne : Une diversification nécessaire*. Paris: DIAL.

58. Haut-Commissariat au Plan (HCP). (2023). *Indicateurs sociaux du Maroc*. Rabat : HCP.

59. Houssa, R., Megersa, K., & Nikiema, M. C. (2017). Domestic resource mobilization and financial development: Evidence from Africa. *Journal of African Economies, 26*(5), 447–472. https://doi.org/10.1093/jae/ejx012

60. Institute of Statistical, Social and Economic Research (ISSER). (2021). *State of the Ghanaian economy report*. Accra : University of Ghana.

61. Institute of Statistical, Social and Economic Research (ISSER). (2022). *Industrial policy and inclusive development*. Accra: University of Ghana.

62. Institut National de la Statistique (INS). (2022). *Enquête camerounaise auprès des ménages (ECAM IV)*. Yaoundé : INS.

63. Institut National de la Statistique (INS). (2024). *Indicateurs de suivi de la SND30*. Yaoundé : INS.

64. International Journal of African and Asian Multidisciplinary Studies (IJAFAME). (2023). L'industrialisation en Afrique à l'ère de la ZLECAf. *IJAFAME, 4*(2).

65. International Monetary Fund (IMF). (2024). *Cameroon: Selected issues*. Washington, DC: IMF.

66. Johnson, C. (1982). *MITI and the Japanese miracle: The growth of industrial policy, 1925–1975*. Stanford University Press. https://doi.org/10.1515/9780804712064

67. Journot, F. (2023). Programme pour l'industrialisation de l'Afrique en moins de 20 ans. *La Tribune Afrique*.

68. Kaufmann, D., & Kraay, A. (2017). *Governance matters VII: Aggregate and individual governance indicators 1996–2016*. Washington, DC: World Bank.

69. Kay, C. (1989). *Latin American theories of development and underdevelopment*. London: Routledge.

70. Kenya Institute for Public Policy Research and Analysis (KIPPRA). (2020). *Assessing the cotton, textile and apparel sector employment potential in Kenya*. Nairobi: KIPPRA.

71. Kenya National Bureau of Statistics (KNBS). (2023). *Enquête économique 2023*. Nairobi: KNBS.

72. Les Yeux du Monde. (2024). *Industrie en Afrique centrale : Dynamiques et blocages structurels*. Paris: Les Yeux du Monde.

73. List, F. (1841). *Das nationale System der politischen Ökonomie*. Stuttgart : Cotta.

74. Mensah, C. N., Dauda, L., Boamah, K. B., & Salman, M. (2020). One district one factory policy of Ghana, a transition to a low-carbon habitable economy? *Environment, Development and Sustainability, 23*(1), 703–721. https://doi.org/10.1007/s10668-020-00604-5

75. Ministère de l'Agriculture et du Développement Rural (MINADER). (2021). *Rapport sur les chaînes de valeur agro-industrielles au Cameroun*. Yaoundé : MINADER.

76. Ministère du Commerce (MINCOMMERCE). (2021). *Situation des prix des produits alimentaires de base*. Yaoundé : MINCOMMERCE.

77. Ministère des Finances (MINFI). (2021). *Loi n°2013/004 relative aux incitations à l'investissement privé– Rapport d'évaluation 2020–2021*. Yaoundé : MINFI.

78. Ministère de l'Économie, de la Planification et de l'Aménagement du Territoire (MINEPAT). (2020). *Stratégie nationale de développement 2020–2030 (SND30)*. Yaoundé : MINEPAT.

79. Ministère de l'Industrie et du Commerce (Maroc). (2021). *Stratégie industrielle 2021–2025*. Rabat : Gouvernement du Maroc.

80. Ministère des Mines, de l'Industrie et du Développement Technologique (MINMIDT). (2024). *Note d'orientation sur la politique industrielle au Cameroun*. Yaoundé : MINMIDT.

81. Mission d'Aménagement et de Gestion des Zones Industrielles (MAGZI). (2021). *Bilan de l'aménagement des zones industrielles 2016–2021*. Yaoundé : MAGZI.

82. Mission d'Aménagement et de Gestion des Zones Industrielles (MAGZI). (2022). *Plan stratégique de développement des zones industrielles 2022–2026*. Yaoundé : MAGZI.

83. Ministry of Trade and Industry (MoTI). (2019). *Ghana Industrial Transformation Agenda*. Accra: MoTI.

84. Ministry of Trade and Industry (MoTI). (2022). *Implementation status report – 1D1F*. Accra: MoTI.

85. Ministry of Trade and Industry (MoTI). (2023). *Annual review of industrial programmes*. Accra: MoTI.

86. My Joy Online. (2025, January 22). Lack of access to raw materials, capital negatively impacted 1D1F—Ofosu-Adjare. *MyJoyOnline*.

87. Nigerian Export Processing Zones Authority (NEPZA). (2018). *Annual report on export processing zones*. Abuja: NEPZA.

88. Nguetse Tegoum, P. J., Nakelse, P., & Ngwesse, R. (2012). Growth and convergence in Africa: A dynamic panel approach. *Journal of Monetary Economics, 37*(3), 249–265. Disponible sur Research Gate: https://www.researchgate.net/publication/302283399_Growth_and_Convergence_in_Africa_A_Dynamic_Panel_Approach

89. OECD. (2019). *OECD investment policy review : Morocco 2019*. Paris: OECD.

90. Oqubay, A. (2015). *Made in Africa: Industrial policy in Ethiopia*. Oxford: Oxford University Press.

91. Page, J. (2019). *Industries without smokestacks: Industrialization in Africa reconsidered*. Washington, DC: Brookings Institution Press.

92. Prebisch, R. (1950). *The economic development of Latin America and its principal problems*. New York: United Nations.

93. Reinert, E. (2007). *How rich countries got rich... and why poor countries stay poor*. London: Constable.

94. Republic of Kenya. (2008). *Kenya Vision 2030*. Nairobi : Government of Kenya.

95. Republic of Kenya. (2019). *Third Medium Term Plan (2018–2022)*. Nairobi: Vision 2030 Delivery Secretariat.

96. Republic of Rwanda. (2012). *Vision 2020*. Kigali : Government of Rwanda.

97. Republic of Rwanda. (2020). *National Strategy for Transformation (NST1)*. Kigali: Government of Rwanda.

98. Rodrik, D. (2004). *Industrial policy for the twenty-first century* (Policy paper). Cambridge, MA : Harvard University, John F. Kennedy School of Government.

99. Rwanda Development Board (RDB). (2021). *Annual investment report*. Kigali: RDB.

100. Silva, M. (2007). Barriers to innovation faced by manufacturing firms in Portugal: How to overcome them ? *MPRA Paper No. 5408*. Munich: Munich Personal RePEc Archive.

101. Suberu, R. T. (2015). Federalism and political restructuring in Nigeria. *Journal of African Studies, 43*(2), 215–234.

102. Teshome, T. (2020). FDI and industrial policy in Ethiopia. *Journal of African Political Economy, 47*(164), 89–108. https://doi.org/10.1080/03056244.2020.1736208

103. Transparency International Kenya (TI-Kenya). (2020). *Public procurement integrity report*. Nairobi : TI Kenya.

104. Transparency International. (2023). *Indice de perception de la corruption 2023 – Cameroun*. Berlin: Transparency International.

105. Trésor Économique. (2024). *Fiche pays : Éthiopie*. Paris: Direction Générale du Trésor.

106. UNCTAD. (2021). *Ethiopia: Investment policy review*. Geneva: UNCTAD.

107. UNCTAD. (2021). *Productive transformation and industrial policy in Africa*. Geneva & New York: UNCTAD.

108. UNCTAD. (2022). *World Investment Report 2022: International Tax Reforms and Sustainable Investment*. Geneva: UNCTAD.

109. UNECA. (2020). *Industrial policy and regional integration in East Africa*. Addis-Abeba: UNECA.

110. UNECA. (2022). *Réussir l'import-substitution en Afrique centrale*. Addis-Abeba : UNECA.

111. UNECA. (2024). *Industrialisation et chaînes de valeur régionales en Afrique*. Addis-Abeba : UNECA.

112. UNIDO. (2009). *Industrial development report – Breaking in and moving up*. Vienna : UNIDO.

113. UNIDO. (2017). *Rwanda industrial performance report*. Vienna : UNIDO.

114. UNIDO. (2020). *Kenya industrial performance report*. Vienna : UNIDO.

115. UNIDO. (2022). *Industrial Development Report 2022 : The Future of Industrialization in a Post-Pandemic World*. Vienna: UNIDO.

116. UNIDO. (2022). *Industrial policy reports for Sub-Saharan Africa*. Vienna : UNIDO.

117. UNIDO. (2024). *Towards competitive manufacturing in Africa: Trends and policy options*. Vienna : UNIDO.

118. World Bank. (2019). *Nigeria special economic zones strategy*. Washington, DC: World Bank.

119. World Bank. (2020). *Doing business 2020*. Washington, DC: World Bank.

120. World Bank. (2020). *Kenya Economic Update : Navigating the Pandemic*. Washington, DC : World Bank.

121. World Bank. (2020). *Morocco Economic Monitor: From Recovery to Acceleration*. Washington, DC : World Bank.

122. World Bank. (2020). *Nigeria Development Update : Resilience through Reforms*. Washington, DC : World Bank.

123. World Bank. (2021). *Rwanda country economic memorandum*. Washington, DC: World Bank.

124. World Bank. (2022). *Cameroon Economic Update : Challenges and Policy Priorities*. Washington, DC: World Bank.

125. World Bank. (2023). *Industrial Competitiveness in Africa*. Washington, DC: World Bank.

Annexes

Annexe 1 : Cadre conceptuel formel de l'étude

1. Fondements épistémologiques

L'étude s'inscrit dans le champ de l'économie politique du développement, en mobilisant une approche néo-structuraliste et institutionnaliste. Elle repose sur l'idée que l'industrialisation ne résulte pas d'un automatisme du marché, mais d'une construction politique, stratégique et territorialisée, portée par des États capables de piloter la transformation productive (Evans, 1995 ; Rodrik, 2008).

L'ISI est ici revisitée comme une stratégie pragmatique, contextuelle et évolutive, visant à reconstruire la souveraineté productive dans un monde post-libéral marqué par les vulnérabilités des chaînes d'approvisionnement la montée du nationalisme économique et les aspirations à une industrialisation endogène (UNIDO, 2022 ; Gereffi, 2019).

2. Clarification des concepts clés

2.1. Industrialisation par substitution aux importations (ISI)

L'ISI désigne une stratégie visant à remplacer les importations par une production nationale, à travers des politiques de protection, de soutien aux industries locales et de développement des capacités productives. Elle peut être :

- **Classique** : fondée sur le protectionnisme généralisé, la planification centralisée et la création d'industries publiques (Silva, 2007) ;
- **Contemporaine** : fondée sur le ciblage sectoriel, les incitations hybrides, les partenariats public-privé et l'intégration régionale (Rodrik, 2020 ; UNCTAD, 2021).

2.2. État développeur

Concept central de l'étude, l'État développeur est défini comme une entité capable de combiner autonomie bureaucratique, vision stratégique et discipline industrielle pour orienter les ressources vers des secteurs prioritaires (Evans, 1995 ; Amsden, 2001). Il se distingue par : une capacité de planification à long terme ; une coordination intersectorielle efficace et une alliance stratégique avec le secteur privé.

2.3. Chaînes de valeur régionales

L'étude articule l'ISI à la construction des chaînes de valeur régionales, en lien avec la ZLECAf. Ces chaînes permettent de dépasser les limites des marchés nationaux, de mutualiser les ressources et de renforcer l'intégration productive du continent (Gereffi, 2019 ; UNECA, 2024).

3. Typologie des modèles de gouvernance industrielle

L'analyse comparative repose sur une typologie des modèles de gouvernance, inspirée des travaux de Whitfield et al. (2020) et Mkandawire (2001) :

Modèle de gouvernance	**Caractéristiques principales**
État développeur centralisé	Planification étatique, contrôle des ressources, discipline industrielle
État technocratique	Pilotage par la performance, rationalisation des politiques, coordination institutionnelle
État facilitateur	Incitations fiscales, soutien aux PME, partenariats public-privé
Modèle hybride	Combinaison de pilotage étatique et ouverture au marché

Cette typologie permet de positionner les trajectoires nationales selon leur capacité stratégique, leur cohérence institutionnelle et leur niveau d'intégration productive.

2. **Cadre analytique comparatif :** l'étude mobilise une grille d'analyse diachronique et comparative, structurée autour de cinq dimensions :

1. **Contexte de mise en œuvre** : historique, géopolitique, institutionnel.
2. **Instruments mobilisés** : ZES, incitations fiscales, contenu local, financement productif.
3. **Modèle de gouvernance** : centralisé, technocratique, hybride, interventionniste.
4. **Résultats observés** : croissance industrielle, emploi, exportations, intégration régionale.
5. **Contraintes structurelles** : infrastructures, dépendance aux intrants, coordination institutionnelle.

Ce cadre permet de dégager des enseignements transversaux et des spécificités nationales, tout en identifiant les leviers critiques de réussite.

Annexe 2 : Quelques indicateurs des pays étudiés

Pays	2010–2014	2015–2019	2020–2024
Taux de croissance du PIB (en%)			
Cameroun	4,8	4,2	3,7
Éthiopie	10,9	9,4	6,6
Ghana	4,5	6,0	2,9
Kenya	5,2	5,5	5,1
Maroc	4,4	3,4	3,4
Nigéria	5,2	2,5	3,3
Rwanda	7,5	7,5	8,2
Part de la valeur ajoutée manufacturière dans le PIB (en %)			
Cameroun	13,4	13,2	13,9
Éthiopie	5,5	4,5	4,4
Ghana	7,5	6,5	10,1
Kenya	10,1	8,5	7,6
Maroc	14,5	14,0	14,3
Nigéria	4,5	4,2	13,5
Rwanda	6,0	7,5	8,9
Part des produits manufacturés dans les exportations totales (en %)			
Cameroun	10,1	11,3	12,5
Éthiopie	4,5	5,2	5,8
Ghana	10,2	11,0	12,5
Kenya	5,5	6,0	6,5
Maroc	70,0	72,5	75,0
Nigéria	2,5	3,0	3,50
Rwanda	12,0	13,5	15,0
Valeur ajoutée moyenne annuelle par travailleur dans le secteur manufacturier (USD constants 2015)			
Cameroun	1800	2000	2200
Éthiopie	500	600	700
Ghana	1200	1400	1600
Kenya	1000	1200	1400
Maroc	5000	5500	6000
Nigéria	1000	1200	1400
Rwanda	400	500	600

Source *: Données World Development Indicators*

Chapitre 3

L'Afrique et le défi de la transformation structurelle à l'ère des conflits géopolitiques : un modèle endogène d'industrialisation par substitution aux importations

Africa and the challenge of structural transformation in the era of geopolitical conflicts: an endogenous model of import substitution industrialization

Par / by
Pierre NGUETSE TEGOUM
Alain NDEDI
Polycarpe FEUSSI

Résume

Dans un contexte marqué par la segmentation des chaînes de valeur mondiales, les replis protectionnistes des pays du Nord et les vulnérabilités structurelles internes, l'Afrique fait face à une dépendance industrielle persistante et doit repenser son industrialisation. L'article interroge la possibilité de concevoir un modèle endogène d'ISI capable de renforcer la souveraineté productive, d'assurer une transformation structurelle inclusive et de s'adapter aux mutations géopolitiques du XXIe siècle.

L'étude repose sur une large revue de la littérature académique et institutionnelle, une analyse actualisée de données économiques et industrielles panafricaines, et des études de cas nationales et régionales. Elle intègre des modélisations prospectives pour scénariser la mise en œuvre du modèle proposé. Cette approche croise économie, science politique et géopolitique, ainsi que planification stratégique.

L'analyse rétrospective met en évidence une trajectoire africaine marquée par des cycles successifs : essor postindépendance, contraction induite par la crise de la dette et les programmes d'ajustement structurel, puis rebond conjoncturel porté par les matières premières entre 2005 et 2014. Toutefois, la décennie 2015-2024 révèle la persistance de fragilités structurelles : faible valeur ajoutée manufacturière, désindustrialisation précoce, dépendance technologique, fragmentation des marchés régionaux et participation marginale aux chaînes de valeur mondiales.

L'étude propose une conceptualisation d'un modèle africain d'industrialisation par substitution aux importations (ISI) fondé sur six principes structurants : souveraineté productive, protectionnisme stratégique, intégration industrielle régionale, financement souverain, État stratège et renforcement des savoirs endogènes. Ce modèle ne reprend pas mécaniquement l'ISI historique ; il propose une stratégie de transformation structurelle adaptée aux mutations géoéconomiques contemporaines. Il vise à doter l'Afrique d'une autonomie productive progressive et d'une capacité renforcée de résilience systémique.

Mots clés : Industrialisation endogène, Transformation structurelle, Substitution aux importations ; État développeur ; Souveraineté productive

JELCode : O14, O25,F13,L52

Abstract

In a context marked by the fragmentation of global value chains, the resurgence of protectionist policies in advanced economies, and persistent internal structural vulnerabilities, Africa faces enduring industrial dependence and must fundamentally rethink its industrialization trajectory. This article examines the feasibility of designing an endogenous ISI model capable of strengthening productive sovereignty, fostering inclusive structural transformation, and adapting to the geopolitical shifts of the twenty-first century.

The study draws on an extensive review of academic and institutional literature, an updated analysis of pan-African economic and industrial data, as well as national and regional case studies. It integrates forward-looking modelling to develop scenarios for the implementation of the proposed model. This multidisciplinary approach combines economics, political science, geopolitics, and strategic planning.

The retrospective analysis highlights an African trajectory shaped by successive cycles: a post-independence expansion, a contraction induced by the debt crisis and structural adjustment programmes, followed by a commodity-driven rebound between 2005 and 2014. However, the decade 2015–2024 reveals the persistence of structural weaknesses: low manufacturing value added, premature deindustrialization, technological dependence, fragmented regional markets, and marginal participation in global value chains.

The study proposes a conceptualization of an African model of import substitution industrialization (ISI) grounded in six structuring principles: productive sovereignty, strategic protectionism, regional industrial integration, sovereign financing, a developmental state, and the strengthening of endogenous knowledge systems. This model does not reproduce historical ISI mechanically; rather, it outlines a strategy of structural transformation adapted to contemporary geoeconomic shifts. Its objective is to equip Africa with progressive productive autonomy and an enhanced capacity for systemic resilience.

Keywords : Endogenous industrialization ; Structural transformation ; Import substitution ; Developmental state ; Productive sovereignty.

JEL Code : O14, O25, F13, L52

Introduction

Depuis les indépendances, les pays africains cherchent à rompre avec la dépendance structurelle héritée des économies coloniales, notamment dans le domaine de la production industrielle. Parmi les stratégies envisagées, l'industrialisation par substitution aux importations (ISI) s'est imposée comme l'un des modèles les plus débattus. Cette approche consiste à remplacer les produits manufacturés importés par une production locale, soutenue par des politiques protectionnistes, des investissements publics massifs et un encadrement étatique fort.

Largement expérimentée en Amérique latine entre les années 1950 et 1970, l'ISI a également été adoptée en Afrique subsaharienne au lendemain des indépendances. L'analyse des expériences de certains pays (Zambie, Kenya, Ghana, Côte d'Ivoire, Mali, Burkina Faso, Cameroun ou le Nigéria) montre que les résultats enregistrés sont restés en deçà des attentes. Si certaines initiatives ont permis l'émergence des secteurs industriels embryonnaires, notamment dans l'agroalimentaire ou les matériaux de construction, la plupart des pays n'ont pas réussi à dépasser la première phase de substitution, car ils n'ont pas réussi à consolider une base productive nationale viable. Les causes de ces échecs sont multiples. On relève, notamment, des faiblesses institutionnelles, un pilotage inefficace, des contraintes technologiques, l'étroitesse du marché intérieur ou une ouverture prématurée aux marchés mondiaux (UNECA, 2023 ; UNCTAD, 2020). À cela s'ajoutent les effets délétères des politiques de libéralisation mises en œuvre durant les décennies 1980–1995, sous l'impulsion des institutions de Bretton Woods, qui ont entraîné le démantèlement des protections douanières, exposant des industries naissantes à une concurrence internationale asymétrique (Rodrik, 2008 ; Chang, 2003).

Vers l'année 2010, plusieurs pays d'Afrique subsaharienne ont renoué avec des stratégies d'industrialisation par substitution aux importations (ISI), marquant une rupture avec les politiques libérales des décennies précédentes. Malgré certains succès en matière de croissance du secteur industriel, de création d'emplois et de relance des filières locales, ces pays partagent des contraintes structurelles liées à la dépendance aux intrants importés, aux déficits infrastructurels, notamment énergétiques et logistiques, la faible intégration régionale, les risques d'instabilité politique et les financements insuffisants.

À l'inverse, plusieurs pays d'Asie de l'Est, notamment la Corée du Sud, le Taïwan, la Chine et la Malaisie, ont démontré qu'une phase d'ISI bien maitrisée, suivie d'une ouverture progressive à l'économie mondiale, pouvait servir de tremplin vers une industrialisation réussie. En combinant protection sélective, discipline de performance, investissements massifs dans le capital humain et politiques d'exportation actives, ces pays ont réussi à bâtir un appareil productif compétitif à l'échelle internationale, tout en réduisant la pauvreté et en transformant durablement leur structure économique (Amsden, 1989 ; Wade, 1990 ; Rodrik, 2008 ; Lin& Monga, 2011).

Par ailleurs, depuis 2020, on assiste à une intensification des rivalités géopolitiques, à un renforcement des interventions étatiques dans l'économie, et à une érosion progressive du cadre multilatéral hérité de l'après-guerre froide. Comme le soulignent Pisani-Ferry & Zettelmeyer, 2022), ce retour des « États stratèges » dans les pays du Nord marque l'entrée dans une nouvelle ère où la souveraineté productive devient centrale.

Dans ce contexte, il devient impératif pour l'Afrique subsaharienne de réinterroger les fondements de son modèle de développement. Celui-ci ne peut se réduire à la simple reproduction des paradigmes de stratégie d'industrialisation par substitution dont l'inefficacité a été avérée à l'épreuve des faits. Il est donc impérieux pour les pays africains de s'adapter aux mutations géopolitiques tout en intégrant les dynamiques contemporaines et prospectives du continent, notamment la montée en puissance de la Zone de libre-échange continentale africaine (ZLECAf), les impératifs de résilience aux conflits et aux chocs exogènes, et les opportunités offertes par les transitions numérique et écologique (Signé, 2020 ; UNIDO, 2022).

Ainsi, la problématique est de savoir comment l'Afrique peut-elle concevoir et mettre en œuvre un modèle endogène d'industrialisation par substitution aux importations (ISI) capable de renforcer sa souveraineté productive, de stimuler une transformation structurelle inclusive et de s'adapter aux réalités contemporaines du XXIe siècle. Elle s'articule autour de trois axes :

(i) la nécessité d'un dépassement des échecs historiques de l'ISI en Afrique, souvent liés à une faible coordination régionale, à une dépendance technologique et à une ouverture commerciale prématurée ;

(ii) l'urgence de répondre aux mutations géoéconomiques mondiales, notamment la montée des subventions industrielles dans les pays du G7, les restrictions à l'exportation des technologies critiques, et la recomposition des chaînes de valeur mondiales ;

(iii) l'ambition de construire un modèle africain d'ISI post-néolibéral, fondé sur la souveraineté productive, l'intégration régionale, le financement souverain et la valorisation des savoirs endogènes.

L'étude repose sur l'hypothèse centrale selon laquelle dans un environnement caractérisé par des chocs extérieurs, les replis protectionnistes des pays industrialisés, les politiques de substitution aux importations contextualisées peuvent, à l'exemple du succès qu'ont connu les pays d'Asie de l'Est, favoriser une industrialisation auto-entretenue, entraîner un processus de transformation structurelle inclusif et conduire à un développement durable. Elle s'appuie sur une approche méthodologique fondée sur :

(i) une large revue de la littérature académique et institutionnelle ;

(ii) l'analyse des données quantitatives des statistiques économiques industrielles et commerciales récentes fournies par des institutions internationales (FMI, Banque mondiale, OCDE, UNIDO,

CNUCED, AfDB, etc.) pour analyser les dynamiques industrielles africaines et la position du continent au sein des chaînes de valeur mondiales ;

(iii) l'exploitation des études nationales et régionales ;

(iv) l'utilisation des outils de prospective de planification stratégique pour dresser un diagnostic global, proposer un plan d'action opérationnel, identifier les risques de vulnérabilité et proposer des indicateurs de suivi-évaluation.

La suite du document comprend cinq sections. La deuxième section fait un état des lieux sur le retour au protectionnisme dans le Nord et présente la dynamique des chaînes de valeur mondiales. La troisième pose le diagnostic de l'industrialisation de l'Afrique à travers certains indicateurs. La quatrième section se focalise sur les contraintes et défis pour l'industrialisation de l'Afrique. S'agissant de la cinquième section, elle déroule les principes directeurs du modèle d'ISI africain. La dernière section constitue la conclusion de l'étude.

I. Retour au protectionnisme dans le Nord et dynamiques des chaînes de valeur mondiales

A la suite de la crise sanitaire de 2020, les économies avancées ont opéré un basculement stratégique majeur, marqué par un retour assumé de l'État dans la sphère productive. Ce retour de l'État producteur rompt avec les dogmes néolibéraux des décennies précédentes, où la régulation par le marché et la discipline budgétaire primaient. Il traduit une volonté de souveraineté économique.

1. Débats contemporains sur l'autonomie industrielle dans les pays en développement

L'autonomie industrielle est redevenue un enjeu stratégique central pour les pays en développement. Elle s'impose dans un contexte marqué par la recomposition des chaînes de valeur mondiales sous l'effet de chocs successifs tels que la COVID-19, la guerre en Ukraine et les tensions commerciales sino-américaines ; ainsi que par la montée des tensions géopolitiques et la mise en évidence de vulnérabilités systémiques (Moffat & Poitiers, 2024 ; Irwin, 2023). Alors que les dernières décennies ont été dominées par une adhésion quasi-consensuelle aux principes du libre-échange et à l'intégration dans les chaînes globales de production, une inflexion notable s'opère vers le retour des politiques industrielles plus interventionnistes, souvent qualifiées de néo-structuralistes (UNIDO, 2024 ; Rodrik, 2022 ; Wade, 2024). Ces politiques visent à réduire la dépendance aux intrants critiques et à renforcer la résilience productive, notamment face aux perturbations des chaînes d'approvisionnement (Moffat & Poitiers, 2024).

Ces débats s'organisent autour de plusieurs préoccupations majeures. D'un côté, la nécessité de renforcer la résilience productive nationale face aux chocs exogènes qui plaide en faveur de la relocalisation partielle des capacités industrielles, du développement des filières stratégiques domestiques et d'un contrôle accru sur les intrants critiques (Andreoni & Chang, 2019 ; ECLAC, 2012). De l'autre, les contraintes budgétaires, la pression des engagements multilatéraux (OMC, accords bilatéraux, etc.), et les impératifs de compétitivité internationale limitent considérablement la marge de manœuvre des États du Sud (ILO, 2024). Ce défi relatif à ce double enjeu sont accentués par les difficultés de coordination entre l'État et les investisseurs qui poursuivent souvent des objectifs qui ne sont pas alignés aux priorités des stratégies nationales d'industrialisation (ECLAC, 2012 ; Torres, 2019).

Par ailleurs, les auteurs comme Simon (1995), Rodrik (2004) et Irwin (2023) attirent l'attention sur les risques d'un retour à des formes inefficaces de protectionnisme, si celles-ci ne s'accompagnent pas d'une véritable stratégie de développement technologique, de renforcement des capacités institutionnelles et de création d'un écosystème d'innovation adapté aux spécificités locales. De nos jours, les politiques industrielles doivent notamment articuler promotion des investissements, innovation, développement du capital humain et facilitation des échanges pour être efficaces dans les chaînes de valeur mondialisées (Number Analytics, 2025). Le défi consiste donc à articuler ambition industrielle, efficacité économique et viabilité institutionnelle dans un monde désormais multipolaire, segmenté et incertain, où la conception des politiques industrielles doit intégrer une gouvernance robuste et des mécanismes d'évaluation continus pour éviter les pièges durent-seeking et de l'inefficacité (Grossman & Helpman, 2021 ; Number Analytics, 2025).

2. Replis protectionnistes dans les pays du Nord

2.1. Subventions industrielles dans les pays du G7

Depuis la fin des années 2010, les économies avancées opèrent un tournant protectionniste significatif, rompant avec les dogmes du libre-échange qui ont dominé l'ordre économique mondial depuis l'essor de la mondialisation néolibérale. Ce basculement s'est accéléré à la suite de plusieurs chocs systémiques : la guerre commerciale sino-américaine, les perturbations induites par la pandémie de COVID-19, l'invasion de l'Ukraine par la Russie, ainsi que la reconfiguration géoéconomique des chaînes de valeur globales dans les secteurs stratégiques. Les États-Unis ont ainsi adopté l'Inflation Reduction Act (2022), qui mobilise plus de 370 milliards de dollars pour subventionner les industries vertes nationales, tandis que l'Union européenne a répliqué avec son Green Deal Industrial Plan, visant à renforcer la souveraineté technologique et industrielle de l'Europe (Foster et al., 2023).

Les données du FMI (2023) et de l'OCDE (2024) présentées dans le graphique ci-dessous montrent une tendance haussière nette et continue entre 2010 et 2024, de la part de leur budget public allouée aux subventions industrielles dans tous les pays du G7. La part moyenne est passée de 1,8% en 2010 à 7,1% en 2024, soit une multiplication par près de quatre. Depuis 2020, on observe une intensification au secteur industriel dans tous les pays du G7 en réponse à la pandémie, aux rivalités géoéconomiques et aux transitions énergétiques.

Ces chiffres traduisent un changement de paradigme économique avec l'émergence d'un nationalisme industriel assumé. Les États adoptent désormais une posture interventionniste affirmée en matière de politique industrielle (subventions, relocalisation, préférences nationales), rompant avec la discipline budgétaire néolibérale des années 1990–2000.

Il se dégage une asymétrie de capacités fiscales Nord-Sud. Alors que les États du G7 consacrent jusqu'à 9% de leur budget aux subventions industrielles, la majorité des pays d'Afrique subsaharienne peinent à dépasser 0,5%. Ce déséquilibre renforce l'idée d'une concurrence biaisée et souligne la nécessité, pour l'Afrique, d'élaborer une ISI régie par ses propres instruments (intégration régionale, contenu local, incitations ciblées). Cette nouvelle orientation de la politique économique dans les pays du G7 s'accompagne des mesures de restriction à l'exportation sur des technologies critiques (semi-conducteurs, batteries, matériaux rares) et d'incitations massives à la relocalisation des segments industriels.

Figure 10 : Subventions industrielles dans les pays du G7 (en % du budget public annuel)

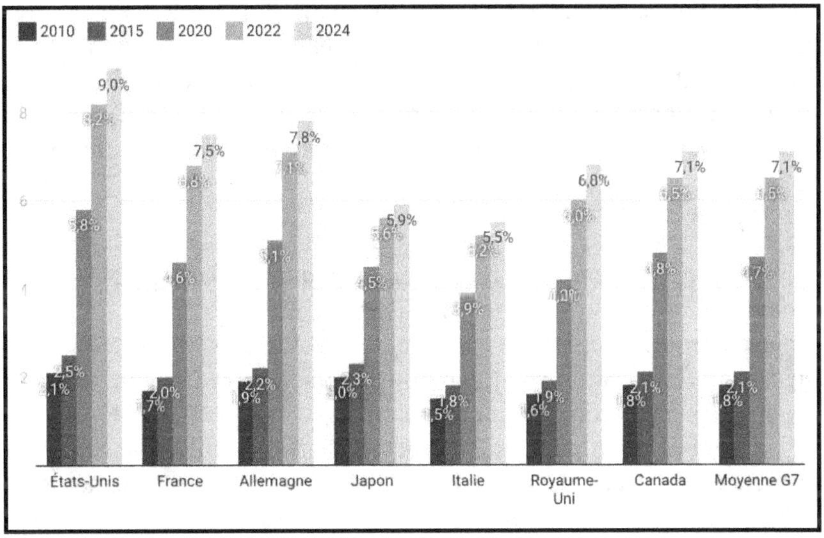

Source *: Données FMI(2023), OCDE (2024) et budgets nationaux*

2.2. Orientation des subventions industrielles dans les pays du G7

Les États-Unis occupent une position dominante en matière de subventions industrielles en volume absolu, avec une concentration marquée dans les secteurs de l'industrie verte, des technologies propres et des semi-conducteurs stratégiques. L'Inflation Reduction Act (IRA) de 2022 illustre parfaitement cette dynamique, mobilisant plus de 370 milliards de dollars pour soutenir la relocalisation des chaînes de valeur critiques et accélérer la transition énergétique (Our Commons, 2023 ; Les Affaires, 2023). Cette loi prévoit notamment des crédits d'impôt généreux, équivalant à 30% des coûts d'investissement admissibles, ciblant les projets d'énergie renouvelable et favorisant la création d'emplois manufacturiers aux États-Unis (ria Canada, 2023 ; Les Affaires, 2023).

De leur côté, les pays de l'Union européenne, en particulier l'Allemagne, la France et l'Italie, ont structuré leurs politiques industrielles autour du Green Deal Industrial Plan, qui vise à stimuler une industrie à zéro émission nette tout en protégeant le marché européen des pratiques déloyales (Dametis, 2024 ; Allianz GI, 2023). Ce plan repose sur quatre piliers : un environnement réglementaire simplifié, un accès facilité au financement, le développement des compétences vertes et la résilience des chaînes d'approvisionnement (Dametis, 2024). Les secteurs principaux prioritaires sont : la production pharmaceutique, l'hydrogène vert, la modernisation de l'industrie lourde et les technologies de capture du carbone (Allianz GI, 2023).

S'agissant du Japon et du Canada, ils se distinguent par des stratégies plus ciblées. Le Japon, en tant que leader mondial de la robotique industrielle, investit massivement dans les technologies de pointe comme l'intelligence artificielle, les capteurs et l'Internet des objets, soutenu par des programmes publics ambitieux et une coopération internationale, notamment avec l'Allemagne (MEDEF, 2023). Le Canada, quant à lui, met l'accent sur la réglementation rigoureuse des nanomatériaux et le développement des technologies convergentes via des super clusters et des partenariats public-privé (Canada.ca, 2022 ; Our Commons, 2023).

Ainsi, ces grandes puissances adoptent des approches différenciées, mais complémentaires, combinant subventions massives, régulations adaptées et stratégies sectorielles ciblées, afin de renforcer leur souveraineté industrielle et répondre aux défis climatiques et géopolitiques actuels.

Tableau 1 : Subventions industrielles par secteur dans les pays du G7 sur la période (2020–2024)

Secteur stratégique	**Montant estimé (Mds USD)**	**Pays G7 les plus engagés**	**Exemples de dispositifs**
Industrie verte & énergie	Plus de 500	États-Unis, Allemagne, France	Inflation Reduction Act, Green Deal
Semi-conducteurs & numérique	150–200	États-Unis, Japon, Allemagne	CHIPS Act, subventions à TSMC, Rapidus
Santé & biotechnologies	80–120	France, Italie, Canada	Relocalisation pharma, soutien à la R&D
Industries lourdes décarbonées	60–100	Allemagne, Royaume-Uni, Japon	Acier vert, ciment bas carbone
Défense & technologies duales	100 150	États-Unis, Royaume-Uni, France	Soutien à Airbus, Lockheed, Dassault
R&D & innovation industrielle	70–90	Tous les pays du G7	Clusters, pôles technologiques, crédits R&D

Source *: Données FMI (2023) et OCDE (2024)*

Pour les économies africaines, cette nouvelle donne mondiale représente une configuration ambivalente. D'une part, elle constitue une menace réelle : la contraction relative des marchés du Nord limite les débouchés pour les exportations africaines, en particulier dans les industries à faible valeur ajoutée comme le textile, l'agroalimentaire ou les matières premières brutes. De surcroît, les subventions publiques massives accordées dans les pays du Nord créent des distorsions de concurrence défavorables aux économies du Sud, dont les marges de manœuvre budgétaires sont restreintes (Daudin, 2003).

D'autre part, ces replis protectionnistes peuvent être interprétés comme une opportunité stratégique pour repenser et revitaliser les politiques d'industrialisation par substitution aux importations (ISI) en Afrique. Dans un contexte de segmentation des chaînes de valeur et de montée des incertitudes géopolitiques, le renforcement des capacités productives nationales apparaît comme un impératif légitime de souveraineté économique. Comme le souligne Faster Capital (2025), un protectionnisme bien calibré, ciblé, temporaire et accompagné de politiques actives d'une politique technologique bien articulée peut contribuer à stimuler l'industrialisation dans les pays en développement.

L'Afrique subsaharienne dispose à cet égard d'un levier institutionnel décisif : la Zone de libre-échange continentale africaine (ZLECAf), qui ouvre la voie à une régionalisation des chaînes de valeur et à la mise en œuvre des politiques industrielles coordonnées à l'échelle continentale, moins soumises aux disciplines multilatérales traditionnelles (UNCTAD, 2023). Cette dynamique pourrait permettre l'émergence d'un modèle africain d'ISI post-néolibéral, fondé sur la valorisation des ressources locales, la sécurisation des approvisionnements essentiels et la transformation structurelle des économies nationales.

Cependant, cette fenêtre d'opportunité ne pourra être pleinement exploitée que si les États africains renforcent leur capacité de planification industrielle, investissent de manière stratégique dans les infrastructures productives, et adoptent des politiques commerciales cohérentes avec leurs objectifs de souveraineté. En définitive, le protectionnisme n'est pas une fin en soi, mais un instrument dont l'efficacité dépend des conditions institutionnelles, de la cohérence des politiques publiques et de la capacité à articuler des objectifs de compétitivité, d'innovation et d'inclusion (Plassard, 2024).

3. Dynamique des chaînes de valeur mondiales entre 2000-2025

L'examen des données du tableau ci-dessous sur l'évolution des chaînes de valeur mondiales (CVM) dans les différentes régions du monde sur la période 2000–2025 révèle une transformation géoéconomique profonde du commerce international. Il en ressort quatre dynamiques majeures.

3.1. Évolution de la configuration des chaînes de valeur mondiales

Depuis la fin des années 1980, la mondialisation productive s'est structurée autour des chaînes de valeur mondiales (CVM), reposant sur une division internationale du travail caractérisée par une segmentation accrue. Ce modèle a permis une spécialisation fonctionnelle des territoires, fondée sur l'externalisation des segments de production vers des zones à faibles coûts, favorisée par la libéralisation des échanges, la révolution logistique et la baisse du coût du transport (Gereffi et al., 2005). Il en a résulté une architecture industrielle transnationale, dans laquelle les économies en développement, y compris africaines, ont été intégrées de manière partielle, souvent en amont ou à faible valeur ajoutée.

Encadré 1 : Définition de chaines de valeur mondiales

Les chaînes de valeur mondiales (CVM) ou Global Value Chains (GVCs) en anglais, désignent l'ensemble des activités économiques qui peuvent concerner la conception, la production, l'assemblage ou la logistique et distribution, réparties entre plusieurs pays, chaque territoire contribuant à une étape spécifique de la fabrication d'un bien ou d'un service (World Bank, 2020 ; Gereffi et al., 2005). Ce modèle s'est développé à partir des années 1980 avec la libéralisation du commerce, la baisse des coûts de transport et les innovations logistiques (World Bank, 2020 ; Baldwin, 2016).

Contrairement au commerce traditionnel basé sur l'échange des produits finis, les CVM reposent sur le commerce d'intrants intermédiaires et une spécialisation fonctionnelle. Ainsi, un pays peut assembler un produit sans produire ses composants.

Gereffi et al (2005) font observer que la gouvernance de ces chaînes est souvent assurée par de grandes multinationales qui décident de l'allocation des tâches selon les coûts, les compétences disponibles ou les incitations fiscales locales). Les CVM sont ainsi à la fois un levier d'intégration à l'économie mondiale, mais aussi un système hiérarchisé où les pays du Sud occupent souvent des positions à faible valeur ajoutée (Kaplinsky & Morris, 2001).

Pour l'Afrique, l'intégration dans les CVM reste limitée et concentrée dans les secteurs extractifs et agricoles. Toutefois, les transformations actuelles de l'économie mondiale – relocalisations, régionalisation – pourraient ouvrir des opportunités pour renforcer une industrialisation régionale plus intégrée (UNCTAD, 2013 ; World Bank, 2020).

***Source** : Auteurs à partir de la revue de la littérature*

Pourtant, la spécialisation géographique, longtemps présentée comme un levier d'efficacité globale, est aujourd'hui remise en cause. Depuis 20220 notamment, une série de chocs exogènes a mis en lumière la vulnérabilité systémique des chaînes d'approvisionnement mondiales. En effet, la pandémie de COVID-19 a généré des ruptures critiques dans des secteurs stratégiques tels que la pharmacie, l'agroalimentaire ou l'électronique, exposant la dépendance excessive à certains hubs asiatiques. Il y a également le conflit russo-ukrainien, commencé en 2022, qui met en évidence les fragilités énergétiques et agricoles de l'Europe face aux exportations russes. Enfin, les tensions géoéconomiques sino-américaines, en particulier autour des technologies sensibles (semi-conducteurs, télécommunications, véhicules électriques), ont intensifié les logiques de découplage stratégique.

Face à cette instabilité croissante, de nouveaux paradigmes émergent comme la relocalisation partielle, friend-shoring, reshoring ou encore régionalisation des chaînes de valeur. Selon le World Development Report 2023 de la Banque Mondiale, plus de 60% des multinationales prévoient une réorganisation de leurs chaînes d'approvisionnement dans les cinq prochaines années. Ce mouvement est soutenu par les politiques industrielles renouvelées des pays du Nord, qui cherchent à sécuriser leurs approvisionnements critiques tout en revitalisant leur tissu productif national.

Pour l'Afrique dans son ensemble, la recomposition actuelle des flux commerciaux internationaux constitue une séquence charnière, susceptible de générer à la fois des externalités positives et des vulnérabilités structurelles. Sur le plan des risques, la tendance à la dissociation fonctionnelle des chaînes de valeur mondiales pourrait exacerber la marginalisation des économies africaines, dont l'intégration demeure limitée et souvent cantonnée à des segments peu intensifs en savoir-faire et en valeur ajoutée. Du côté des opportunités, la reconfiguration actuelle ouvre une fenêtre stratégique pour réorienter les politiques industrielles vers une intégration régionale accrue, notamment à travers la Zone de libre-échange continentale africaine (ZLECAf), et pour relancer des stratégies d'industrialisation par substitution ciblée aux importations, appuyées par des investissements dans les infrastructures, la logistique et le capital humain (UNECA, 2022).

3.2. Polarisation croissante des CVM autour de l'Asie

L'Asie de l'Est et du Sud continue de consolider sa position hégémonique au sein des CVM, avec une projection de 40% de la part des échanges mondiaux en 2025 (World Bank, 2020). Cette domination s'explique par la rapide montée dans le domaine technologique des pays comme la Chine, l'Inde et le Vietnam, qui se sont spécialisés dans des segments à haute valeur ajoutée (électronique, automobile, biotechnologies). Selon Gereffi (2019), la Chine est devenue un centre incontournable pour l'assemblage et la conception des produits électroniques, tandis que l'Inde s'impose dans les services numériques et la pharmacie, et que le Vietnam émerge comme un hub régional pour l'électronique et les composants informatiques.

On note le dynamisme de la région est porté par des accords commerciaux régionaux structurants, tels que l'Association of South East Asian Nations (ASEAN) et le Partenariat économique régional global (RCEP), qui facilitent l'intégration productive, la circulation des composants et la spécialisation fonctionnelle entre les économies membres (Gereffi, 2019 ; Baldwin, 2016). De façon spécifique, le RCEP a permis de créer le plus vaste bloc commercial au monde, renforçant la résilience des chaînes d'approvisionnement asiatiques face aux chocs géopolitiques et sanitaires récents. L'étude de Baldwin (2016) et rapport mondial sur le développement de la banque mondiale de 2020 (World Bank, 2020) soulignent que cette architecture régionale favorise la captation d'une part croissante de la valeur ajoutée mondiale par l'Asie, tout en stimulant l'innovation et renforçant la compétitivité industrielle

3.3. Dynamique de l'Afrique subsaharienne dans les CVM

La part de l'Afrique subsaharienne dans les CVM reste limitée. Elle était de 1,4% en 2000 et est projetée à 2,8% en 2025. Cette situation traduit une insertion encore très faible et centrée sur des exportations de matières premières à faible valeur ajoutée principalement issues des secteurs extractifs et agricoles.

Cependant, plusieurs signaux positifs émergent :

(i) **La montée de l'agro-industrie locale**. L'étude de Etifak (2020) indique l'essor de l'agroalimentaire, soutenu par des investissements publics et privés, favorise la création des chaînes de valeur régionales et une sophistication progressive des produits agricoles africains ;

(ii) **Le développement des zones économiques spéciales (ZES)**. Des pays comme le Bénin, le Ghana ou le Rwanda mettent un accent particulier sur les ZES pour attirer des investissements, encourager la transformation locale et stimuler l'industrialisation, notamment dans l'agro-industrie, le textile et la logistique (Invest Benin, 2024 ; Agence Ecofin, 2025 ; AfDB, 2021) ;

(iii) **L'effet catalyseur de la ZLECAf.** La Zone de libre-échange continentale africaine (ZLECAf) se présente comme un cadre majeur pour renforcer l'intégration régionale, stimuler le commerce intra-africain et attirer les investissements directs étrangers. Selon la Banque, le rapport du PNUD (2024), la ZLECAf pourrait favoriser l'accroissement significatif, les IDE, la diversification des économies et la réduction de la pauvreté.

Toutefois, l'intégration progressive de l'Afrique dans des chaînes d'approvisionnement à plus forte intensité technologique (véhicules électriques, téléphonie mobile, équipements médicaux) ouvre de nouvelles perspectives pour la création de valeur ajoutée et la diversification industrielle.

3.4. Positionnement de la région MENA dans les CVM

La région Moyen-Orient et Afrique du Nord (MENA) qui connaît une progression industrielle modeste, mais régulière, est tirée par des hubs industriels compétitifs tels que le Maroc, l'Égypte et les Émirats arabes unis (AfDB, 2021 ; UNIDO, 2022). Cette évolution entraine une diversification sectorielle de plus en plus marquée de la région MENA, avec le développement des filières telles que la logistique, le textile, la chimie, l'agroalimentaire, ainsi que certaines industries de transformation légère, mettant en évidence une volonté politique affirmée de réduire la dépendance historique aux hydrocarbures.

Parmi ces pays, le Maroc s'est imposé comme un acteur régional majeur dans l'automobile, l'aéronautique et les énergies renouvelables, grâce à une intégration croissante dans les chaînes de valeur européennes et à des politiques industrielles volontaristes (UNIDO, 2022 ; IMF, 2025). L'Égypte, de son côté, mise sur la relance de ses industries de base (ciment, engrais, électronique) et sur l'expansion de ses zones industrielles, tout en capitalisant sur sa position géostratégique et ses accords commerciaux régionaux (IMF, 2025). Les Émirats arabes unis et l'Arabie saoudite investissent massivement dans la transition énergétique, l'hydrogène vert, l'intelligence artificielle et les plateformes industrielles innovantes, dans le cadre des stratégies nationales ambitieuses telles que Vision 2030 (Mouhoud, 2025).

Cette dynamique s'inscrit dans un contexte de régionalisation accrue des chaînes de valeur, où la proximité avec l'Europe, la montée des investissements dans la technologie et la transition bas carbone offrent à la région MENA de nouvelles opportunités de progression industrielle (World Bank, 2025 ; Mouhoud, 2025).

3.5. Évolution des puissances traditionnelles dans les CVM

L'Union Européenne (UE) et l'Amérique du Nord, en particulier les États-Unis et le Canada, voient leur importance dans les CVM diminuer au profit de l'Asie. Les données indiquent que la part de l'UE est passée de 32% en 2000 à 26% en 2025, et celle de l'Amérique du Nord de 18% à 13% sur la même période. Cette tendance à la baisse ne doit toutefois pas être interprétée comme un signe de déclin industriel, mais plutôt comme le reflet d'un repositionnement stratégique (Rodrik & Stiglitz, 2022 ; World Bank, 2023). En effet, Rodrik & Stiglitz (2022) font remarquer que cette situation est, en fait, une réponse aux nouvelles vulnérabilités révélées par les crises sanitaires et géopolitiques récentes. Ainsi, ces puissances privilégient désormais des relocalisations ciblées dans les secteurs à forte intensité technologique, tels que l'intelligence artificielle, la défense et la santé, afin de sécuriser leurs approvisionnements et de renforcer leur autonomie stratégique.

Parallèlement, l'Union européenne et l'Amérique du Nord mettent en œuvre des politiques industrielles axées sur la résilience économique, la transition verte et la technologie de pointe, tout en adaptant leurs dispositifs réglementaires pour soutenir l'innovation et la compétitivité face à la concurrence asiatique (World Bank, 2023). Ce mouvement s'accompagne d'une volonté de renforcer la coopération transatlantique et de diversifier les partenariats, tout en préservant la capacité d'intégration dans les chaînes de valeur mondiales à haute valeur ajoutée.

En définitive, les mutations récentes des chaînes de valeur mondiales, accélérées par la pandémie de COVID-19, la guerre en Ukraine et les replis protectionnistes, reconfigurent les opportunités industrielles africaines, notamment en matière de relocalisation régionale et de sécurisation des approvisionnements stratégiques (UNCTAD, 2022 ; UNIDO, 2022).

Tableau 2 : Structure de la participation aux chaînes de valeur mondiales selon les différentes régions sur la période 2000–2025

Région	2000	2010	2020	2023	2025*	Spécialisation dominante	Pays moteurs
Afrique Subsaharienne	1,4%	1,6%	1,9%	2,3%	2,5%	2,8%	Afrique du Sud, Nigeria, Kenya
Asie de l'Est & du Sud	28%	30%	34,0%	38%	39,0%	40,0%	Chine, Inde, Vietnam, Thaïlande
Amérique Latine	6,5%	6,8%	7,2%	7,5%	7,3%	7,5%	Mexique, Brésil, Chili
Moyen-Orient & Afrique du Nord	3,2%	3,5%	4,1%	4,8%	5%	5,3%	Maroc, Égypte, Émirats, Arabie saoudite
Union Européenne	32%	31,0%	30%	28%	27%	26%	Allemagne, France, Pologne

Source *: FMI (2022), Banque mondiale (2023), OCDETiVA Data base, UNCTAD (2023), CEPR (2023) et estimations 2025.*

À condition d'adopter une approche proactive, articulée autour d'un État stratège, d'un secteur privé mobilisé et d'un cadre incitatif cohérent, l'Afrique peut transformer cette recomposition des chaînes de valeur mondiales en levier de transformation structurelle et de souveraineté productive

II. Diagnostic de l'industrialisation en Afrique

1. Principales phases de croissance économique en Afrique depuis 1960

L'analyse de la trajectoire de croissance en Afrique subsaharienne sur les quatre dernières décennies révèle des dynamiques contrastées, oscillant entre stagnation, reprise et résilience. Trois grandes phases peuvent être distinguées : une période de lenteur structurelle (1980–1999), une décennie de rattrapage économique (2000–2009), puis une phase de fluctuations aggravées par des chocs exogènes (2010–2024).

1.1. 1960-1974 : L'élan postindépendance et la croissance administrée

Cette période constitue une phase d'enthousiasme économique généralisé en Afrique, marquée par l'euphorie postindépendance, la consolidation des États-nations, et une croissance tirée par l'investissement public, l'expansion des infrastructures et la valorisation des matières premières. Plusieurs pays vont adopter une stratégie de développement volontariste avec une volonté d'édifier des économies nationales intégrées. Le modèle de développement repose essentiellement sur la logique de l'industrialisation par substitution aux importations avec l'État jouant un rôle central.

Selon les données de la Banque Mondiale (WDI), la croissance annuelle moyenne du PIB réel va passer de 4,5% sur la période 1960-1964 à 5,2% sur la période 1970-1974. Dans des pays comme l'Égypte (avec les réformes du président Nasser), l'Algérie (après l'indépendance en 1962), ou la Tunisie, l'État va entreprendre de grands programmes de nationalisation, de construction d'industries de base (cimenteries, textiles, métallurgie) et d'aménagement du territoire. De même, dans les pays subsahariens comme le Ghana, la Côte d'Ivoire, le Cameroun ou le Nigeria, l'accent est mis sur les infrastructures lourdes (barrages, ports, chemins de fer), la création d'entreprises publiques, et la mise en valeur de l'agriculture d'exportation.

Cette dynamique s'appuie sur : (i) un afflux de financements publics issus des exportations minières, pétrolières ou agricoles ; (ii) des politiques protectionnistes visant à réduire la dépendance vis-à-vis des importations ; et le recours à la planification assez directive à travers des plans quinquennaux inspirés du modèle français ou soviétique (Rodrik, 2018).

Toutefois, cette phase de croissance repose sur des fondations fragiles. L'industrialisation reste concentrée dans les zones urbaines et peu intégrées aux réalités rurales. Les économies demeurent fortement dépendantes des exportations primaires (pétrole, cacao, café, phosphate, coton), exposées aux fluctuations des cours mondiaux. La faiblesse des capacités technologiques locales, le poids croissant des importations des biens d'équipement et l'endettement progressif des États préfigurent les déséquilibres des décennies suivantes (UNCTAD, 2023 ; Amsden, 1989).

1.2. 1975-1984 : Crise de la dette et ajustements structurels

La période 1975–1994 marque une rupture brutale de l'élan développementaliste des premières décennies postindépendance qui s'essouffle face à une conjonction de chocs exogènes et de fragilités structurelles internes. Le continent entre alors dans une crise économique prolongée, marquée par la montée de l'endettement, la récession, la désindustrialisation et une perte de contrôle sur les leviers macroéconomiques. Durant cette période, la croissance moyenne en Afrique subsaharienne est restée modeste, comprise entre 1,3% et 2,7% (Banque Mondiale, 2023 ; FMI, 2022).

Plusieurs facteurs expliquent cette faible performance parmi lesquels les chocs pétroliers successifs de 1973 et 1979 qui vont déclencher une flambée des prix de l'énergie, une hausse des taux d'intérêt mondiaux et une détérioration des termes de l'échange pour de nombreux pays importateurs nets de pétrole. Dans le même temps, la chute des cours des matières premières agricoles et minières entrainera une baisse des recettes d'exportation, particulièrement en Afrique subsaharienne (Banque mondiale, 1994). L'Afrique du Nord est également touchée : l'Algérie, très dépendante des hydrocarbures, voit ses revenus pétroliers chuter au milieu des années 1980, tandis que la Tunisie et le Maroc font face à des déficits budgétaires persistants.

Confrontés à une crise de la balance des paiements et à l'incapacité de rembourser leur dette extérieure, à cause notamment de l'explosion des charges d'intérêts au début des années 1980, les pays africains se tournent massivement vers les institutions de Bretton Woods. Selon Van de Walle (2001), à partir 1983–1985, l'on va observer une généralisation des Programmes d'Ajustement Structurel en Afrique sous l'égide du FMI et la Banque Mondiale. En Afrique du Nord, la Tunisie (1986), le Maroc (1983) et l'Algérie (1994) adoptent ces réformes. En Afrique subsaharienne, la Côte d'Ivoire, le Ghana, le Sénégal, le Nigeria et le Cameroun sont parmi les premiers pays à avoir appliqué les PAS. Ces programmes visent à restaurer les équilibres macroéconomiques à travers :

(i) la libéralisation des prix et des marchés ;

(ii) la réduction du rôle de l'État dans l'économie (privatisations, démantèlement des entreprises publiques) ; et la réduction des dépenses publiques, y compris dans les secteurs sociaux (santé, éducation).

Cependant, les résultats seront largement décevants. L'austérité imposée par les PAS va s'accompagner d'un recul de la souveraineté économique avec des politiques publiques largement encadrées par des acteurs extérieurs. En Afrique du Nord, malgré quelques succès macroéconomiques (comme la stabilisation du déficit au Maroc), on assistera à une explosion des tensions : émeutes du pain en Égypte (1977) et Tunisie (1984, et) ; montée de l'islamisme politique et conflit identitaires. Dans les autres régions de l'Afrique, cette période va être marquée par des instabilités profondes : guerres civiles (Liberia, Sierra Leone, Angola), effondrement d'États (Somalie, Zaïre), des coups d'État, les mouvements de démocratie et la montée en puissance du clientélisme politique.

Malgré des ajustements budgétaires, la transformation structurelle promise n'a pas eu lieu. Le continent entre dans une "décennie perdue" (UNCTAD, 2000), durant laquelle la croissance a été largement insuffisante pour absorber la pression démographique, créer des emplois décents ou stimuler la compétitivité industrielle.

1.3. 1995-2004 : Libéralisation fragile et transition politique

La décennie1995–2004 constitue une période de transition économique et politique pour l'Afrique. Elle se situe à la croisée des chemins : entre la sortie progressive des politiques d'austérité PAS et l'émergence d'un discours sur la « bonne gouvernance » et la « croissance inclusive ». Ce moment charnière est marqué par des tentatives de réformes économiques libérales, des avancées politiques relatives, mais aussi par des fragilités persistantes, des conflits armés et une croissance globalement modérée.

Au cours de cette période, plusieurs pays africains commencent à enregistrer une reprise modeste de la croissance, avec des taux moyens tournant autour de 3% par an pour l'ensemble du continent (Banque Mondiale, 2005). Cette amélioration est attribuée à la stabilisation macroéconomique, à l'ajustement des taux de change et à l'introduction progressive des réformes de marché. Toutefois, cette reprise demeure inégale : elle bénéficie principalement aux pays exportateurs de pétrole ou de ressources minières, tandis que d'autres restent englués dans une stagnation chronique.

Les politiques de libéralisation initiées dans les années 1980 se poursuivent sous des formes révisées : ouverture commerciale accrue, simplification des régimes d'investissement, décentralisation administrative. Le slogan dominant est celui de la « gouvernance », portée par la Banque mondiale, qui met l'accent sur la transparence, la participation des principaux acteurs et l'État de droit comme conditions du développement (World Bank, 1997). De nombreux pays adoptent des cadres stratégiques de lutte contre la pauvreté (DSRP), dans le cadre de l'Initiative pour les pays pauvres très endettés (PPTE), lancée par le FMI et la Banque mondiale en 1996. Certains pays comme la Tunisie et le Maroc vont poursuivre leurs réformes économiques, marquées par une certaine ouverture aux IDE, une modernisation partielle des secteurs exportateurs et une relative stabilité macroéconomique.

Sur le plan politique, cette phase de développement est marquée par une ouverture au pluralisme dans plusieurs pays africains avec des élections multipartites, alternances pacifiques dans certains cas (ex.: Sénégal en 2000, Ghana en 2000, Afrique du Sud en 1994) et l'émergence de la société civile. Toutefois, cette démocratisation sera souvent instrumentalisée par des régimes autoritaires pour pouvoir bénéficier de certains financements. Les institutions démocratiques restent faibles, et les réformes politiques se heurtent à des blocages structurels.

Par ailleurs, de graves conflits armés continuent de fragiliser les bases du développement dans plusieurs régions : guerre civile en RDC (1996–2003), guerre en Sierra Leone (1991–2002), crise ivoirienne (à partir de 2002), deuxième guerre civile au Liberia (1999–2003), la guerre civile algérienne (1991–2002), les tensions au Soudan et au Burundi. Ces conflits génèrent des pertes humaines massives, des destructions d'infrastructures et de lourdes dépenses sécuritaires au détriment de l'investissement productif.

Dans l'ensemble, cette période se caractérise par une croissance molle et fragile, qui n'atteint pas le seuil nécessaire pour générer une transformation structurelle ou absorber les jeunes générations arrivant sur le marché du travail. Le secteur industriel, dans de nombreux pays, reste marginalisé, et la spécialisation primaire des économies reste largement inchangée.

1.4. 2005-2014 : Rebond économique et montée des émergences africaines

Cette période 2005–2014 est souvent qualifiée de *décennie dorée* pour l'Afrique parce qu'elle est caractérisée par une croissance forte, soutenue et relativement inclusive, avec une amélioration des indicateurs macroéconomiques, une relance de l'investissement et un discours positif sur la trajectoire économique de l'Afrique qui est désormais, selon Mc Kinsey (2010), considéré comme le « *continent d'avenir* ».

Les données de la Banque Mondiale (2015) indiquent que durant cette période le taux de croissance moyen du PIB réel africain se situe autour de 5% par an, avec des pointes dépassant les 6% dans plusieurs pays (Éthiopie, Mozambique, Angola, Ghana, Rwanda). Cette dynamique concerne à la fois les pays riches en ressources naturelles (Nigeria, Algérie, Angola) et certains pays non extractifs (Éthiopie, Rwanda), portés par les réformes, la stabilité politique relative, et l'expansion du marché intérieur.

Plusieurs facteurs se conjuguent pour expliquer ce rebond. Il y a premièrement la hausse du cours des matières premières (pétrole, minerais, cacao, café, etc.), tirée notamment par la demande chinoise et indienne qui permet un accroissement des recettes d'exportation et une meilleure santé des finances publiques (IMF, 2012). On observe aussi un afflux d'investissements directs étrangers (IDE), principalement dans les infrastructures, les télécommunications, l'énergie et les services financiers. De plus, il y a également le développement rapide des technologies de l'information et de la communication, en particulier la téléphonie mobile ; qui stimule les gains de productivité et l'inclusion financière (World Bank, 2014). De plus, dans certains pays, on observe la montée d'une classe moyenne urbaine, consommatrice et connectée, qui structure un nouveau marché domestique africain (AfDB, 2012).

Dans cette dynamique, les pays de l'Afrique du Nord connaissent une croissance globalement soutenue (notamment au Maroc et en Algérie), bien que perturbée à partir de 2011 par les "printemps arabes", en particulier en Égypte, en Libye et en Tunisie, où les transitions politiques ralentissent les réformes économiques. Dans les autres régions du continent, plusieurs pays comme la Zambie, le Kenya, le Nigeria ou le Cameroun engagent des réformes structurelles, tandis que, malheureusement, d'autres connaissent une croissance plus volatile en raison des déficits d'infrastructures et d'instabilité politique (Zimbabwe, Mali, Madagascar, Tchad, Mauritanie, etc.).

Figure 11: Quelques réformes mises en œuvre dans certains pays africains au cours de la période 2005-2014

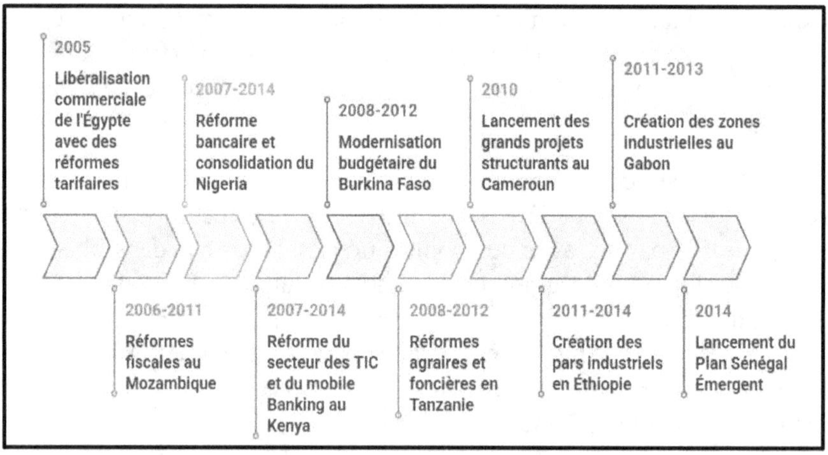

***Source** : auteurs à partir de la revue de la littérature*

En somme, cette phase a permis à plusieurs pays de poser les bases d'une reprise économique, mais sans transformation structurelle profonde. L'essentiel de la croissance a reposé sur les ressources primaires, les services, notamment dans le secteur informel et les investissements extérieurs. Les capacités de financement internes et l'accès aux technologies industrialisantes sont restés limités.

1.5. Décennie 2015-2024 : résilience aux chocs et adaptation

Au cours de la décennie 2015–2024, le PIB de l'Afrique va connaitre une baisse pour se situer à une moyenne de 3,2% par an par rapport à la décennie dorée il était de plus de 5%. En effet, cette phase a été par événements exogènes majeurs à savoir : (i) la chute des prix des matières premières entre 2014–2016 qui a notamment montré les limites du modèle fondé sur les industries extractives ; (ii) la pandémie de COVID-19 (2020–2021) qui a mis en lumière la dépendance

investissements directs étrangers (FMI, 2022 ; BAD, 2021). Ces performances s'appuient sur la consolidation des politiques de stabilisation post-ajustement et sur la relance des investissements publics.

À l'inverse, la CEMAC (Communauté Économique et Monétaire de l'Afrique Centrale) affiche une croissance relativement timide. Sur la décennie 1990-1999 le taux de croissance moyen annuel de la zone CEMAC n'a été que de 0,8%. Malgré la reprise observée au cours des années 2000, la croissance demeure fable avec 2,4% pour la période 2020-2024. Cette zone reste fortement dépendante des revenus pétroliers et souffre d'une diversification industrielle, d'un climat des affaires pas très attractif et d'un faible niveau d'intégration sous-régionale (CEA, 2021 ; Banque mondiale, 2023). La vulnérabilité aux chocs externes freine également la résilience de ces économies.

Quant à la SADC (Communauté de développement d'Afrique australe), elle enregistre une croissance modérée, malgré le poids économique de l'Afrique du Sud. Les défis liés à la gouvernance, à l'instabilité politique dans certains États membres (Zimbabwe, Mozambique), et à une industrialisation peu aboutie continuent de brider son potentiel de développement (UNCTAD, 2022 ; FMI, 2023).

Figure 4 : Evolution du taux de croissance économique en Afrique sur la période 1980-2024 selon les Communautés économiques régionale (CER)

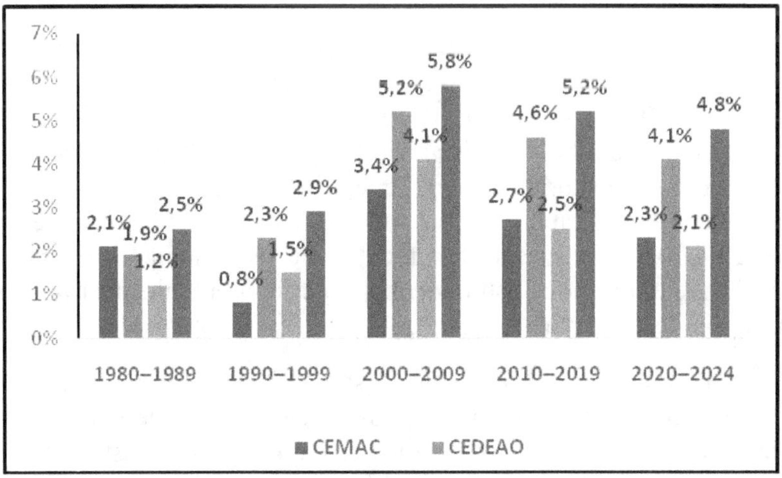

Source *: Données FMI (World Development Outlook), Banque Mondiale (World Développement Indicators)*

2. Analyse de la dynamique de la valeur ajoutée manufacturière en Afrique

2.1. Dynamique régionale de la valeur ajoutée manufacturière par habitant (VAM/hab.) en Afrique

L'analyse comparée des Communautés économiques régionales (CER) révèle que l'Afrique suit des trajectoires industrielles fortement différenciées, reflet à la fois de l'héritage colonial, des choix de politiques industrielles et du degré d'ouverture commerciale. La valeur ajoutée manufacturière par habitant (VAM/hab.), indicateur direct du niveau de sophistication productive, témoigne de cette hétérogénéité.

Sur le long terme, l'Afrique subsaharienne a connu une baisse de la VAM/hab. entre 1960 et 2000, résultat cumulé des programmes d'ajustement structurel, de la contraction des investissements publics et du démantèlement d'entreprises industrielles publiques. Cette période de désindustrialisation a suscité ce que Rodrik (2016) qualifie de « *désindustrialisation précoce* », un phénomène observé dans plusieurs régions du Sud. Toutefois, depuis les années 2010, une reprise progressive est observée dans de nombreuses sous-régions, soutenue par des réformes industrielles et des investissements accrus dans l'agro-transformation, l'industrie légère et les infrastructures (World Bank, 2023 ; UNIDO, 2023).

La SADC demeure la région la plus avancée en matière de VAM/hab. Sur la période 1960–2022, la VAM/hab. est passée d'environ 180 USD à près de 290 USD, portée par l'Afrique du Sud, Maurice et la Namibie. L'Afrique du Sud constitue le pivot industriel : son tissu manufacturier, diversifié et historiquement consolidé, lui confère une VAM/hab. nettement supérieure à la moyenne continentale (UNIDO, 2023). Sa spécialisation, couvrant l'automobile, la chimie, la métallurgie et l'agro-industrie, permet un effet d'entraînement régional encore limité, mais réel (AfDB, 2022).

La Communauté d'Afrique de l'Est (CAE) illustre une dynamique de rattrapage particulièrement intéressante. Après une période de repli entre 1960 et 2000, lié aux conflits, aux politiques d'ajustement et à l'instabilité institutionnelle, la VAM/hab. y progresse nettement depuis les années 2000. Les pays comme le Kenya, la Tanzanie et l'Ouganda ont misé sur les zones économiques spéciales, les corridors logistiques, et une politique explicite de montée en gamme dans l'agro-transformation et le textile (World Bank, 2023). L'Éthiopie se distingue par sa stratégie d'État développeur, orientée vers les exportations industrielles.

La CEDEAO présente une situation intermédiaire : après une phase prolongée de désindustrialisation où la VAM/hab. chutant de 140 USD à 110 USD entre 1960 et 2000, la région connaît depuis 2010 une remontée modérée, tirée par le Ghana, le Nigeria et la Côte d'Ivoire. Ces pays ont déployé des réformes visant à renforcer les chaînes de valeur domestiques, à encourager la transformation locale du cacao, du coton ou de l'huile de palme, et à attirer les investissements dans le textile, l'agro-industrie et les services industriels (AfDB, 2022 ; UNIDO, 2023).

En revanche, la CEMAC demeure l'une des régions les moins performantes du continent. Malgré une abondance de ressources naturelles (pétrole, bois, minerais), la VAM/hab. est passée de 160 USD en 1960 à 138 USD en 2021, soit une baisse de près de 14%. Cette trajectoire reflète les limites structurelles des économies fortement dépendantes des rentes extractives, caractérisées par une faible diversification et un effet d'éviction du secteur manufacturier (Mkandawire, 2001 ; UNIDO, 2023).

2.2. Analyse comparée de l'évolution de la valeur ajoutée manufacturière dans les principales régions du monde

L'évolution mondiale de la VAM/hab. met en lumière une polarisation persistante entre les économies avancées et les pays en développement. En 1960, les pays du G7 affichaient déjà une VAM/hab. supérieure à 2 800 USD, contre environ 130 USD en Afrique subsaharienne (UNIDO, 2022). Cette asymétrie structurelle s'explique par l'écart technologique, la profondeur institutionnelle et les avantages cumulatifs acquis historiquement par les pays industrialisés.

L'Europe hors G7 a significativement progressé depuis les années 1960, en particulier après la chute du bloc soviétique, bénéficiant d'une intégration accrue dans les chaînes de valeur européennes (UNIDO, 2022). La VAM/hab. y a pratiquement doublé, passant d'environ 900 USD en 1960 à plus de 1 800 USD en 2022.

L'Asie de l'Est représente le cas le plus emblématique de transformation structurelle rapide. La VAM/hab. y a été multipliée par plus de 20, passant de 150 USD à 3 400 USD entre 1960 et 2022 (World Bank, 2023). Ce rattrapage spectaculaire est le produit des stratégies étatiques combinant apprentissage technologique, protection sélective, et intégration proactive dans les chaînes de valeur mondiales (Gereffi, 2019 ; Baldwin, 2016). La Corée du Sud, la Chine et le Vietnam se distinguent par leur montée en gamme industrielle.

L'Asie du Sud, quant à elle, affiche une progression plus modérée, mais constante, passant de ~60 USD à ~310 USD sur la période. L'industrie y reste largement dominée par des segments à faible intensité technologique, limitant les gains de productivité (World Bank, 2023).

S'agissant de l'Afrique subsaharienne, elle a connu une phase prolongée de désindustrialisation avec la VAM/hab. y est tombée de 130 USD en 1960 à 95 USD en 2000, sous l'effet conjugué des politiques d'ajustement structurel et des instabilités institutionnelles (Rodrik, 2016). Depuis 2010, on observe une progression modérée atteignant 160 USD en 2022, tirée par des pays tels que l'Éthiopie, le Ghana et le Kenya (Banque mondiale, WDI, 2023). La région Moyen-Orient et Afrique du Nord (MENA), quant à elle, a vu sa VAM/hab. passer de 420 USD à 660 USD entre 1960 et 2022 soit une hausse de 57%. Cette progression modérée masque de fortes disparités : les pays du Golfe ont modernisé leur appareil productif autour de la pétrochimie, tandis que des pays comme le Maroc ou l'Égypte avancent graduellement dans la sophistication industrielle (Banque Mondiale, 2024).

La situation de l'Amérique latine est similaire à cette de la région MENA. Sur la période, la VAM/hab. est passée de 500 USD à 850 USD soit une hausse de 70%. Toutefois, certains auteurs comme Ocampo (2020) soulignent une progression très faible à partir des années 90 à cause de la forte dépendance aux matières premières et à l'instabilité macroéconomique.

Tableau 3 : Evolution de la Valeur ajoutée manufacturière par habitant selon les régions du monde sur la période 1960-2022 (dollars constants de 2015)

Année	G7	Europe hors pays du G7	Asie de l'Est	Asie du Sud	Amérique latine	ME…
1960	2 800	900	150	60	500	42…
1970	3 000	1 000	250	75	580	46…
1980	3 200	1 100	420	90	620	50…
1990	3 600	1 300	680	110	700	54…
2000	3 900	1 500	1 200	140	750	58…
2010	4 200	1 700	2 100	220	800	62…

***Source**: World Bank WDI 2023; UNIDO Industrial Statistics Year book 2023*

3. Évolution de la part de la valeur ajoutée manufacturière dans le PIB et dans l'Indice de diversification

3.1. Analyse de l'évolution de la part de la valeur ajouté manufacturière dans le PIB

Les données dans le graphique ci-dessous mettent en évidence la désindustrialisation relative de l'Afrique subsaharienne au cours des quatre dernières décennies. Après une période de relative expansion industrielle entre les années 1960 et la fin des années 1980 où la part de l'industrie manufacturière dans le produit intérieur brut (PIB) est passée de 8,5% à 12,9%, l'Afrique a amorcé un déclin. La période des années 90 jusqu'au début des années 2000 est celle pendant laquelle l'ASS a enregistré ses plus faibles performances ; elle coïncide avec l'instauration des programmes d'Ajustement Structurel (PAS) et la libéralisation économique qui reposaient sur l'idée selon laquelle seuls la concurrence et l'équilibre du marché peuvent assurer une croissance auto-entretenue et la solvabilité extérieure. La mise en œuvre des PAS a conduit à un affaiblissement des capacités productives locales résultant de la fermeture ou de la privatisation d'entreprises publiques industrielles, de la réduction des soutiens étatiques, et de la montée en puissance des importations à bas coût.

La reprise amorcée dans les années 2000 demeure fragile. Cette phase coïncide avec des politiques renouvelées de soutien à l'industrie, l'émergence des corridors économiques, la montée des partenariats public-privé et l'influence croissante de la Chine dans le financement d'infrastructures industrielles (AfDB, 2022 ; UNIDO, 2020). Depuis 2020, on observe de nouveau une tendance au déclin comme conséquence des répercussions de la Crise Covid et de l'émergence du protectionnisme dans les pays développés. Ce processus de désindustrialisation globale de l'Afrique est évoqué dans la littérature par les économistes comme Rodrik (2016) et Page (2020).

Figure 5 : Évolution de la part de la valeur ajoutée du secteur manufacturier dans le PIB en Afrique

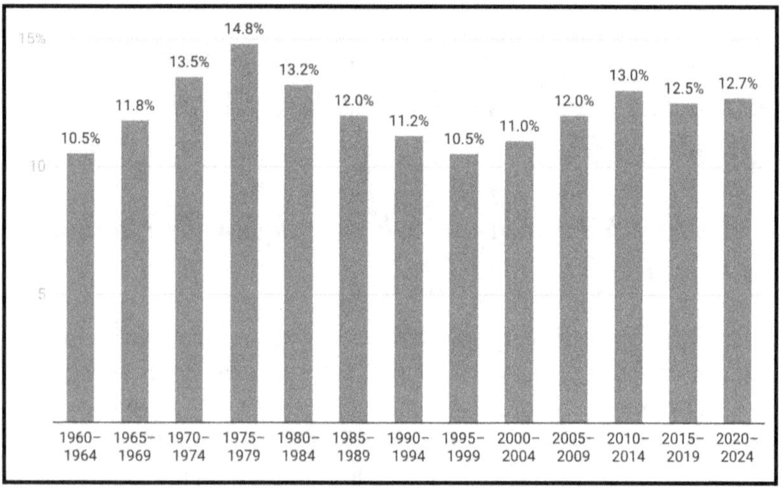

Source : Données Banque Mondiale (WDI, 2023) et UNCTAD stat (National Accounts Statistics, 2024).

3.2. Analyse de l'évolution de la VAM dans les CER

Les analys.es ci-après présentent l'évolution de VAM dans les différentes CER du continent africain sur la période 1960-2024.

✓ ***Union du Maghreb Arabe***

Cette CER qui regroupe le Maroc, l'Algérie, la Tunisie, la Libye et la Mauritanie présente une trajectoire assez constante de la VAM et la plus élevée du continent. La VAM y culmine entre 14,5% et 16,7 % du

PIB entre les années 1960 et 1980, portée par des politiques industrielles étatiques volontaristes, une infrastructure relativement avancée et des stratégies de substitution aux importations (UNIDO, 2023). Même si les réformes libérales des années 1990 ont modifié la structure productive, la région conserve un niveau élevé (10,8 %) à l'horizon 2024, en raison notamment des performances du Maroc (automobile, chimie) et de la Tunisie (textile, électronique). Cette stabilité s'explique aussi par un meilleur ancrage institutionnel et une coordination plus aboutie entre les politiques d'éducation, d'innovation et d'exportation (AfDB, 2022 ; Rodrik, 2008).

✓ ***Communauté de développement d'Afrique australe***

La SADC maintient une position intermédiaire solide, avec une VAM oscillant entre 11% et 14% du PIB de 1965 à 1985. L'Afrique du Sud, Maurice et, dans une moindre mesure, le Zimbabwe ont structuré une base industrielle significative dès la période coloniale. Bien que touchée par la libéralisation excessive des années 1990, la région parvient à conserver des niveaux proches de 9,9% en 2020–2024, grâce à des efforts récents d'industrialisation intégrée (corridors logistiques, intégration régionale, industrialisation verte). L'industrialisation est cependant inégalement répartie : la concentration du tissu manufacturier en Afrique du Sud crée des effets d'entraînement limités pour les pays périphériques (UNIDO, 2020 ; AfDB, 2022).

✓ ***Marché commun d'Afrique orientale et australe***

Le COMESA, en tant que grand ensemble économique, présente une dynamique plus modérée, mais relativement stable. Après une croissance progressive (10%-13% entre 1970 et 1985), la VAM chute fortement à 8,2% dans les années 2000, reflétant la désindustrialisation post-ajustement structurel. Néanmoins, une reprise est visible depuis 2010, avec 8,9% en 2020–2024, portée par des pays comme l'Égypte, l'Éthiopie et le Kenya, qui ont investi dans les zones économiques spéciales, la transformation agroalimentaire et les infrastructures industrielles (UNIDO, 2023 ; World Bank, 2024). Cette relance reste toutefois freinée par la faiblesse de l'intégration productive régionale.

✓ ***Communauté Économique des États de l'Afrique de l'Ouest***

La CEDEAO affiche une trajectoire préoccupante, avec un recul structurel de la VAM depuis les années 1980. Après un pic à près de 11% dans les années 1970, la part manufacturière retombe à 7,8% en 2020–2024. Malgré les efforts du Nigeria, du Ghana, du Sénégal et de la Côte d'Ivoire, le tissu productif reste dominé par l'informel, la dépendance aux importations manufacturières et une faible transformation locale. Les politiques industrielles nationales manquent souvent de coordination régionale, bien que des initiatives comme le Plan d'industrialisation de la CEDEAO aient été lancées (AfDB, 2022 ; CEA-ONU, 2021).

✓ ***Communauté économique des États de l'Afrique centrale***

La CEEAC présente une VAM historiquement faible et stagnante, variant entre 8,4 % (1960) et 8,2% (2020). Cette faible intensité industrielle s'explique par plusieurs facteurs : forte dépendance aux ressources naturelles (pétrole, minerais), absence de vision industrielle régionale commune, et instabilité politique chronique. Des pays comme le Cameroun et le Gabon ont des efforts isolés, mais les effets d'entraînement régionaux sont faibles. Le secteur manufacturier reste limité en valeur ajoutée et en complexité technologique (UNIDO, 2023 ; Mkandawire, 2001).

✓ ***Communauté d'Afrique de l'Est***

La CAE montre une évolution contrastée : elle part d'une base modeste dans les années 1960 (9 %), progresse dans les années 1970-1980 (jusqu'à 12,4 %) grâce à des entreprises d'État et des régimes protectionnistes, avant de chuter sous l'effet des politiques d'ajustement. Depuis les années 2010, la région montre des signes de relance industrielle, notamment en Éthiopie (industrie légère, textile), au Rwanda (produits pharmaceutiques, packaging) et au Kenya (transformation agroalimentaire). La VAM atteint 9,2 % en 2020–2024, grâce à une volonté de repositionnement productif, de développement de parcs industriels et de mobilisation des investissements (UNIDO, 2020 ; World Bank, 2024)

Tableau 4 : Évolution de la part de la Valeur ajoutée manufacturière (VAM) dans le PIB entre 1960 et 2024 selon les CER de l'Afrique (en %)

Période	CEMAC	CEDEAO	COMESA	CAE	SADC	UM
1960–1964	9,5	10,8	11,2	10,2	10,5	12
1965–1969	11,0	12,5	13,0	11,5	12,0	13,
1970–1974	13,2	14,5	15,0	13,0	14,0	15
1975–1979	14,5	15,8	16,2	14,2	15,5	16
1980–1984	13,0	14,2	14,5	13,5	13,8	15
1985–1989	11,5	12,8	13,0	12,2	12,5	13
1990–1994	10,2	11,5	11,8	11,0	11,0	12
1995–1999	9,8	10,5	11,0	10,5	10,2	11
2000–2004	10,5	11,2	11,5	11,0	11,0	12
2005–2009	11,8	12,5	12,8	12,2	12,2	13
[illegible]	[illegible]	[illegible]	[illegible]	[illegible]	[illegible]	[illegible]

Source : *Données UNIDO (2023), Banque mondiale–WDI (2024), AfDB (2022).*

3.3. Analyse de l'évolution de l'indice d'industrialisation

L'évolution de la part du secteur manufacturier dans le PIB confirme la désindustrialisation relative de l'Afrique depuis les années 1990. Ce déclin s'explique par les politiques d'ajustement structurel, la concurrence accrue des importations et le démantèlement d'entreprises publiques (Rodrik, 2016 ; Page, 2020).

La reprise des années 2000 repose sur l'émergence des politiques industrielles plus cohérentes, la mise en place des zones économiques spéciales et une montée des investissements d'origine chinoise dans les infrastructures industrielles (AfDB, 2022 ; UNIDO, 2020). Cependant, depuis 2020, un nouvel affaissement est observé, lié aux effets de la crise COVID-19 et au rétrécissement géopolitique des chaînes de valeur mondiales (UNCTAD, 2024). Cette tendance est préoccupante dans un contexte où les pays avancés adoptent des stratégies de relocalisation sélective et de sécurisation industrielle.

L'UMA se distingue par une résilience industrielle supérieure, avec des niveaux de VAM/PIB parmi les plus élevés d'Afrique, grâce à des politiques industrielles articulées, une base productive diversifiée et des stratégies d'intégration sélectives dans les chaînes de valeur mondiales (UNIDO, 2023 ; AfDB, 2022).

La SADC affiche des niveaux intermédiaires, mais stables, dominés par l'Afrique du Sud. Le COMESA connaît une reprise graduelle depuis 2010, soutenue par l'Égypte, l'Éthiopie et le Kenya (World Bank, 2024).

La CEDEAO reste confrontée à une faible transformation structurelle, malgré les efforts de certains pays. La CEMAC et la CEEAC demeurent les régions les moins industrialisées du continent, en raison de leur forte dépendance aux rentes naturelles et de la faiblesse des chaînes de valeur régionales (Mkandawire, 2001 ; UNIDO, 2023).

L'indice d'industrialisation en Afrique est passé de 0,526 en 2010 à 0,549 en 2021, soit une progression de 4,4% (AfDB, AU & UNIDO, 2022). Cette amélioration témoigne d'une montée progressive des capacités productives, mais elle reste insuffisante pour enclencher une transformation structurelle rapide. Les disparités régionales persistent : l'UMA et la SADC sont en tête, tandis que la CAE, la CEDEAO et la CEEAC demeurent en retard (UNIDO, 2020).

La mise en œuvre de la ZLECAf offre un potentiel d'accélération, notamment en matière d'intégration productive et de développement de chaînes de valeur régionales. Encore faut-il que les pays adoptent des politiques industrielles cohérentes, coordonnées et suffisamment financées (UNECA, 2022).

Tableau 5 : Évolution de l'indice d'industrialisation en Afrique entre 2010 et 2021 selon les CER

Année	CAE	CEEAC	COMESA	CEDEAO	SADC	U
2010	0,4623	0,4897	0,4964	0,4712	0,5531	0,
2011	0,4641	0,4915	0,4982	0,4731	0,5552	0,
2012	0,4659	0,4933	0,5	0,475	0,5574	0,
2013	0,4677	0,4951	0,5018	0,4769	0,5596	0
2014	0,4695	0,4969	0,5036	0,4788	0,5618	0,
2015	0,4713	0,4987	0,5054	0,4807	0,564	0,
2016	0,4731	0,5005	0,5072	0,4826	0,5662	0,
2017	0,4749	0,5023	0,509	0,4845	0,5684	0,
2018	0,4767	0,5041	0,5108	0,4864	0,5706	0,
2019	0,4785	0,5059	0,5126	0,4883	0,5728	0,

Source *: Données BAD, UA & UNIDO (2022)*

III. Contraintes et défis de l'industrialisation de l'Afrique et dynamiques vers l'adoption des politiques d'industrialisation

L'industrialisation de l'Afrique demeure un impératif stratégique pour assurer une transformation structurelle capable de réduire la dépendance aux importations, créer des emplois décents et renforcer la résilience économique. Pourtant, cet objectif se heurte à une conjoncture de plus en plus hostile. La convergence des contraintes internes, des reconfigurations géoéconomiques mondiales, et des dérèglements sécuritaires régionaux impose une refonte profonde des stratégies industrielles africaines.

Dans un monde caractérisé par la segmentation des chaînes de valeur, le durcissement des politiques protectionnistes, la montée des rivalités technologiques et l'insécurité transfrontalière croissante, les conditions d'une industrialisation autonome, inclusive et stable deviennent de plus en plus exigeantes. Loin d'un simple retard, il s'agit d'une triple vulnérabilité économique, géopolitique et sécuritaire qui freine les ambitions industrielles du continent (Rodrik, 2018 ; UNECA, 2022 ; CSNU, 2025).

1. Contraintes internes : inerties structurelles, fragilités productives et insécurité locale

1.1. Gouvernance économique vulnérable et faible capacité stratégique des États

Pour la réussite des politiques industrielles un État doit être capable de planifier sur le long terme, de réguler efficacement les marchés, de coordonner les acteurs publics et privés pour la réalisation des investissements structurants et transformateurs. Ces fonctions stratégiques exigent une stabilité institutionnelle, une vision de développement cohérente, ainsi qu'une ingénierie administrative et technocratique robuste. Acemoglu et Robinson (2012), Mkandawire (2001) et Rodrik (2008), dont le constant selon lequel dans de nombreux pays africains, les capacités structurantes sont entravées par des tendances lourdes en matière de gouvernance notamment les instabilités politiques, la faible coordination des appareils décisionnels, une redevabilité médiocre et un environnement réglementaire incertain et changeant.

Ces vulnérabilités institutionnelles sont plus marquées dans les territoires en proie à une insécurité chronique comme le Sahel, l'est de la RDC, le nord du Mozambique ou le bassin du Lac Tchad. Dans ces localités, l'État peine à affirmer sa présence, ce qui rend difficile l'exercice de ses fonctions régaliennes de service public et de catalyseur du développement économique. Dans ces contextes, l'autorité économique de l'État est mise en échec, les infrastructures socioéconomiques parfois détruites et les investisseurs se retirent, et la planification industrielle devient impraticable (ISS Africa, 2022 ; World Bank, 2023). L'absence de sécurité juridique et physique dans ces zones ne permet pas la réalisation des projets et la mise en place d'écosystèmes productifs stables.

Ainsi, la fragilité des institutions et la conflictualité territoriale forment un double verrou structurel à l'industrialisation. Leur levée suppose non seulement des réformes de gouvernance en profondeur, mais aussi l'intégration d'approches territorialisées de sécurisation économique, articulant harmonieusement le développement, la cohésion sociale entre les différentes couches de la population et la stabilisation politique (UNDP, 2023 ; AU Peace & Security Council, 2022). La montée en puissance d'un État développeur africain adapté aux contextes fragiles est ainsi un impératif stratégique.

1.2. Insécurité, instabilité régionale et fragilisation des zones industrielles

L'émergence des zones grises hors du contrôle de l'État (Nord Mali, Est RDC, Nord-Est Nigeria, Nord Cameroun) compromet lourdement les efforts d'industrialisation. Les corridors logistiques sont exposés aux attaques, les zones économiques spéciales sont sous-utilisées faute de sécurité, et les investissements privés se détournent des zones à risque. Selon le Conseil de sécurité des Nations-Unies (CSNU, 2025), la prolifération des groupes armés, l'économie de guerre et les trafics transfrontaliers désorganisent les chaînes de valeur locales et accélèrent la désindustrialisation périphérique.

Tableau 6 : Zones critiques d'instabilité en Afrique–Impacts sur l'industrialisation (2000-2024)

Zone géographique	Principaux Pays concernés	Nature des violences/ menaces	Impacts sur l'industrialisati
Sahel central	Mali, Burkina Faso, Niger	Insurrections djihadistes, conflits communautaires, coups d'Etat	Désorganisation des corridors logistiques, fuite des investisse paralysie des ZES émergentes
Lac Tchad	Nigeria, Cameroun, Tchad	Boko Haram, déplacements forcés, tensions frontalières	Blocage des chaînes de valeur agro-industrielles, insécurité portuaire (Garoua, Douala)
Est de la RDC	RDC (Kivu, Ituri)	Groupes armés, violences interethniques	Risques sur les filières minière (cobalt, or, terres rares), faible attractivité des investissements industriels
Corne de l'Afrique	Soudan, Ethiopie, Somalie	Guerres civiles, tensions ethniques, militarisation	Rupture des chaînes textiles/logistiques (Addis–Djibouti), instabilité des hubs industriels
Mozambique nord	Mozambique (Cabo Delgado)	Insurrection islamiste, enjeux gaziers	Retard des projets gaziers, désengagement des opérateurs industriels, insécurité des ZES

***Source** : Compilation des auteurs à partir de la revue de la littérature*

1.3. Déficit d'infrastructures et vulnérabilité des actifs stratégiques

Le secteur des infrastructures industrielles (routes, ports, zones économiques spéciales ou des réseaux énergétiques) en Afrique souffre d'un sous-investissement chronique et il est particulièrement vulnérable aux menaces sécuritaires dans de nombreuses régions fragiles du continent. Ces infrastructures stratégiques sont fréquemment exposées à des actes de sabotage, des prélèvements illégaux de rente (racket), de l'insécurité routière ou de la prise de contrôle partielle par des groupes armés non étatiques (ACLED, 2023 ; ISS Africa, 2022 ; World Bank, 2023).

Cette insécurité sur la logistique accroît de manière significative les coûts de transaction, de transport et d'assurance, rendant les chaînes de valeur industrielles peu compétitives et dissuadant les investisseurs de s'implanter dans des zones à fort potentiel, mais éloignées des centres urbains sécurisés. D'après le rapport du PUND (UNDP, 2023) et celui de la Commission des Nations-Unies pour l'Afrique (ECA, 2022), en l'absence de corridors protégés et d'infrastructures résilientes, le risque opérationnel devient trop élevé, voire non assurable, limitant ainsi les perspectives de développement productif inclusif dans les localités les plus exposées à la violence. Cette situation renforce la nécessité d'intégrer les questions de sécurité physique et institutionnelle dans la planification régionale, à travers des mécanismes mixtes État–sécurité–entreprises (Rodrik, 2022 ; AU Peace and Security Council, 2023).

Figure6 : Indice de développement des infrastructures en Afrique en 2024

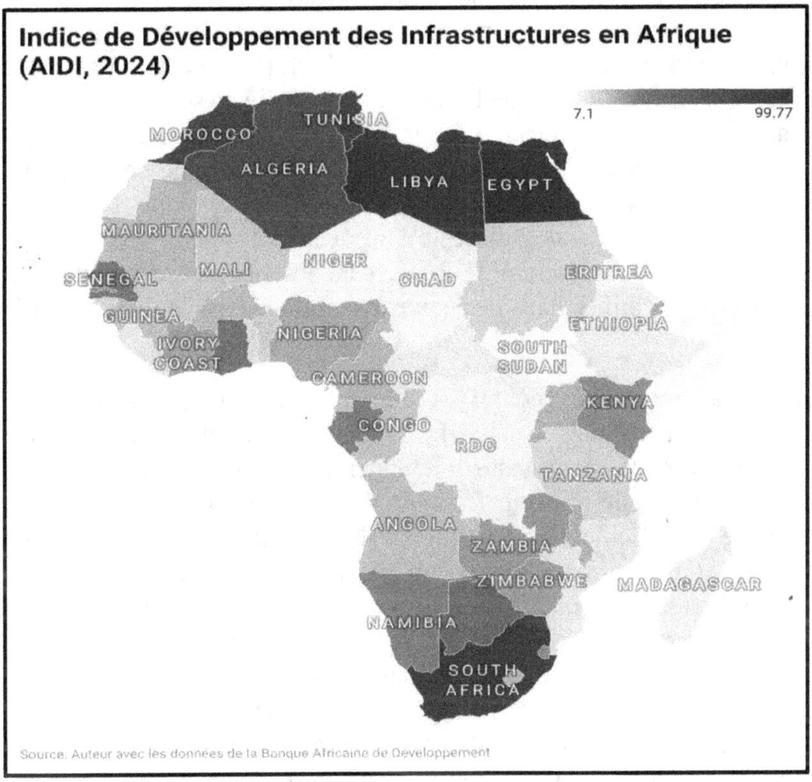

***Source** : Auteurs avec les données de Banque Africaine de Développement (AIDI, 2024)*

1.4. Déficit de capital humain et déplacement des compétences

La réussite d'une politique d'industrialisation par substitution aux importations (ISI) en Afrique repose sur la mobilisation d'un capital humain qualifié, capable de soutenir le développement d'un appareil productif national, de maîtriser les technologies industrielles et de piloter la transformation des ressources locales. Or, dans plusieurs pays africains, cette condition fondamentale est mise à mal par un double déficit structurel : la désorganisation des systèmes éducatifs due à l'insécurité chronique et à la fuite continue des compétences vers l'étranger.

Dans les zones affectées par les conflits armés, les violences extrémistes ou les crises politiques prolongées, on observe un déplacement massif des populations qui entraîne la fermeture des établissements scolaires et des centres de formation technique. Ce phénomène isole durablement des milliers de jeunes des circuits de formation professionnelle, réduisant leurs perspectives d'emploi dans les secteurs productifs (UNESCO, 2022). Le Programme des Nations-Unies pour le développement (PNUD, 2023) souligne que cette déscolarisation massive alimente un cercle vicieux d'exclusion économique et de vulnérabilité, renforçant les risques de recrutement par des groupes armés dans des contextes marqués par la pauvreté et le désespoir.

Simultanément, ces contextes de fragilité institutionnelle et de manque d'opportunités locales favorisent la fuite des cerveaux. De nombreux diplômés africains en ingénierie, en agro-industrie, en gestion industrielle ou en technologies partent à l'étranger à la recherche de meilleures conditions de travail, de sécurité et de valorisation professionnelle. Ce phénomène, bien documenté par la Banque mondiale (World Bank, 2021) et l'Organisation internationale pour les migrations (IOM, 2022), constitue une perte nette pour les capacités nationales de transformation structurelle. L'exode des compétences prive les États d'ingénieurs, des techniciens spécialisés, des chercheurs et des formateurs — autant de profils stratégiques nécessaires pour concevoir, mettre en œuvre et adapter des politiques industrielles fondées sur la substitution aux importations.

Dans ces conditions, de nombreux pays africains se trouvent contraints de recourir à une expertise étrangère coûteuse et souvent déconnectée des réalités locales, ce qui va à l'encontre des principes d'autonomie économique et de souveraineté technologique qui sous-tendent les approches ISI. Par ailleurs, l'absence de personnel qualifié dans les zones rurales ou périphériques freine la création des chaînes de valeur territorialisées, pourtant essentielles à une industrialisation inclusive et à la valorisation des ressources locales (AfDB, 2020).

Ainsi, le déficit de capital humain et la fuite des compétences constituent des entraves majeures à la réussite des politiques d'ISI. Il ne s'agit pas seulement d'un problème de quantité de main-d'œuvre, mais d'un véritable handicap structurel dans le rattrapage du déficit technologique, la maîtrise des outils productifs, et la capacité à adapter les modèles industriels aux contextes locaux. Sans une stratégie volontariste de stabilisation sécuritaire, de renforcement de la formation technique, et de rétention des talents, l'Afrique risque de reproduire une industrialisation dépendante, sans base endogène solide.

1.5. Détournement des ressources budgétaires et corruption

Le rapport de la BAD (AfDB 2020) et celui de la CEA (ECA, 2021) indexent le détournement des ressources budgétaires comme l'un des obstacles majeurs à l'efficacité des politiques d'industrialisation par substitution aux importations en Afrique. Cette pratique oriente parfois les ressources vers des secteurs peu stratégiques ou des préoccupations politiques et compromet de ce fait, la capacité des États à financer les infrastructures essentielles, offrir des incitations industrielles et soutenir la formation technique. Elle sape aussi la confiance des investisseurs et des partenaires au développement dans la gestion publique.

Dans de nombreux pays africains, les fonds initialement alloués aux secteurs productifs, à la recherche-développement ou à la formation industrielle sont partiellement ou souvent détournés à des fins privées ou clientélistes. Ce phénomène est parfois aggravé par la faiblesse des institutions de contrôle, l'impunité des élites administratives et la politisation des dépenses publiques. En effet, dans son rapport de 2023, le PNUD souligne que la corruption dans le secteur public réduit significativement l'efficacité de l'investissement public, en particulier dans les domaines cruciaux pour l'industrialisation tels que l'énergie, le transport, les télécommunications, l'équipement industriel et l'éducation technique (PNUD, 2023). De son côté, la Banque mondiale estime que, dans certains contextes de faible gouvernance, jusqu'à 30% des budgets d'investissement peuvent être captés par des pratiques frauduleuses, faussant ainsi les coûts réels des projets et limitant leur impact (Banque mondiale, 2021).

Le détournement des ressources contribue ainsi à l'érosion de l'espace budgétaire, à la hausse de l'endettement improductif et à la démobilisation des acteurs industriels locaux. Il empêche les États de jouer pleinement leur rôle d'« État développeur » capable de piloter une stratégie industrielle ambitieuse et coordonnée (ECA, 2021). En l'absence de mécanismes robustes de redevabilité et de surveillance budgétaire, les politiques d'ISI risquent de se limiter à des effets d'annonce, sans impact concret sur le terrain.

Plus fondamentalement, le détournement des fonds publics altère le contrat social entre l'État et les citoyens, alimentant une défiance généralisée à l'égard des politiques industrielles, perçues comme des opportunités de prédation plutôt que comme des leviers de transformation. Cela nuit à la légitimité et la crédibilité des stratégies d'ISI qui nécessitent au contraire un fort consensus national, une discipline financière et une planification à long terme (PNUD, 2023 ; Banque mondiale, 2021).

2. Contraintes externes : défis géoéconomiques

Dans un contexte caractérisé par le repli des alliances géopolitiques, la recomposition des systèmes productifs transnationaux et l'aggravation des fractures technologiques, les perspectives de mise en œuvre des stratégies d'ISI en Afrique se trouvent fortement contraintes par des dynamiques externes défavorables. Ces évolutions limitent la capacité des États à déployer des politiques industrielles autonomes, en particulier dans les environnements institutionnels fragiles ou périphériques. Ces transformations géoéconomiques tendent à restreindre les marges de manœuvre des États africains et à complexifier la mise en œuvre des politiques industrielles autonomes, notamment dans les environnements institutionnels fragiles ou en position périphérique au sein des systèmes productifs globaux.

2.1. Retournement du multilatéralisme et montée du protectionnisme sélectif

Après des décennies d'ouverture forcée au commerce mondial, l'Afrique se trouve confrontée à un repli stratégique, des économies avancées, marqué par le durcissement des conditions d'accès aux marchés. La multiplication des normes techniques, des quotas environnementaux, des régulations sur la durabilité et des taxes carbone aux frontières, comme le mécanisme d'ajustement carbone de l'Union européenne (CBAM), restreint les débouchés pour les industries africaines émergentes. De plus, la réduction progressive des préférences commerciales unilatérales (telles que l'AGOA ou l'initiative "*Tout sauf les armes*") affaiblit la compétitivité des produits manufacturés africains sur les marchés occidentaux. Selon Subramanian et Kessler (2024), ce retournement du multilatéralisme compromet la possibilité pour les pays africains de s'insérer de manière équitable dans les flux industriels mondiaux, en accentuant leur marginalisation commerciale.

2.2. Déconnexion périphérique dans la réorganisation des chaînes de valeur

La pandémie de COVID-19, suivie par l'intensification des tensions géopolitiques, a profondément modifié les dynamiques d'organisation des chaînes de valeur mondiales, en favorisant l'émergence des stratégies de relocalisation sélective. Celles-ci s'articulent notamment autour du *nearshoring* visant à rapprocher les sites de production des marchés de consommation et du *friendshoring*, qui privilégie des partenaires commerciaux jugés politiquement stables et stratégiquement fiables. Ces évolutions traduisent une volonté croissante des États et des entreprises de sécuriser leurs approvisionnements face à un environnement international devenu plus incertain et polarisé. L'Afrique, bien que dotée d'un important potentiel productif, est souvent perçue comme une région instable, présentant de grands risques politiques. Baldwin (2022) souligne que les régions africaines ne sont que marginalement intégrées dans les nouvelles géographies industrielles globales, en raison d'un déficit

De connectivité logistique, de gouvernance et de sécurité. Les zones de conflit ou à faible gouvernabilité sont ainsi systématiquement écartées des stratégies de réorganisation industrielle mondiale.

2.3. Techno-dépendance et polarisation numérique

L'accès aux technologies industrielles avancées (automatisation, robotique, fabrication additive, intelligence artificielle, semi-conducteurs, etc.) demeure fortement asymétrique. Alors que ces technologies sont désormais centrales dans les modèles de production compétitifs, les pays africains en sont largement exclus, à la fois pour des raisons économiques, sécuritaires et géopolitiques. Hurrell (2021) met en lumière la montée d'une polarisation technologique mondiale, entre sphères occidentale, chinoise et russe, qui contraint les pays du Sud à choisir leurs partenaires technologiques sous contrainte politique ou géopolitique, souvent au détriment d'une stratégie d'autonomie numérique. Cette dépendance technologique limite la capacité des pays africains à construire des industries innovantes, adaptables et résilientes, fondées sur une base endogène de savoir-faire

2.4. Conditionnalités géopolitiques et fragmentation de l'aide

Les flux d'investissements directs étrangers (IDE), d'aide publique au développement (APD) et de crédits concessionnels sont de plus en plus orientés par des logiques géopolitiques et stratégiques. Les pays considérés comme instables, non-alignés, à pouvoir politique contesté voient leur accès aux financements internationaux restreint, au moment même où ils ont besoin d'investissements longs et stables dans leurs infrastructures structurantes. Selon l'OCDE (2023), le fractionnement actuel des flux financiers nuit à la cohérence des efforts de développement industriel, avec un recul net des financements non conditionnés et une montée en puissance des financements liés à des objectifs stratégiques exogènes qui vont généralement à l'encontre du bien-être des peuples.

2.5. Concurrence déloyale et vulnérabilité accrue des industries locales

L'ouverture rapide et souvent non maîtrisée des marchés africains suite aux réformes des programmes d'ajustement structurel a exposé les industries locales à une concurrence asymétrique venant des pays à forte capacité financière et technologique. Dans les secteurs manufacturiers comme le textile, l'agroalimentaire ou les équipements électro-ménagers, cette concurrence prend parfois la forme de dumping commercial, social et culturel, qui pénalise lourdement les jeunes industries africaines. Baldwin (2022) souligne que, dans les pays où les mécanismes de protection sont faibles ou inexistants, les filières locales peinent à survivre. En effet, la quasi-totalité des opérateurs de ces filières sont dans le secteur informel, ont un faible accès aux financements et reposent sur des dynamiques de résilience familiales, associatives ou communautaires. Cette concurrence déloyale alimente une désindustrialisation silencieuse et une déstructuration des économies africaines qui deviennent des grands comptoirs de consommation des produits importés.

3. Dynamique d'adoption des stratégies d'industrialisation

Après avoir présenté les différentes contraintes et défis auxquels les pays africains sont confrontés dans la marche vers leur industrialisation, cette section se conclut par cette sous-section qui présente la réponse de ces pays en ce qui concerne l'adoption des stratégies d'industrialisation et d'orientations stratégiques en la matière dans les CER.

3.1. Adoption des stratégies d'industrialisation

Les données UNIDO (2024) indiquent que le nombre de pays en développement disposant d'une stratégie industrielle formalisée n'a cessé de croître depuis les années 1990, traduisant un retour en force de la planification industrielle, dans un contexte de critiques croissantes du consensus néolibéral. Cette tendance s'est accélérée depuis la pandémie de COVID-19, qui a mis en lumière la dépendance excessive de nombreux pays aux importations des produits stratégiques (équipements médicaux, produits alimentaires, intrants industriels). En 2024, selon les estimations de l'UNIDO, 41 pays africains ont adopté ou actualisé une stratégie industrielle explicite, souvent orientée vers des secteurs à haute valeur ajoutée ou vers la sécurisation des chaînes de valeur locales.

3.2. Typologie des politiques industrielles mises en œuvre dans les CER

Le tableau ci-dessous met en lumière une diversité de trajectoires industrielles selon les Communautés économiques régionales en Afrique, tout en montrant une convergence progressive des instruments utilisés, tels que les zones économiques spéciales (ZES), les incitations fiscales, les partenariats public-privé (PPP) et les programmes sectoriels ciblés.

Dans une lecture régionale, on relève la diversité des approches. En effet, la CEMAC mise sur une ISI centrée sur les ressources naturelles (pétrole, bois, minerais) et les ZES, avec des résultats encore limités sur la diversification. La CEDEAO, quant à elle, cherche à promouvoir la transformation locale dans l'agro-industrie par des politiques fiscales et des partenariats comme celui qui a été conclu entre le groupe OCP du Maroc et le Nigéria, visant à sécuriser l'approvisionnement alimentaire.

La SADC développe des chaînes de valeur régionales autour du lithium, du cobalt et de l'énergie, à travers une stratégie commune adoptée en 2015. L'EAC, via sa politique industrielle régionale (EACIP 2012–2032), soutient des secteurs stratégiques (textile, cuir, pharmacie), en facilitant les IDE et les exportations manufacturières (EAC, 2012). S'agissant de l'UMA, elle demeure faiblement intégrée, mais certains États membres, notamment le Maroc et la Tunisie, affichent des résultats significatifs en matière de sophistication industrielle, grâce à des ZES performantes et une politique d'intégration dans les chaînes mondiales de valeur (AfDB, 2019).

On note aussi une faible cohérence régionale dans les chaînes de valeur. La mise en œuvre des instruments industriels reste principalement confinée au niveau des pays, avec une faible coordination régionale. Les rapports respectifs de l'ECA (2022) et l'UNECA (2021) soulignent une faible avancée dans les projets des chaînes de valeur régionales intégrées dans la SADC (filière batteries) et la CEDEAO (engrais, agroalimentaire) faute d'une harmonisation réglementaire, d'infrastructures connectées et de vision politique commune des pays.

4. Pratiques émergentes en matière de relocalisation industrielle en Afrique

Depuis la pandémie de COVID-19 et l'accentuation des perturbations géopolitiques mondiales, la souveraineté productive s'est imposée comme un enjeu stratégique majeur dans les politiques industrielles des pays d'Afrique. La crise sanitaire a mis en lumière la dépendance structurelle du continent aux importations dans des secteurs critiques comme ceux des produits pharmaceutiques, des biens agroalimentaires transformés et intrants industriels, exacerbant la vulnérabilité des économies africaines face aux chocs exogènes (Banque Mondiale, 2022 ; AfDB, 2022). Cette situation a ravivé le débat sur la nécessité d'une véritable transformation structurelle, condition *sine qua non* pour créer des emplois productifs et sortir durablement de la pauvreté (Banque Mondiale, 2022 ; Cairn. info, 2018).

En réponse, plusieurs États africains ont engagé une dynamique de relocalisation industrielle ciblée, non dans une logique d'autarcie, mais pour renforcer l'autonomie productive tout en s'insérant dans les chaînes de valeur régionales et mondiales. Cette stratégie s'appuie sur trois tendances majeures.

Premièrement, la montée en puissance des zones économiques spéciales (ZES) à vocation régionale, telles que la Lekki Free Zone au Nigeria ou le Hawassa Industrial Park en Éthiopie, vise à attirer les investissements directs étrangers tout en développant des filières locales dans le textile, l'agro-industrie ou l'assemblage léger (Abreha, Kebede & Shimeles, 2022 ; Banque mondiale, 2022). Ces ZES, en s'intégrant progressivement à la Zone de libre-échange continentale africaine (ZLECAf), facilitent la spécialisation sectorielle, la mutualisation des infrastructures, l'accroissement quantitatif et qualitatif des productions (AfDB, 2022).

Deuxièmement, des avancées en ce qui concerne l'industrialisation verte et circulaire. Elles se traduisent par des initiatives pilotes dans la transformation agroalimentaire et la gestion des déchets, comme la Kigali Green Special Economic Zone au Rwanda ou le programme Ghana Recycling Initiative by Private Enterprises (GRIPE) (UNIDO, 2023). Cette orientation répond à la double exigence de durabilité environnementale et de création d'emplois locaux, tout en favorisant l'innovation dans les modèles productifs (AfDB, 2022).

Un troisième axe concerne l'essor de partenariats public-privé destinés à relocaliser des segments industriels stratégiques. Ces initiatives incluent la production de médicaments génériques au Sénégal et l'assemblage électronique au Kenya. Elles reposent sur des financements mixtes et des transferts technologiques essentiels pour combler les déficits de compétences et d'infrastructures (Tsambou & Kamga, 2021 ; Seneplus, 2024). La mobilisation du capital humain, via la formation technique et professionnelle, apparaît comme un levier incontournable pour réussir cette transformation (Seneplus, 2024 ; Banque mondiale, 2022).

Ces projets traduisent une volonté croissante de bâtir une souveraineté productive endogène, fondée sur la valorisation des ressources locales, des bases technologiques solides et l'intégration régionale, conformément aux ambitions de la ZLECAf (AfDB, 2022).

Toutefois, leur succès dépendra du renforcement des institutions industrielles, de la mobilisation des financements patient à long terme, et de la capacité à former une main-d'œuvre qualifiée adaptée aux exigences d'un tissu productif modernisé (Banque mondiale, 2022 ; Cairn. info, 2018 ; Seneplus, 2024). L'industrialisation accélérée de l'Afrique subsaharienne apparaît ainsi non seulement possible, mais indispensable pour répondre à l'urgence démographique et éviter le risque de chaos humanitaire évoqué par plusieurs institutions internationales (AfDB, 2022).

Depuis 2020, les projets industriels en Afrique connaissent une nette accélération, portée par des politiques de souveraineté productive, les préoccupations sanitaires mondiales, et la reconfiguration des chaînes de valeur internationales. Des pays comme le Nigeria, l'Éthiopie et le Rwanda se positionnent comme des hubs de relocalisation ciblée, notamment dans les secteurs pharmaceutique, textile, agroalimentaire et de l'électronique légère. Les investissements, bien que concentrés, reflètent un intérêt croissant des partenaires étrangers tels que l'Inde, la Chine et l'Union européenne, qui misent sur le développement des capacités industrielles régionales, en particulier au sein des zones économiques spéciales (ZES) comme Lekki, Hawassa ou Kigali.

Cependant, cette dynamique demeure concentrée dans un nombre restreint de pays, laissant une grande partie de l'Afrique subsaharienne encore en marge de ces nouvelles trajectoires industrielles.

IV. Principes directeurs du modèle africain d'industrialisation par substitution aux importations

Face aux défis majeurs auxquels l'Afrique est confrontée, notamment les ruptures d'approvisionnement, l'intensification des tensions géopolitiques, la montée des replis protectionnistes dans les pays développés, les risques sécuritaires liés aux conflits et l'instabilité politique, la nécessité de repenser la stratégie industrielle du continent s'impose avec force. Comme l'ont souligné Mkandawire (2020) et Amsden (2001), le modèle classique d'ISI, largement expérimenté au XXe siècle, doit désormais être réadapté aux nouvelles dynamiques de la mondialisation, en intégrant la complexité des chaînes d'approvisionnement, la volatilité accrue des marchés et une compétition internationale profondément reconfigurée.

Dans ce contexte, le modèle africain d'ISI rénové est inspiré du modèle d'Etat développeur des pays d'Asie de l'Est et des leçons tirées des expériences des pays de l'Amérique Latine et de l'Afrique. Il repose sur six principes directeurs : la souveraineté productive ; le protectionnisme intelligent et stratégique ; l'intégration industrielle régionale ; le financement souverain ; l'État stratège et visionnaire ; et, la valorisation des valeurs culturelles et des savoirs endogènes. L'opérationnalisation du modèle africain d'ISI exige une gouvernance transformationnelle portée par une volonté politique affirmée, une administration compétente ainsi que par des femmes et des hommes imprégnés des valeurs patriotiques.

1. Principe 1 : souveraineté productive

1.1. Environnement international marqué par les ruptures et l'instabilité

Dans un contexte marqué par des ruptures d'approvisionnement, une montée des tensions géopolitiques et une redéfinition des dynamiques productives mondiales, l'Afrique est confrontée à la nécessité de repenser ses trajectoires industrielles en les orientant vers une logique de souveraineté productive. Celle-ci se définit comme la capacité d'un État ou d'un espace régional à assurer, par des moyens endogènes, la production des biens essentiels à sa stabilité économique, sociale et politique. Cette orientation stratégique s'impose avec d'autant plus d'acuité que les chocs exogènes récents, notamment le conflit russo-ukrainien, ont mis en lumière la vulnérabilité systémique du continent face aux interdépendances asymétriques qui structurent les échanges mondiaux.

La souveraineté productive implique le développement ciblé des capacités industrielles dans les secteurs critiques, notamment l'agriculture, la santé, l'énergie, les intrants industriels et les technologies numériques. En effet, la pandémie de COVID-19 a mis en lumière plusieurs fragilités ; par exemple elle a permis de constater que près de 95% des médicaments consommés en Afrique sont importés

(OMS, 2021). Par ailleurs, les répercussions de la guerre en Ukraine ont fortement perturbé l'approvisionnement en céréales, engrais et carburants dans plusieurs pays africains, aggravant la précarité alimentaire de nombreux pays africains (FAO, 2022).

1.2. Structuration des capacités industrielles de l'Afrique dans les secteurs critiques

Une politique d'ISI rénovée ne peut se limiter à remplacer des biens importés par des produits locaux à faible valeur ajoutée. Elle doit viser à capter de manière stratégique des segments clés des chaînes de valeur mondiales, en tenant compte des ressources, des compétences techniques et des dynamiques régionales propres au continent. Comme l'ont souligné Mkandawire (2001) et Rodrik (2018), il s'agit d'adopter une logique d'industrialisation résiliente, rompant avec les approches extractivistes héritées de l'ère coloniale et les stratégies d'ouverture commerciale non maîtrisée des décennies passées.

Cette orientation s'inscrit d'ailleurs dans une tendance mondiale plus rare. Plusieurs économies avancées ont amorcé une révision profonde de leurs doctrines industrielles. Dans la logique d'un retour assumé à des politiques protectionnistes, les États-Unis, à travers l'Inflation Reduction Act (IRA) signé en 2022, ou encore l'Union européenne, avec ses plans de relocalisation industrielle stratégique face aux tensions sino-américaines ciblées.

1.3. Protectionnisme stratégique au service d'une autonomie progressive

Dès lors, l'Afrique ne doit pas hésiter à revendiquer un droit au protectionnisme stratégique, au service d'un modèle de développement autocentré orienté vers la transformation structurelle. Cette position s'inscrit dans la lignée des réflexions critiques des chercheurs comme Samir Amin (2006) et Ha-Joon Chang (2002), qui ont démontré que les pays industrialisés eux-mêmes se sont appuyés sur des politiques protectionnistes durant leur phase d'industrialisation.

1.4. Leviers d'actions

Concrètement, la souveraineté productive appelle à : (i) sécuriser les intrants essentiels à l'appareil productif (semences, principes actifs, composants industriels) ; (ii) renforcer l'ingénierie locale et les capacités d'innovation technique ; et, mettre en place des infrastructures industrielles résilientes, à travers des zones économiques spéciales, des hubs logistiques régionaux, et des investissements massifs dans les énergies renouvelables. Comme outils stratégiques, il faudra élaborer des plans industriels nationaux intégrés arrimés aux priorités de la ZLECAf et des politiques de contenu local encadrées (comme au Nigeria ou au Ghana) dans les secteurs extractifs et agro-industriels. De plus, il faut créer un observatoire africain de la souveraineté productive, piloté par la CEA ou l'Union africaine, chargé du suivi des vulnérabilités industrielles. En outre, Chang (2002) et Rodrik (2018) évoquent la nécessité de mettre en place une plateforme numérique continentale des données industrielles (capacités, besoins, flux, intrants critiques).

Ces orientations stratégiques devraient permettre à l'Afrique de passer d'une dépendance importatrice chronique à une autonomie industrielle maîtrisée, en particulier dans les biens critiques, fondement d'un développement économique souverain et durable.

2. Principe 2 : protectionnisme stratégique

Dans un monde marqué par une montée des tensions commerciales, le retour des politiques industrielles nationales et les fragilités révélées des chaînes d'approvisionnement mondialisées, l'Afrique n peut plus se contenter d'une ouverture commerciale désordonnée. Elle doit assumer un protectionnisme intelligent, défini comme un ensemble de mesures sélectives, programmées dans le temps, visant à soutenir la montée en compétitivité des industries stratégiques locales.

2.1. Limites du libre-échange

L'ouverture commerciale recommandée par les institutions de Bretton Woods dans les années 1980–1990, dans le cadre des programmes d'ajustement structurel, a abouti à une désindustrialisation précoce en Afrique. De nombreuses industries publiques et parapubliques ont été démantelées sans consolidation de filières de remplacement, aggravant la dépendance aux importations et le chômage urbain (Mkandawire & Soludo, 1999). Dans le même courant de pensée, Rodrik (2004) souligne que les pays qui ont réussi leur transformation industrielle (Asie de l'Est notamment) ont adopté des politiques d'ouverture graduelle, sélective et prudente, en combinant protection temporaire, incitations à l'investissement productif, et discipline de performance.

2.2. Caractéristiques du protectionnisme intelligent

Le protectionnisme intelligent, stratégique et temporaire est en cohérence avec les trajectoires historiques des pays aujourd'hui industrialisés. Il ne s'agit pas d'un repli autarcique, mais d'une stratégie économique délibérée visant à créer un espace d'apprentissage industriel et à soutenir les secteurs naissants jusqu'à leur maturité compétitive. Cette option trouve son fondement dans la théorie des industries naissantes développée par plusieurs auteurs, notamment List (1841), Amsden (2001), Rodrick (2008). Elle soutient l'idée selon laquelle l'État doit offrir un espace d'apprentissage aux entreprises locales avant de les exposer à la compétition internationale.

Une analyse croisée des travaux de ces auteurs permet de mettre en évidence trois piliers essentiels du protectionnisme intelligent :

- ✓ **La sélectivité** : cibler des secteurs ayant un fort potentiel de substitution aux importations, de création d'emplois et de génération de valeur ajoutée locale (par exemple, agro-industrie, pharmacie, textile, matériaux de construction, énergies renouvelables) ;
- ✓ **La temporalité encadrée** : fixer une durée précise pour les mesures de protection (généralement 5 à 10 ans), en lien avec des indicateurs de performance (part de marché domestique, niveau de productivité, capacité à exporter). Ces mesures incluent : des droits de douane différenciés sur les produits importés concurrents, l'utilisation du levier de la commande publique en imposant des clauses de contenu local dans les marchés publics ; des quotas ou des interdictions ciblées sur des importations massivement substituables, ainsi que des normes techniques et sanitaires ;

- ✓ **La discipline de performance** : conditionner la protection à des engagements clairs des entreprises bénéficiaires en matière d'investissement, d'innovation, de qualité et de compétitivité. Ce pilier du protectionnisme intelligent a joué un rôle central dans les politiques industrielles japonaises et coréennes décrites par Johnson (1982) et Wade (1990). La mise en œuvre exige des mécanismes d'évaluation indépendants et une coordination intersectorielle efficace. De plus, il faut aussi des mesures de soutien actif à l'investissement, à la formation et à l'innovation dans les filières protégées tout en mettant en place des mécanismes pour éviter les effets de rente.

2.3. Quelques exemples de réussite de mise en œuvre des mesures protectionnistes

L'île Maurice constitue un exemple emblématique de mise en œuvre réussie d'un protectionnisme intelligent fondé sur la sélectivité, la temporalité encadrée et la discipline de performance. Dans les années 1970 à 1990, le pays a protégé de manière ciblée son industrie textile naissantc par le biais des zones franches industrielles ((Export Processing Zones), d'exemptions fiscales et de barrières tarifaires modérées, tout en exigeant des performances en matière d'exportation et de création d'emplois. Parallèlement, l'État a soutenu la modernisation de la filière sucrière à travers des régulations, des accords préférentiels et des subventions conditionnées à la diversification. À partir des années 2000, Maurice s'est investi pour favoriser l'émergence des secteurs à haute valeur ajoutée tels que les technologies de l'information et les services offshore grâce à des politiques fiscales attractives et à des investissements publics ciblés (Rodrik, 1999 ; Amsden, 2001 ; Banque mondiale, 2017).

On peut aussi citer l'exemple du Nigéria qui, en interdisant, dès 2020, l'importation du ciment, du riz et des textiles, a permis l'émergence des champions nationaux comme Dangote Industries, tout en soutenant activement la production locale par des facilités de crédit et des subventions ciblées (ECA, 2019). L'Éthiopie, pour sa part, a depuis 2013, conditionné l'accès à ses marchés publics à des partenariats industriels locaux et à des transferts de technologie, tout en appliquant une stratégie de substitution ciblée (calendrier tarifaire progressif), notamment dans le cuir, le textile et les équipements médicaux (Cheru & Cramer, 2019).

Encadré 2 : Protectionnisme et industrialisation : ce que disent Amin et Chang

Contrairement aux recommandations actuelles d'ouverture commerciale inconditionnelle, l'histoire économique montre que les pays aujourd'hui industrialisés ont bâti leur puissance grâce à des politiques protectionnistes ciblées, souvent appuyées par un fort interventionnisme étatique.

Le mythe du libre-échange originel

Dans *Kicking Away the Ladder* (2002), Ha-Joon Chang démontre que:

✓ Les États-Unis ont maintenu des droits de douane supérieurs à 40 % entre 1820 et 1940, notamment pour protéger leur industrie textile, métallurgique et mécanique.

✓ L'Allemagne, au XIXe siècle, influencée par Friedrich List, a mis en place des barrières tarifaires ciblées pour développer son industrie lourde et chimique.

✓ Le Japon, entre 1950 et 1980, a imposé des restrictions sévères sur les importations industrielles, interdisant l'entrée de nombreux biens manufacturés, tout en subventionnant massivement ses entreprises nationales (notamment dans l'automobile et l'électronique).

✓ La Corée du Sud, souvent citée comme modèle d'ouverture, a en réalité conditionné son développement industriel à des quotas d'importation, des subventions à l'exportation, et un encadrement strict des capitaux étrangers, sous pilotage direct du ministère de l'Industrie et de la Planification.

Chang qualifie l'attitude actuelle des pays du Nord de "kicking away the ladder", c'est-à-dire retirer l'échelle après l'avoir utilisée, en interdisant aux pays du Sud les mêmes instruments politiques qu'eux-mêmes ont mobilisés pour se développer.

Samir Amin : le libre-échange comme domination structurelle

Dans *L'Afrique dans l'économie mondiale* (2006), Samir Amin soutient que le libre-échange, dans un monde inégal, fige les pays africains dans des fonctions périphériques, centrées sur l'exportation des matières premières, tandis que les centres industriels du Nord conservent les chaînes à haute valeur ajoutée. Il plaide pour une industrialisation autocentrée, fondée sur : la mobilisation du marché intérieur et régional ; des protections tarifaires ajustées, et une rupture stratégique avec la dépendance aux exportations brutes.

Leçons pour l'Afrique aujourd'hui :

Ces leçons historiques appellent à légitimer un modèle africain d'ISI fondé sur la souveraineté productive, avec : des protections temporaires, mais efficaces pour les secteurs stratégiques (pharmacie, agro-industrie, matériaux de construction, textile), un État développeur régulateur, à l'image de ceux qui ont émergé en Asie de l'Est, et un ancrage régional fort, en rupture avec la logique extractive et désarticulée héritée de la colonisation.

***Source** : Synthèse des auteurs*

3. Principe 3 : intégration industrielle régionale

Alors que les chaînes de valeur mondiales se reconfigurent sous l'effet des tensions géopolitiques, des ruptures d'approvisionnement et de la régionalisation du commerce, l'Afrique est appelée à repenser sa stratégie industrielle à l'échelle continentale. Le développement d'un modèle d'ISI efficace ne peut être pensé uniquement au niveau national : il exige une approche régionale coordonnée, fondée sur la construction des chaînes de valeur régionales et une division stratégique du travail industriel entre États africains. En effet, les analyses récentes soulignent que la ZLECAf constitue un levier décisif pour l'industrialisation africaine, avec un potentiel de croissance des exportations intra-africaines estimé à +81% et une sortie de près de 50 millions de personnes de l'extrême pauvreté (Banque mondiale, 2024 ; Afreximbank, 2024). Ce principe s'inscrit dans une logique de souveraineté collective et de résilience productive.

3.1. Marchés intérieurs trop étroits, une nécessité d'agrégation régionale

La faiblesse structurelle des marchés nationaux africains en termes de taille, du pouvoir d'achat et de diversité sectorielle ; limite considérablement le potentiel d'industrialisation domestique. Les expériences d'ISI menées entre les années 1960 et 1980 dans plusieurs pays africains ont souvent échoué en raison de l'isolement productif des économies, de la duplication inefficace des efforts industriels et de l'absence de coordination régionale (Mkandawire, 2001 ; UNECA, 2020). Le coût élevé des intrants, la faible spécialisation fonctionnelle entre pays et l'absence de complémentarité industrielle ont contribué à rendre les productions locales non compétitives.

Dès lors, la réussite d'un nouveau modèle d'ISI africain passe nécessairement par la constitution de blocs régionaux industriels, intégrant :

(i) un partage des fonctions industrielles (transformation primaire, production intermédiaire, assemblage, distribution) ;

(ii) la mutualisation des infrastructures (logistique, énergie, zones industrielles) ; et la coordination des incitations publiques, des normes et des politiques commerciales. Ces facteurs favoriseront l'émergence d'une vision transformatrice partagée, la création des chaînes de valeur régionales, en tirant parti des avantages comparatifs spécifiques à chaque pays et l'optimisation des ressources.

3.2. Faible développement des chaînes de valeur régionales

Inspirée des modèles de développement asiatique et européen, l'approche régionale de l'ISI propose une organisation spatiale des fonctions industrielles entre pays voisins, sur la base d'avantages comparatifs dynamiques. La Zone de libre-échange continentale africaine (ZLECAf) offre une architecture favorable à cette approche, à condition qu'elle dépasse la logique de commerce de biens finis pour favoriser la construction des chaînes de valeur régionales structurantes (ZLECAf Secrétariat, 2021 : ECA, 2022). Cela implique de renforcer les règles d'origine, d'harmoniser les politiques d'investissement et de soutenir activement la production locale dans les secteurs critiques.

3.3. Faiblesse de la coopération institutionnelle et de la gouvernance industrielle régionale

L'intégration industrielle ne peut reposer uniquement sur les dynamiques du marché. L'Union européenne, dès les années 1950, a démontré que le succès de l'intégration productive repose sur une régulation commune, un pilotage stratégique interétatique et une solidarité financière ciblée. Une telle approche requiert une volonté politique forte et une gouvernance institutionnelle adaptée, notamment à travers : la définition des politiques industrielles régionales convergentes, intégrant des priorités communes (santé, énergie, transformation agricole, textile) ; l'harmonisation des politiques fiscales, douanières et réglementaires (normes, certification, incitations) ; la création de fonds régionaux d'investissement industriel, mobilisant les ressources des banques régionales (BDEAC, BOAD, Afreximbank) ; et le renforcement des organes techniques régionaux.

Ces défis structurels n'ont pas également été relevés par des institutions africaines. La Banque africaine de développement, dans son rapport Industrialize Africa (2021), propose une stratégie globale articulée autour de quatre piliers. Elle indique que l'industrialisation africaine ne peut se limiter à des approches nationales isolées ; elle exige une vision continentale intégrée, appuyée par des institutions solides et des mécanismes financiers innovants.

Encadré 3 : axes stratégiques de la BAD pour l'industrialisation de l'Afrique

La Banque africaine de développement (BAD, 2021) a défini une feuille de route structurée pour accélérer l'industrialisation du continent. Elle repose sur quatre piliers complémentaires :

Développer des chaînes de valeur régionales compétitives

- Renforcer l'intégration industrielle continentale par la mise en place de corridors industriels et de clusters régionaux.
- Favoriser la complémentarité productive entre pays membres de la ZLECAf.

Accroître le financement productif

- Mobiliser des ressources domestiques et internationales pour soutenir les infrastructures industrielles.
- Développer des instruments financiers innovants (banques de développement, partenariats public-privé, fonds souverains).

Renforcer les capacités institutionnelles et étatiques

- Mettre en place des institutions spécialisées capables de piloter et coordonner les politiques industrielles.
- Assurer une cohérence entre stratégies nationales, régionales et continentales.

Promouvoir l'innovation et la montée en gamme technologique

- Stimuler la recherche-développement, l'entrepreneuriat industriel et l'adoption des technologies numériques.
- Favoriser la transition vers une industrialisation durable et compétitive à l'échelle mondiale.

Source *: Auteurs à partir de la revue de la littérature*

3.4. Exemples d'intégration industrielle émergente

Le tableau ci-après met en évidence une diversité de certaines initiatives industrielles régionales en Afrique, pouvant être capitalisées dans la mise en œuvre d'une ISI fondée sur la complémentarité productive régionale. Ces initiatives illustrent une volonté croissante des États africains de s'extraire du piège de la spécialisation primaire en construisant des chaînes de valeur régionales intégrées dans des secteurs stratégiques.

- ✓ ***Corridor Algérie–Tunisie : sur l'intégration dans les matériaux de construction et la pétrochimie.*** Depuis 2008, ces pays ont renforcé leurs échanges industriels à travers des investissements croisés dans les matériaux de construction, les dérivés pétrochimiques et les engrais azotés, grâce à l'exploitation conjointe du gaz algérien et à la proximité logistique. La Société tunisienne de l'électricité et du gaz (STEG), par exemple, bénéficie du gaz algérien à prix préférentiel, ce qui stimule la production locale de céramique, ciment et produits dérivés (AfDB, 2020).

- ✓ ***Corridor Kenya–Ouganda–Rwanda sur l'agro-industrie mis en place en 2015 et structuré autour du maïs, du lait, du sucre et du bétail.*** Le Kenya, plus avancé technologiquement, exporte des machines et des services d'ingénierie vers l'Ouganda et le Rwanda, qui assurent la production agricole et la première transformation. Cette dynamique renforce les chaînes de valeur agricoles régionales et soutient l'industrialisation rurale (EAC, 2021).

- ✓ ***Le corridor Afrique du Sud–Botswana–Namibie sur l'extraction minière et de l'automobile.*** L'Afrique du Sud structure une chaîne de valeur régionale autour de l'automobile et de l'extraction minière, en relation avec le Botswana (diamants, services financiers), et la Namibie (zinc, uranium). Des composants mécaniques sont produits au Botswana et exportés vers les usines d'assemblage de Pretoria, illustrant une division du travail industriel sous-régionale soutenue par la SADC (UNIDO, 2020).

- ✓ ***Le partenariat Maroc–Nigeria–Côte d'Ivoire, dans la production régionale d'engrais*** à partir du phosphate marocain qui est transformé localement dans des unités de production implantées en Afrique de l'Ouest, avec à la clé une réduction significative des importations d'engrais et une amélioration de la sécurité alimentaire.

- ✓ ***Le corridor Éthiopie–Djibouti, structuré depuis 2013 autour d'une plateforme logistique et industrielle intégrée***, soutient le développement du secteur manufacturier éthiopien en facilitant les exportations textiles (Cheru & Cramer, 2019).

Tableau 7 : exemples d'intégration industrielle régionale en Afrique

Initiative / Région	Secteurs concernés	Type d'intégration	Avantages clés	Année de début
Maroc – Nigeria – Côte d'Ivoire	Engrais, phosphate	Production et transformation intégrées	Réduction des importations, Emergence du secteur agricole	2016
Ethiopie – Djibouti	Textile, logistique	Corridor industriel et portuaire	Compétitivité à l'export, accès facilité aux marchés mondiaux	2013
RDC – Zimbabwe – Afrique du Sud	Minéraux stratégiques, batteries électriques	Chaîne de valeur énergétique verte	Souveraineté technologique, industrialisation minière	2021
Algérie – Tunisie	Pétrochimie, matériaux de construction	Echanges d'énergie et coproduction	Réduction des coûts, spécialisation régionale	2008 (renforcée en 2016)
Kenya – Ouganda – Rwanda	Agro-industrie, machines agricoles	Division fonctionnelle (machines / production)	Sécurité alimentaire, industrialisation rurale	2015

***Source** : Auteurs à partir de la revue de la littérature*

4. Principe 4 : Financement souverain

La mise en œuvre d'un modèle d'industrialisation par substitution aux importations (ISI) en Afrique suppose des investissements massifs dans les infrastructures, les capacités productives et les filières industrielles naissantes. Or, l'une des faiblesses majeures des expériences passées réside dans l'incapacité des États africains à mobiliser durablement des financements adaptés aux temporalités longues et aux risques spécifiques de l'industrialisation. La réussite d'une ISI rénovée exige donc la construction d'un écosystème financier souverain, patient et stratégiquement orienté, capable de concilier soutien à la production locale, discipline macroéconomique et rendement différé.

4.1. Recentrer les politiques budgétaires sur l'investissement productif

La première exigence consiste à réorienter les politiques budgétaires vers les secteurs à forte intensité de transformation. Il s'agit de rompre avec les logiques de dépenses publiques centrées sur la consommation ou les infrastructures non productives, pour allouer des ressources soutenues à l'industrialisation. Cela peut se traduire par la création des fonds nationaux de développement industriel adossés à des ressources fiscales dédiées (ex. : taxe sur les exportations brutes, redevance sur les biens de consommation importés), ou encore par la priorisation des investissements productifs dans les lois de finances. Comme l'affirme Rodrik (2008), un État développemental ne finance pas tout, mais il oriente ses ressources vers les secteurs à rendement social élevé, là où le secteur privé reste défaillant.

4.2. Mobiliser des financements alternatifs via les institutions de développement

L'industrialisation requiert des financements longs, concessionnels et stratégiques, que les marchés financiers privés ne peuvent fournir. En Afrique, cela suppose de renforcer les banques régionales de développement (BOAD, BDEAC, TDB, Afreximbank), en leur assignant des mandats explicites de soutien aux filières industrielles prioritaires. Il est aussi question de trouver des compensations résultant des pertes potentielles de recettes fiscales liées à la suppression des droits de douane dans le cadre de la ZLECAF pour préserver la soutenabilité budgétaire des États (ATAF, 2022). Dans le même sillage, il s'agira aussi de mettre en place des fonds régionaux d'industrialisation, cofinancés par les institutions financières africaines et les banques nationales. Amsden (2001) a montré que tous les pays qui ont réussi leur industrialisation (Corée du Sud, Taïwan, Brésil) ont utilisé des banques publiques de développement comme instruments d'allocation stratégique du capital. Ces institutions, loin de concurrencer le secteur privé, corrigent les défaillances structurelles du marché du crédit industriel, notamment pour les PME.

4.3. Mobiliser des instruments financiers innovants adaptés aux réalités africaines

Face à la frilosité du secteur bancaire classique, souvent incapable de financer l'industrie à long terme, il est nécessaire de développer des instruments financiers hybrides et adaptés. Cela inclut des fonds de garantie industrielle pour couvrir les risques liés à l'investissement manufacturier, des obligations thématiques souveraines (exemples :

« pharmaafricaine », « industrie textile locale », « transition énergétique industrielle »), et des mécanismes de blended finance (financement mixte) associant capitaux publics, épargne privée, ressources de la diaspora et fonds philanthropiques. La CNUCED (2020) souligne à cet égard que moins de 10% des crédits bancaires en Afrique sont alloués au secteur manufacturier, contre plus de 0% en Asie de l'Est. Le développement industriel exige donc des dispositifs financiers de contournement, soutenus par l'État.

4.4. Mobiliser la diaspora et le capital privé domestique

Le financement de l'ISI ne peut reposer exclusivement sur les ressources publiques. Il doit s'appuyer sur l'implication stratégique de la diaspora africaine et du secteur privé national, notamment à travers des fonds d'investissement conjoints (public-privé) ou des dispositifs ciblés d'émission d'obligations de la diaspora. L'exemple du Nigeria Diaspora Bond, émis en 2017 et ayant levé 300 millions USD pour des projets d'infrastructures stratégiques, montre le potentiel de cette ressource alternative. En parallèle, la mise en place des zones industrielles dédiées à l'investissement de la diaspora, adossées à des incitations fiscales et à une garantie de rapatriement des bénéfices, peut renforcer le lien entre capital transnational et industrialisation endogène (Hausmann & Rodrik, 2006).

4.5. Assurer une gouvernance transparente et des mécanismes de redevabilité

Enfin, toute stratégie de financement industriel doit être assortie de mécanismes robustes de gouvernance, d'évaluation d'impact et de redevabilité publique. Cela implique la création d'agences de financement industriel dotées de critères d'allocation transparents, d'indicateurs de performance précis (emploi formel, valeur ajoutée locale, substitution nette aux importations), et de dispositifs d'audit réguliers. Stiglitz (1994) rappelle que le rôle de l'État dans les marchés financiers ne se limite pas à injecter des capitaux, mais à orienter, surveiller et corriger les trajectoires d'investissement au service de l'intérêt général.

5. Principe 5 : État stratège et visionnaire

L'industrialisation par substitution aux importations (ISI) ne peut prospérer sans un pilotage public fort, visionnaire et coordonné. Dans le contexte africain, caractérisé par des institutions encore fragiles, une spécialisation dans les matières premières et des dépendances multiples (financières, commerciales, technologiques), le succès d'un modèle d'ISI repose sur la construction d'un État stratège. Ce dernier ne se limite pas à intervenir ponctuellement, mais assume un rôle de coordinateur, d'investisseur, de régulateur et de garant de la transformation structurelle, s'appuyant sur une gouvernance adaptée, apprenante et axée sur la performance.

5.1. Vision industrielle explicite, ciblée et politiquement portée

La première fonction de l'État stratège est de formuler une vision industrielle ambitieuse, mais réaliste, fondée sur des choix clairs de filières prioritaires, des niveaux de substitution visés et des trajectoires d'upgrading. Cette planification industrielle ne signifie pas un retour à la planification rigide, mais une orientation stratégique éclairée par des données, des consultations et des expérimentations contrôlées. Rodrik (2004, 2008) insiste sur la nécessité pour les pays en développement de "ne pas demander pourquoi, mais comment" : il s'agit de tester des interventions ciblées, de mesurer leurs résultats, et de les ajuster en fonction du contexte.

La vision industrielle doit être inscrite au plus haut niveau de l'agenda politique, traduite dans des plans nationaux d'industrialisation articulés avec les stratégies régionales (ZLECAf, CER) et alignés sur les capacités locales. Comme le souligne Thandika Mkandawire (2001), les États africains ne peuvent se contenter d'être des gestionnaires des réformes exogènes ; ils doivent redevenir des « architectes de leur propre transformation ».

5.2. Institutions publiques compétentes et orientées vers les résultats

Un État stratège ne se décrète pas ; il se construit autour d'une bureaucratie technocratique forte, capable d'assurer la cohérence, la continuité et la discipline des politiques publiques. Comme l'a démontré Peter Evans (1995) à travers le concept d'« *autonomie enchâssée* », la réussite industrielle dépend de la capacité des institutions à conjuguer autonomie décisionnelle face aux influences politiques et clientélistes et ancrage opérationnel dans les réseaux productifs, en interaction constante avec les entrepreneurs, ingénieurs et acteurs de terrain. Dans le contexte africain, cela implique la création ou la réforme d'agences de développement industriel disposant de ressources stables et d'une redevabilité axée sur les résultats ; la professionnalisation de la haute fonction publique économique, à travers des parcours de carrière spécialisés, des incitations à la performance et une culture de l'évaluation ; ainsi que la stabilité et la prévisibilité des politiques industrielles, conditions essentielles pour restaurer la confiance des investisseurs et structurer des coalitions productives durables.

Les travaux de Houssa, Platteau, Reding et Bourguignon (2022) confirment cette lecture institutionnaliste : ils montrent que la qualité des institutions détermine la capacité des États africains à orienter les rentes vers l'investissement productif et non vers la prédation. Le cas béninois illustre que lorsque la gouvernance est capturée, la transformation industrielle se trouve entravée, faute de discipline budgétaire, de transparence et de coordination stratégique. La consolidation d'un État développeur africain exige donc des institutions autonomes, compétentes et disciplinées, seules garantes d'une allocation efficiente des ressources et d'une industrialisation fondée sur la souveraineté productive.

5.3. Gestion axée sur la performance, l'apprentissage et la redevabilité

L'ISI ne peut réussir sans une gestion apprenante, fondée sur des mécanismes d'expérimentation, de suivi rigoureux et d'ajustement. Hausmann et Rodrik (2006) plaident pour une approche d'"auto-découverte" industrielle, où l'État aide à identifier les secteurs prometteurs, tout en évitant la capture ou la subvention des échecs. Cela suppose : des indicateurs de performance clairs (emplois créés, part locale des intrants, réduction des importations, exportations de substitution) ; des contrats de performance entre l'État et les bénéficiaires des politiques industrielles (entreprises, zones économiques spéciales, clusters) ; un système de redevabilité dans lequel les résultats servent à réorienter les instruments. Rodrik (2008) rappelle que les succès d'une politique industrielle ne proviennent pas d'une omniscience de l'État, mais de sa capacité à apprendre vite et à corriger rapidement les trajectoires inefficaces.

5.4. Coordination étroite entre secteur public, secteur privé et société civile

L'État stratège ne se déploie pas en déconnection des préoccupations des populations locales. Il organise et anime des écosystèmes productifs territorialisés, en facilitant le dialogue structuré entre les différents acteurs : entreprises, centres de recherche, administrations locales, syndicats, consommateurs, ONG. Alice Amsden (2001) montre que dans les pays industrialisés tardifs, le succès de l'ISI a reposé sur des coalitions industrielles organisées, et non sur une action solitaire de l'État. Cela implique : des plateformes nationales de concertation public– privé sur la politique industrielle ; des forums sectoriels pour co-construire les normes, identifier les goulets d'étranglement et mutualiser les ressources ; des dispositifs de médiation entre les impératifs de compétitivité, les normes sociales, et les attentes citoyennes en matière de qualité et de sécurité.

5.5. Autonomie stratégique vis-à-vis des normes, conditionnalités et pressions externes

Pour exercer pleinement leur rôle stratégique, les États africains doivent s'approprier et exercer son autonomie économique et institutionnelle. Cela passe par une lecture critique des engagements internationaux, notamment ceux relatifs à l'OMC ou aux accords de libre-échange, afin de préserver des espaces de protectionnisme intelligent. Ha-Joon Chang (2002) rappelle que les pays occidentaux ont systématiquement recouru à des barrières tarifaires, des subventions et des préférences nationales au cours de leur propre trajectoire d'industrialisation, avant de mettre en place des mécanismes et des institutions et de limiter l'usage de ces instruments aux pays du Sud. Dans ce contexte, la souveraineté politique doit redevenir un outil de développement industriel et non un slogan électoral.

5.6. Sécurité militaro-industrielle

La sécurité ne peut plus être considérée comme un secteur séparé du développement. Dans plusieurs zones industrielles potentielles comme le Sahel, la Corne de l'Afrique, le Nord-Est du Nigeria, le Nord Cameroun ou encore l'Est de la RDC, l'insécurité entrave toute implantation durable d'activités industrielles (CSNU, 2025). Il s'agit désormais de lier développement industriel et stabilisation territoriale à travers des mécanismes intégrés de sécurisation économique. Pour une industrialisation réussie, il est impératif de :

- ✓ ***Créer des pôles industriels sécurisés***. En s'inspirant des modèles chinois et indien présentés par Lin & Wang (2014) et Gallagher & Yuan (2016), cela suppose de développer des zones industrielles spéciales stratégiques dans les zones portuaires avec une sécurité renforcée et des infrastructures critiques d'accompagnement. Il s'agit de garantir leur autonomie énergétique et leur continuité d'activité en cas de crise.

- ✓ ***Développer les industries duales (civil/défense)***. Certains secteurs comme la mécatronique, le textile technique, la cybersécurité et les télécommunications peuvent être produits à usage mixte. Selon (Ouedraogo, 2020), l'Afrique du Sud a déjà une base industrielle de défense qui peut servir de moteur d'innovation technologique.

- ✓ ***Mutualiser les capacités stratégiques régionales***. Les initiatives à l'échelle des communautés économiques régionales doivent être renforcées pour créer des réserves d'intrants critiques (engrais, vaccins, carburants, etc.);

- ✓ ***Assurer une meilleure représentation de l'Afrique au sein du CSNU avec droit de veto***. Le déficit de représentation de l'Afrique est un handicap sérieux qui empêche le continent d'influencer de manière décisive les grandes orientations sécuritaires internationales, alors même que de nombreuses zones de conflit se si tuent en Afrique. Selon les analyses du Comité des Dix de l'Union africaine (C10-UA, 2023), cette absence fragilise la capacité des États africains à protéger leurs intérêts stratégiques et industriels face aux décisions unilatérales, aux sanctions asymétriques ou aux interventions non concertées. Revendiquer un siège africain permanent au CSNU avec droit de veto est donc un impératif structurel pour soutenir l'industrialisation souveraine du continent. A ce sujet, les initiatives doivent s'articuler autour d'une diplomatie industrielle africaine dans une vision d'autonomisation géostratégique.

6. Principe 6 : Valorisation des valeurs culturelles et savoirs endogènes

De nombreux auteurs comme Samir Amin (1976), Thandika Mkandawire (2001), Amsden (2001) ou Rodrik (2011) ont mis en évidence l'importance des valeurs culturelles pour la réussite des stratégies d'industrialisation. Ils font remarquer que l'ISI classique (Amérique latine, années 1950-70) au lendemain des indépendances en Afrique était fortement marquée par une dépendance culturelle vis-à-vis de l'Occident, ce qui a limité l'adhésion populaire et la pérennité des politiques. Les facteurs comme la faible appropriation des produits manufacturés locaux, la marginalisation des savoir-faire traditionnels et l'insuffisante prise en compte des réalités socioculturelles n'a pas permis la valorisation des savoirs et savoir-faire endogènes. De nombreuses ressources locales (plantes médicinales, textiles, modes d'habitat, artisanat, alimentation, etc.) restent non valorisées dans les stratégies industrielles actuelles. Pourtant, elles peuvent devenir des filières porteuses, si elles sont bien intégrées dans une logique industrielle.

Les modèles ISI sans enracinement socioculturel ont souvent produit des économies extraverties, marquées par une faible appropriation populaire, une consommation orientée vers l'importation, et une marginalisation des savoir-faire locaux. Assi, le modèle africain d'ISI propose, comme sixième principe fondamental, la valorisation stratégique des valeurs culturelles et des savoirs endogènes.

Ce principe repose sur la conviction que le développement industriel durable ne peut s'opérer que s'il s'appuie sur les référentiels culturels autochtones, les identités collectives et les systèmes de savoirs localement légitimes (Mkandawire, 2001 ; Nabudere, 2004). Il ne s'agit pas d'un repli identitaire, mais bien d'un repositionnement stratégique de la culture comme levier d'innovation, de résilience économique et de mobilisation sociale. Ainsi, la culture devient non seulement une ressource symbolique, mais aussi une matière première économique, source de différenciation compétitive et de création de valeur.

Concrètement, ce principe invite à :

✓ Intégrer les produits culturels et les savoirs traditionnels dans les chaînes de valeur industrielles, notamment dans les secteurs agroalimentaire, textile, pharmaceutique, artisanal et cosmétique ;

✓ Structurer des filières industrielles à partir des ressources territoriales, en lien avec les normes de consommation locales et les imaginaires collectifs ;

✓ Inclure les langues nationales, les récits historiques et les représentations communautaires dans les dispositifs de formation, de vulgarisation technologique et de communication industrielle ;

✓ Instituer une reconnaissance légale et économique des savoirs traditionnels, en les articulant aux standards contemporains de qualité, de traçabilité et de propriété intellectuelle.

Une telle orientation renforcerait la demande intérieure pour des produits nationaux culturellement enracinés, tout en stimulant la production locale fondée sur des connaissances historiquement éprouvées. Elle est de nature à favoriser l'émergence d'un imaginaire industriel africain, affranchi des complexes de dépendance, et porteur d'un projet économique souverain et inclusif.

Figure 7 : Principes directeurs du modèle africain d'ISI

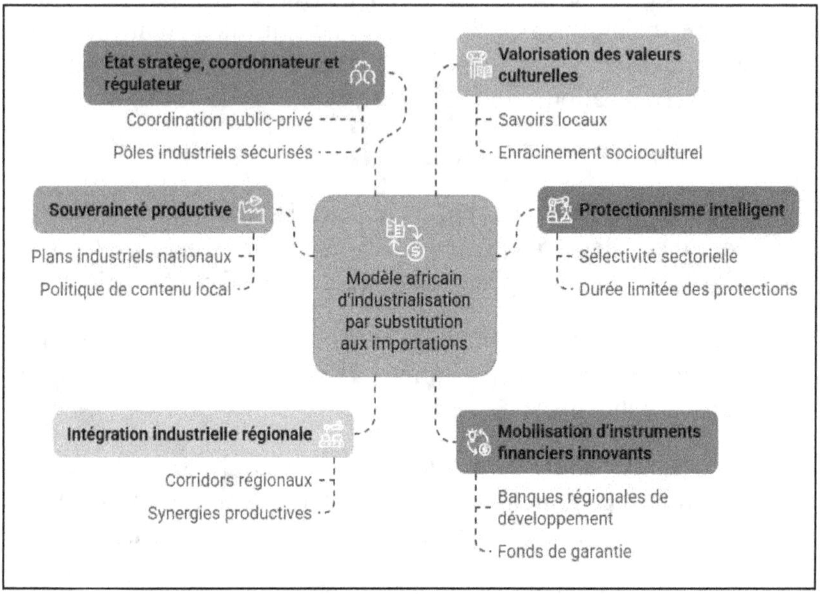

Source : *Auteurs*

Conclusion

Cette étude démontre que l'Afrique évolue désormais dans une configuration géoéconomique radicalement transformée, où les anciennes certitudes de l'intégration libérale cèdent la place à un environnement international plus polarisé, compétitif et conflictuel. La montée des politiques industrielles interventionnistes dans les pays avancés, la reconfiguration des chaînes de valeur mondiales et les rivalités technologiques entre grandes puissances modifient profondément les conditions de participation des économies africaines à l'économie mondiale. Cette réalité impose au continent de repenser ses fondements productifs, non seulement pour réduire une dépendance industrielle persistante, mais aussi pour construire une souveraineté économique capable de résister aux chocs extérieurs et d'accompagner les mutations du XXIe siècle.

L'examen historique révèle que l'Afrique n'a jamais bénéficié d'un cadre institutionnel, technologique et industriel suffisamment robuste pour engager une transformation structurelle soutenue. Les cycles successifs : essor postindépendance, effondrement lié à la crise de la dette, ajustements structurels, puis croissance tirée par les matières premières — traduisent une industrialisation intermittente, interrompue avant d'atteindre un seuil de disciplinarisation productive. La période récente confirme cette fragilité : faible densité manufacturière, désindustrialisation précoce, dépendance technologique, fragmentation des marchés régionaux, vulnérabilité énergétique et faible insertion dans les chaînes de valeur mondiales.

Toutefois, l'étude montre que les transformations géoéconomiques actuelles créent un changement profond dans l'environnement stratégique de l'Afrique. La consolidation de la ZLECAf, l'émergence de nouveaux partenaires de coopération industrielle, l'essor des technologies numériques, la montée d'acteurs industriels africains et le dynamisme démographique redonnent au continent une capacité d'initiative qui n'avait jusque-là jamais été pleinement mobilisée. Ce tournant ne doit pas être interprété comme un alignement automatique sur les tendances globales, mais comme une invitation à définir un cadre d'action propre, cohérent et endogène.

Dans cette perspective, cette étude propose un modèle africain d'industrialisation par substitution aux importations (ISI) fondé sur six piliers : souveraineté productive, protectionnisme stratégique, intégration industrielle régionale, financement souverain, État stratège et valorisation des savoirs endogènes. Ce modèle ne vise pas à répliquer les trajectoires historiques d'autres régions, mais à articuler un projet continental capable de soutenir l'apprentissage industriel, la montée en gamme technologique et la sécurisation des secteurs critiques. Son ambition est de doter l'Afrique d'une autonomie productive progressive, soutenue par des institutions disciplinées et par une gouvernance industrielle orientée vers les résultats.

La substitution aux importations, dans ce cadre, dépasse la simple réduction des importations : elle devient un instrument structurant de transformation productive, de construction de compétences, de consolidation des marchés régionaux et de renforcement des capacités d'innovation. L'enjeu n'est plus seulement économique mais civilisationnel : il s'agit pour l'Afrique de redevenir productrice de valeur, créatrice de technologies et actrice de son propre destin économique.

En synthèse, la transformation structurelle du continent dépendra de sa capacité collective à développer des institutions industrielles solides, à renforcer l'intégration productive, à discipliner ses systèmes économiques et à mobiliser durablement ses ressources internes. Si l'Afrique parvient à engager cette dynamique, elle ne se contentera pas de réduire ses vulnérabilités : elle pourra s'affirmer comme un pôle incontournable du nouvel ordre productif mondial.

Références bibliographiques

1. Acemoglu, D., & Robinson, J. A. (2012). *Why nations fail : The origins of power, prosperity, and poverty*. Crown Publishing Group.

2. ACLED (Armed Conflict Location & Event Data Project). (2023). *Conflict trends report 2023*. ACLED.

3. Adewuyi, A. O., & Olayiwola, W. K. (2021). *Trade policy, border closure and informality in Nigeria*. Nigerian Economic Summit Group.

4. Afreximbank. (2023). *Rapport annuel 2023*. Afreximbank.

5. Afreximbank. (2024). *Rapport sectoriel 2024*. Afreximbank.

6. Africa Supply Chain. (2023). *Analyse des corridors industriels africains*. Africa Supply Chain.

7. African Development Bank (AfDB). (2012). *Annual development effectiveness review 2012*. AfDB.

8. African Development Bank (AfDB). (2014). *Ethiopia country strategy paper 2011–2015*. AfDB.

9. African Development Bank (AfDB). (2019). *African economic outlook 2019*. AfDB.

10. African Development Bank (AfDB). (2020). *African economic outlook 2020*. AfDB.

11. African Development Bank (AfDB). (2021a). *African economic outlook 2021*. AfDB.

12. African Development Bank (AfDB). (2021b). *Industrialize Africa: A roadmap for inclusive structural transformation.* African Development Bank. https://doi.org /10.5281/zenodo.5244653

13. African Development Bank (AfDB). (2021c). *Industrialize Africa: Strategies, policies, institutions*. AfDB.

14. African Development Bank (AfDB). (2021d). *Kenya country strategy paper 2020–2025*. AfDB.

15. African Development Bank (AfDB). (2022a). *Africa industrialization index 2022*. AfDB.

16. African Development Bank (AfDB). (2022b). *Cameroon country diagnostic note*. AfDB.

17. African Development Bank (AfDB). (2022c). *African economic outlook 2022*. AfDB.

18. African Development Bank (AfDB). (2023). *African economic outlook 2023*. AfDB.

19. African Development Bank, African Union, & United Nations Industrial Development Organization (UNIDO). (2022). *African industrialization index*. AfDB, AU, & UNIDO.

20. African Development Bank, African Union Commission, & UNIDO. (2022). *Industrializing Africa – 2022 Industrial Development Report*. AfDB.

21. African Union (UA). (2005). *Stratégie continentale de développement*. UA.

22. African Union (UA). (2021). *Plan d'action pour l'industrialisation 2021*. UA.

23. African Union (UA). (2022). *Rapport sur la souveraineté économique*. UA.

24. African Union Development Agency–NEPAD (AUDA–NEPAD). (2023). *Annual report 2023*. AUDA–NEPAD.

25. Agence de Promotion des Investissements (API). (2022). *Rapport annuel de l'API Cameroun*. API.

26. Agence de Promotion des Investissements (API). (2024). *Note d'information sur les agréments aux investisseurs industriels*. API.

27. Agence Ecofin. (2025). *Analyses sectorielles en Afrique : Rapport annuel 2025*. Agence Ecofin.

28. Aït El Mekki, A. (2016). Le Maroc s'affirme comme une plateforme régionale de premier plan pour les échanges commerciaux et les investissements internationaux. In Ministère de l'Économie et des Finances (dir.), *Rapport économique et financier 2016* (pp. 45–62). DEPF.

29. Akinyoade, A., & Uche, C. (2021). *Rentier practices and industrial policy failure in Nigeria* (African Studies Centre Working Paper). African Studies Centre.

30. Altenburg, T. (2010). *Industrial policy in Ethiopia* (Discussion Paper No. 2/2010). Deutsches Institut für Entwicklungspolitik (DIE). https://doi.org/10.23661/dp2.2010

31. Altenburg, T. (2011). *Industrial policy in developing countries : Overview and lessons from seven country cases* (Discussion Paper). DIE. https://doi.org/10.23661/dp4.2011

32. Ambrosetti, D., & Harre, D. (2021). Un entrepreneuriat local à l'ombre de la politique industrielle en Éthiopie. *Revue internationale des études du développement, 245*(1), 41–67. https://doi.org/10.3917/ried.245.0041

33. Andreoni, A., & Chang, H.-J. (2019). The political economy of industrial policy : Structural interdependencies, policy alignment and conflict management. *Structural Change and Economic Dynamics, 48*, 136–150. https://doi.org/10.1016/j.strueco.2018.10.007

34. Amin, S. (1976). Le développement inégal et la question nationale. *L'Homme et la société*, 51–54, 3–48.

35. Amin, S. (2006). *L'Afrique dans l'économie mondiale*. Le Temps des Cerises.

36. Amsden, A. H. (1989). *Asia's next giant : South Korea and late industrialization.* Oxford University Press.

37. Amsden, A. H. (2001). *The rise of the rest: Challenges to the West from late-industrializing economies*. Oxford University Press.

38. ATAF (African Tax Administration Forum). (2022a). *Implications fiscales de la Zone de libre-échange continentale africaine (ZLECAf): enjeux et perspectives.* https://ataftax.org/fr/wp-content/uploads/2025/07/ATAF_Tariff_Policy_FRCH_V1.pdf

39. ATAF (African Tax Administration Forum). (2022b). *The tariff revenue implications of the African Continental Free Trade Area*. ATAF.

40. AUDA–NEPAD. (2023). *Annual report 2023*. AUDA–NEPAD. https://www.nepad. org/publication/auda-nepad-2023

41. Babatoundé, A., Capéau, B., & Houssa, R. (2023). Welfare effects of indirect tax policies in West Africa (CESifo Working Paper No. 10381). https://doi.org/10.2139/ssrn.4428280

42. Baldwin, R. (2016). *The great convergence : Information technology and the new globalization.* Harvard University Press.

43. Baldwin, R. (2022). *Globotics and the future of globalization.* Oxford University Press.

44. Bayart, J.-F. (1989). *L'État en Afrique : La politique du ventre*. Fayard.

45. Behuria, P. (2019). The politics of industrial policy in a context of competitive clientelism : The case of Rwanda. *African Affairs, 118*(472), 556–581. https://doi.org/10.1093/afraf/adz017

46. Benchekroun, H. (2019). *La gouvernance industrielle au Maroc*. Conseil Économique, Social et Environnemental.

47. Benhida, K. (2014). *Le Maroc industriel : Trajectoires et enjeux*. Economie & Entreprises.

48. Bensaid, M. (2019). *Innovation industrielle et compétitivité au Maroc*. Université Mohammed V.

49. Booth, D., & Golooba-Mutebi, F. (2012). Developmental patrimonialism ? The case of Rwanda. *African Affairs, 111*(444), 379–403. https://doi.org/10.1093/afraf/ads026

50. Booth, D., & Golooba-Mutebi, F. (2014). *Policy for growth : Rwanda and Uganda compared*. Overseas Development Institute (ODI).

51. BRICS. (2025). *Rapport sur la coopération économique 2025*. BRICS.

52. Brynjolfsson, E., Mitchell, T., & Rock, D. (2018). What can machines learn and what does it mean for occupations and the economy ? *AEA Papers and Proceedings, 108*, 43–47. https://doi.org/10.1257/pandp.20181019

53. Cardoso, F. H., & Faletto, E. (1979). *Dependency and development in Latin America*. University of California Press.

54. CAPA (Centre d'Analyse des Politiques Agricoles). (2023). *Étude sur l'agriculture et industrie en Afrique*. CAPA.

55. CEPII. (2022). *Les chaînes de valeur mondiales : mutations et perspectives*. CEPII.

56. Centre for Economic Policy Research (CEPR). (2023). *Global Value Chains Report 2023*. CEPR.

57. Chinigò, D. (2019). The politics of development planning in Ethiopia. *African Affairs, 118*(470), 451–470. https://doi.org/10.1093/afraf/ady059

58. Chinigò, D., & Fantini, E. (2022). Federalism and developmentalism in Ethiopia. *Journal of Modern African Studies, 60*(1), 1–25. https://doi.org/10.1017/S0022278X21000590

59. Cheru, F., & Cramer, C. (2019). *Ethiopia's industrial transformation : Political economy and policy*. Oxford University Press.

60. Chang, H.-J. (2002). *Kicking away the ladder : Development strategy in historical perspective*. Anthem Press.

61. Citi Newsroom. (2025, July 9). Gov't scraps 1D1F, shifts focus to agro-processing parks under 24-Hour Economy. *Citi Newsroom.*

62. Clapham, C. (2018). The Ethiopian developmental state. *Third World Quarterly, 39*(6), 1151–1165. https://doi.org/10.1080/01436597.2018.1458305

63. Comité des Dix de l'Union Africaine. (2023). *Rapport sur le développement industriel.* Union Africaine.

64. Commission économique pour l'Afrique (CEA). (2020). *Industrialisation et intégration régionale en Afrique*. CEA.

65. Commission économique pour l'Afrique (CEA). (2021). *Rapport sur la ZLECAf et les chaînes de valeur régionales*. CEA.

66. Commission économique pour l'Afrique (CEA). (2022). *Rapport annuel 2022.* CEA.

67. Commission économique pour l'Afrique (CEA-ONU). (2021). *Rapport sur la transformation structurelle en Afrique*. CEA.

68. Conférence des Nations Unies sur le commerce et le développement (UNCTAD). (2000). *World Investment Report 2000*. United Nations.

69. UNCTAD. (2013). *Trade and development report 2013*. United Nations.

70. UNCTAD. (2020). *World Investment Report 2020 : International production beyond the pandemic*. United Nations.

71. UNCTAD. (2022). *Economic development in Africa report 2022*. United Nations.

72. UNCTAD. (2023). *World Investment Report 2023*. United Nations.

73. Conseil de sécurité des Nations Unies (CSNU). (2024). *Rapport annuel sur la paix et la sécurité en Afrique*. United Nations.

74. Conseil de sécurité des Nations Unies (CSNU). (2025). *Rapport sur les zones de conflit et l'impact économique en Afrique*. United Nations.

75. Conseil Économique, Social et Environnemental (CESE). (2021). *Rapport sur l'industrialisation au Maroc*. CESE.

76. Daudin, M. (2003). *Commerce et développement*. La Découverte.

77. Dametis, T. (2024). Le Green Deal industriel européen. *Revue de l'Énergie, 640*, 12–25.

78. East African Community (EAC). (2012). *East African Community industrialization policy (2012–2032)*. EAC Secretariat.

79. East African Community (EAC). (2021). *Industrial corridors and regional value chains*. EAC Secretariat.

80. ECLAC (Economic Commission for Latin America and the Caribbean). (2012). *Structural change for equality : An integrated approach to development*. United Nations.

81. Etifak, A. (2020). Agro-industrial transformation in Africa. *African Journal of Development Studies, 12*(3), 45–67.

82. Evans, P. B. (1995). *Embedded autonomy : States and industrial transformation*. Princeton University Press.

83. Faster Capital. (2025). *Protectionism and industrial sovereignty in emerging economies* (Policy brief). Faster Capital.

84. FAO ; IFAD; UNICEF; WFP; & WHO. (2022). *The state of food security and nutrition in the world 2022 : Repurposing food and agricultural policies to make healthy diets more affordable*. FAO. https://doi.org/10.4060/cc0639en

85. Fonds monétaire international (FMI). (2012). *Perspectives économiques régionales : Afrique subsaharienne*. IMF.

86. Fonds monétaire international (FMI). (2022). *World Economic Outlook 2022*. IMF.

87. Fonds monétaire international (FMI). (2023). *Regional Economic Outlook : Sub-Saharan Africa*. IMF.

88. Foster, J., Les Affaires, M., & RIA Canada. (2023). *Inflation Reduction Act and industrial policy in North America* (Policy review).

89. Gallagher, K. P., & Yuan, Y. (2016). *Standardizing sustainable finance : China's leadership in green credit policy* (GEGI Working Paper No. 3). Boston University, Global Economic Governance Initiative.

90. Gereffi, G. (2005). The governance of global value chains. *Review of International Political Economy, 12*(1), 78–104. https://doi.org/10.1080/09692290500049805

91. Gereffi, G. (2019). *Global value chains and development*. Cambridge University Press.

92. Gathani, S., & Stoelinga, D. (2020). *The industrial policy landscape in Rwanda*. International Growth Centre (IGC).

93. Government of Canada. (2022a). *Innovation and industrial strategy in Canada*. Government of Canada.

94. Government of Canada. (2022b). *Report on development assistance to Africa*. Government of Canada.

95. Government of Kenya. (2018). *The Big Four Agenda*. Government of Kenya.

96. Government of Rwanda (GoR). (2017). *National Strategy for Transformation (NST1), 2017–2024*. Ministry of Finance and Economic Planning.

97. Gros, J.-B., Letilly, G., & Martinet, S. (2002). *Performances commerciales de l'Afrique subsaharienne : Une diversification nécessaire*. DIAL.

98. Grossman, G. M., & Helpman, E. (2021). Protection for sale. *American Economic Review, 84*(4), 833–850.

99. Hausmann, R., & Rodrik, D. (2006). *Doomed to choose : Industrial policy as predicament* (Working paper). Harvard University.

100. Hountondji, P. J. (1997). *Endogenous knowledge : Research trails*. CODESRIA.

101. Houssa, R., Platteau, J.-P., Reding, P., & Bourguignon, F. (Eds.). (2022). *State capture and rent-seeking in Benin : Institutions, political economy and development*. Cambridge University Press. https://doi.org/10.1017/9781009307253

102. Hurrell, A. (2021). Technopolarity and global governance. *Global Policy, 12*(3), 345–359. https://doi.org/10.1111/1758-5899.12945

103. Institute for Security Studies (ISS Africa). (2022). *Security and development nexus in Africa*. ISS Africa.

104. Institute of Statistical, Social and Economic Research (ISSER). (2021). *State of the Ghanaian economy report*. University of Ghana.

105. Institute of Statistical, Social and Economic Research (ISSER). (2022). *Industrial policy and inclusive development*. University of Ghana.

106. International Labour Organization (ILO). (2024). *World employment and social outlook 2024*. ILO.

107. International Monetary Fund (IMF). (2024). *Cameroon : Selected issues*. IMF.

108. International Monetary Fund (IMF). (2025). *Regional economic outlook : Middle East and North Africa*. IMF.

109. Irwin, D. A. (2023). *Free trade under fire* (5th ed.). Princeton University Press.

110. Japan International Cooperation Agency (JICA). (2023). *Corridors industriels et logistiques en Afrique*. JICA.

111. Jacquemot, P. (2018). L'industrialisation en Afrique en question : Des désillusions à un nouveau volontarisme. *Afrique contemporaine, (266)*, 29–53. https://doi.org/10.3917/afco.266.0029

112. Johnson, C. (1982). *MITI and the Japanese miracle : The growth of industrial policy, 1925–1975*. Stanford University Press.

113. Journot, F. (2023). Programme pour l'industrialisation de l'Afrique en moins de 20 ans. *La Tribune Afrique*.

114. Kaplinsky, R., & Morris, M. (2001). *A handbook for value chain research*. IDRC.

115. Kaufmann, D., & Kraay, A. (2017). *Governance matters VII: Aggregate and individual governance indicators 1996–2016.* World Bank.

116. Kay, C. (1989). *Latin American theories of development and underdevelopment.* Routledge.

117. Kebede, S., & Shimeles, A. (2022). *Analyse des zones économiques spéciales africaines.* African Development Bank Publications.

118. Kenya Institute for Public Policy Research and Analysis (KIPPRA). (2020). *Assessing the cotton, textile and apparel sector employment potential in Kenya.* KIPPRA.

119. Kenya National Bureau of Statistics (KNBS). (2023). *Enquête économique 2023.* KNBS.

120. Les Affaires. (2023). *IRA et relocalisation industrielle aux États-Unis.* Les Affaires.

121. Les Yeux du Monde. (2024). *Industrie en Afrique centrale : Dynamiques et blocages structurels.* Les Yeux du Monde.

122. List, F. (1841). *The national system of political economy.* Longmans, Green and Co.

123. Lin, J. Y., & Monga, C. (2011). Growth identification and facilitation : The role of the state in the dynamics of structural change. *Development Policy Review, 29*(3), 264–290. https://doi.org/10.1111/j.1467-7679.2011.00527.x

124. Lin, J. Y., & Wang, Y. (2014). *China's industrial policy and the global economy* (UNU-WIDER Working Paper 2014/070). UNU-WIDER.

125. Malabo Montpellier Panel. (2023). *Industrialization and agricultural transformation in Africa.* Malabo Montpellier Panel.

126. McKinsey Global Institute. (2010). *Lions on the move : The progress and potential of African economies.* McKinsey & Company.

127. Mensah, C. N., Dauda, L., Boamah, K. B., & Salman, M. (2020). One district one factory policy of Ghana, a transition to a low-carbon habitable economy ? *Environment, Development and Sustainability, 23*(1), 703–721. https://doi.org/10.1007/s10668-020-00604-5

128. Mkandawire, T. (2001). Thinking about developmental states in Africa. *Cambridge Journal of Economics, 25*(3), 289–313. https://doi.org/10.1093/cje/25.3.289

129. Mkandawire, T. (2020). *Revisiting the developmental state in Africa* (UNRISD Working Paper). UNRISD.

130. Moffat, J., & Poitiers, N. (2024). *Strategic autonomy and industrial policy in the EU* (Bruegel Policy Brief). Bruegel.

131. Mouhoud, E. M. (2025). Industrialisation et transition énergétique dans la région MENA. *Revue Tiers Monde, 242*(2), 45–68. https://doi.org/10.3917/rtm.242.0045

132. Mouvement des entreprises de France (MEDEF). (2023). *Industrie japonaise et coopération technologique*. MEDEF.

133. MyJoyOnline. (2025, January 22). Lack of access to raw materials, capital negatively impacted 1D1F—Ofosu-Adjare. *MyJoyOnline*.

134. Nabudere, D. W. (2004). Towards the establishment of a Pan-African University. *African Renaissance, 1*(1), 5–18.

135. NEPAD. (2021). *Plan stratégique 2021*. NEPAD.

136. Nguetse Tegoum, P. J., Nakelse, P., & Ngwesse, R. (2012). Growth and convergence in Africa : A dynamic panel approach. *Journal of Monetary Economics, 37*(3), 249–265. Research Gate. https://www.researchgate.net/publication/302283399_Growth_and_Convergence_in_Africa_A_Dynamic_Panel_Approach

137. Number Analytics. (2025). *Industrial policy and innovation in Africa*. Research Bulletin.

138. Ocampo, J. A. (2020). International financial cooperation to address the Latin American economic crisis. *CEPAL Review, 131*, 11–35. https://doi.org/10.18356/20747132-2020-131-2

139. OCP Group. (2022). *Partenariat Maroc–Nigeria pour la souveraineté alimentaire*. OCP Group.

140. OECD (Organisation for Economic Co-operation and Development). (2023). *TiVA database annual report*. OECD Publishing.

141. OECD. (2024). *Industrial subsidies and trade distortions*. OECD Publishing.

142. Oqubay, A. (2015). *Made in Africa : Industrial policy in Ethiopia*. Oxford University Press.

143. Our Commons. (2023). *IRA et transition industrielle aux États-Unis*. Policy Digest.

144. Page, J. (2019). *Industries without smokestacks : Industrialization in Africa reconsidered*. Brookings Institution Press.

145. Page, J. (2020). *Industrial policy in the African context*. Brookings Institution.

146. Pisani-Ferry, J., & Zettelmeyer, J. (2022). *The return of the state in advanced economies*. Peterson Institute for International Economics.

147. Plassard, J. (2024). Protectionnisme et souveraineté industrielle. *Revue de l'économie mondiale, 1*(1), 45–63.

148. PNUD (Programme des Nations Unies pour le développement). (2023). *Rapport sur la gouvernance économique et la corruption en Afrique*. UNDP.

149. PNUD (Programme des Nations Unies pour le développement). (2024). *Rapport sur le développement humain en Afrique*. UNDP.

150. Ria Canada. (2023). *Fiche pays Cameroun*. Ria Canada.

151. Reinert, E. (2007). *How rich countries got rich... and why poor countries stay poor*. Constable.

152. Republic of Kenya. (2008). *Kenya Vision 2030*. Government of Kenya.

153. Republic of Kenya. (2019). *Third Medium Term Plan (2018–2022)*. Vision 2030 Delivery Secretariat.

154. Republic of Rwanda. (2012). *Vision 2020*. Government of Rwanda.

155. Republic of Rwanda. (2020). *National Strategy for Transformation (NST1)*. Government of Rwanda.

156. RDB (Rwanda Development Board). (2021). *Annual investment report*. RDB.

157. Rodrik, D. (2004). *Industrial policy for the twenty-first century* (CEPR Discussion Paper No. 4767). CEPR.

158. Rodrik, D. (2008a). *Industrial development : Stylized facts and policies* (UN DESA Working Paper). United Nations.

159. Rodrik, D. (2008b). *One economics, many recipes : Globalization, institutions, and economic growth*. Princeton University Press.

160. Rodrik, D. (2011). *Le paradoxe de la mondialisation : Démocratie et avenir de l'économie mondiale*. W. W. Norton & Company.

161. Rodrik, D. (2016). Premature deindustrialization. *Journal of Economic Growth, 21*(1), 1–33. https://doi.org/10.1007/s10887-015-9122-3

162. Rodrik, D. (2018). *New industrial policy for Africa*. Harvard Kennedy School.

163. Rodrik, D. (2020). Revisiting industrial policy. *Journal of Industry, Competition and Trade, 20*(2), 189–207. https://doi.org/10.1007/s10842-019-00322-3

164. Rodrik, D., & Stiglitz, J. E. (2022). *Industrial policy in the 21st century*. CEPR Policy Insight.

165. Seneplus. (2024). *Relocalisation industrielle et souveraineté productive au Sénégal*. Dossier spécial.

166. Secrétariat de la ZLECAf. (2021). *Rapport annuel d'activités 2021*. ZLECAf.

167. Signé, L. (2020). *Unlocking Africa's potential through industrialization*. Brookings Africa Growth Initiative.

168. Simon, H. A. (1995). Rationality in political behavior. *Political Psychology, 16*(1), 45–61. https://doi.org/10.2307/3791443

169. Silva, M. (2007). Barriers to innovation faced by manufacturing firms in Portugal : How to overcome them ? *MPRA Paper No. 5408*. Munich Personal RePEc Archive.

170. Stiglitz, J. E. (1994). The role of the state in financial markets. In *Proceedings of the World Bank Annual Conference on Development Economics, 1993* (pp. 19–52). World Bank.

171. Suberu, R. T. (2015). Federalism and political restructuring in Nigeria. *Journal of African Studies, 43*(2), 215–234.

172. Subramanian, A., & Kessler, M. (2024). *The retreat of globalization and rise of protectionism*. Peterson Institute for International Economics.

173. Teshome, T. (2020). FDI and industrial policy in Ethiopia. *Journal of African Political Economy, 47*(164), 89–108. https://doi.org/10.1080/03056244.2020.1736208

174. Torres, R. (2019). *Industrial policy and global value chains* (ILO Research Paper). ILO.

175. Tsambou, A. D., & Kamga, B. F. (2021). Adoption d'innovations et productivité des entreprises en Afrique subsaharienne francophone : Cas du Cameroun, de la Côte d'Ivoire et du Sénégal. *Revue d'économie industrielle, 173*, 107–160. https://doi.org/10.4000/rei.11002

176. Tsambou, F., & Kamga, P. (2021). Industrialisation, souveraineté productive et défis en Afrique francophone. *Revue Économie & Développement, 45*(2), 77–92.

177. Trésor Économique. (2024). *Fiche pays : Éthiopie*. Direction Générale du Trésor.

178. UNESCO. (2022). *Rapport sur les sciences et innovations technologiques en Afrique*. UNESCO.

179. UNCTAD (United Nations Conference on Trade and Development). (2000). *World Investment Report 2000*. United Nations.

180. UNCTAD. (2013). *Trade and development report 2013*. United Nations.

181. UNCTAD. (2020). *World Investment Report 2020*. United Nations.

182. UNCTAD. (2022). *Economic development in Africa report 2022*. United Nations.

183. UNCTAD. (2023). *World Investment Report 2023*. United Nations.

184. UNCTAD. (2024). *Economic Development in Africa Report 2024 : Reconfiguring Global Value Chains for Africa's Industrialization*. United Nations.

185. UNDP (United Nations Development Programme). (2023). *Human development report 2023*. UNDP.

186. UNECA (United Nations Economic Commission for Africa). (2019). *Africa Industrialization Week report*. UNECA.

187. UNECA (United Nations Economic Commission for Africa). (2021). *Industrial policy and regional integration in Africa*. UNECA.

188. UNECA (United Nations Economic Commission for Africa). (2022). *Africa Industrialization Index*. UNECA.

189. UNECA (United Nations Economic Commission for Africa). (2023). *Africa industrialization index*. UNECA.

190. UNIDO (United Nations Industrial Development Organization). (2020). *Industrial development report : Industrialization in the digital age*. UNIDO.

191. UNIDO (United Nations Industrial Development Organization). (2021). *Industrial development report* (and 2023). UNIDO.

192. UNIDO (United Nations Industrial Development Organization). (2022). *Industrial development report*. UNIDO.

193. UNIDO (United Nations Industrial Development Organization). (2023). *Industrial Statistics Yearbook 2023*. UNIDO.

194. UNIDO (United Nations Industrial Development Organization). (2024). *Industrial development report : Turning challenges into sustainable solutions – The new era of industrial policy*. UNIDO.

195. Van de Walle, N. (2001). *African economies and the politics of permanent crisis, 1979–1999*. Cambridge University Press.

196. World Bank. (1994). *Industrial development report*. World Bank.

197. World Bank. (1997). *Africa development indicators 1997*. World Bank.

198. World Bank. (2014). *World development report 2014 : Risk and opportunity—Managing risk for development*. World Bank.

199. World Bank. (2019). *Nigeria special economic zones strategy*. World Bank.

200. World Bank. (2020a). *Doing business 2020*. World Bank.

201. World Bank. (2020b). *Kenya Economic Update : Navigating the Pandemic*. World Bank.

202. World Bank. (2020c). *Morocco Economic Monitor : From Recovery to Acceleration.* World Bank.

203. World Bank. (2020d). *Nigeria Development Update : Resilience through Reforms*. World Bank.

204. World Bank. (2021). *Rwanda country economic memorandum*. World Bank.

205. World Bank. (2022). *Cameroon Economic Update : Challenges and Policy Priorities*. World Bank.

206. World Bank. (2023a). *Industrial Competitiveness in Africa*. World Bank.

207. World Bank. (2023b). *World development indicators*. World Bank Group. https://databank.worldbank.org/source/world-development-indicators

208. World Bank. (2023c). *World development report 2023 : Migrants, refugees, and societies*. World Bank.

209. World Bank. (2024a). *Global Economic Prospects 2024*. World Bank.

210. World Bank. (2024b). *Trade and development report*. World Bank.

211. World Bank. (2025). *World economic outlook 2025*. World Bank.

Chapitre 4

L'Afrique face aux grandes transitions du XXIe siècle : vision stratégique et plan d'industrialisation 2045

Africa in the face of the great transitions of the 21st century: strategic vision and the 2045 industrialization plan

Par / by
Pierre NGUETSE TEGOUM
Alain NDEDI
Serge FOTSO SIMO

Résume

Le XXIe siècle offre à l'Afrique une fenêtre d'opportunité unique pour repositionner son développement industriel dans un contexte mondial marqué par la transition énergétique, les tensions géopolitiques et la reconfiguration des chaînes de valeur. Dans cet environnement instable, l'Afrique peut devenir un acteur stratégique ; à condition de rompre avec les modèles passés et d'adopter une démarche souveraine, disciplinée et résolument tournée vers l'intégration régionale.

Cette étude met en évidence que l'industrialisation par substitution aux importations doit être recentrée sur quatre axes prioritaires pour les décideurs : (i) la définition d'un portefeuille limité de filières stratégiques ; (ii) l'amélioration des capacités institutionnelles pour piloter et suivre les réformes ; (iii) la mobilisation de financements souverains et innovants ; et (iv) la consolidation de la ZLECAf comme espace industriel intégré. L'enjeu n'est pas seulement de produire localement, mais de maîtriser des segments critiques des chaînes de valeur – énergie, agro-industrie, matériaux, technologies ; afin de réduire la vulnérabilité extérieure et de renforcer la résilience économique.

Si ces leviers sont activés, l'Afrique pourra capter davantage de valeur ajoutée, réduire sa facture d'importation, sécuriser ses approvisionnements essentiels et s'insérer favorablement dans la transition énergétique mondiale. La clé réside dans un leadership politique capable de coordonner les acteurs, discipliner l'usage des ressources publiques et garantir la cohérence des politiques industrielles.

L'étude appelle ainsi à une action stratégique immédiate : faire de la souveraineté productive le pilier d'un nouveau pacte de développement, condition indispensable pour que l'Afrique cesse de subir les chocs extérieurs et devienne un acteur structurant de l'économie mondiale du XXIe siècle.

Mots clés : Industrialisation ; ISI ; Protectionnisme stratégique ; Souveraineté économique ; Intégration régionale.

JEL Code: O24,O25, F13

Abstract

The twenty-first century offers Africa a unique opportunity to reposition its industrial development within a global environment shaped by the energy transition, rising geopolitical tensions, and the reconfiguration of global value chains. In this unstable context, Africa has the potential to become a strategic actor, provided it breaks with past development models and adopts a sovereign and disciplined approach grounded in regional integration.

This study demonstrates that import substitution industrialization must be refocused around four central priorities for policymakers: defining a limited and coherent portfolio of strategic value chains, strengthening institutional capacities to design, implement and monitor reforms, mobilizing sovereign and innovative financing mechanisms, and consolidating the AfCFTA as an integrated industrial space. The challenge is not simply to expand domestic production but to gain control over critical segments of value chains, particularly in energy, agro-industry, materials and technology, in order to reduce external vulnerabilities and strengthen economic resilience.

If these levers are effectively activated, Africa will be able to capture higher levels of value added, reduce its import bill, secure essential supplies and position itself advantageously within the global energy transition. Success depends on political leadership capable of coordinating actors, disciplining the use of public resources, and ensuring coherence across industrial policies.

The study therefore calls for immediate strategic action: establishing productive sovereignty as the cornerstone of a new development pact, a necessary condition for enabling Africa to move beyond the passive absorption of external shocks and emerge as a shaping force in the global economy of the twenty-first century.

Keywords: Industrialization; ISI; Strategic protectionism; Economic sovereignty; Regional integration.

JELCode : O24,O25, F13

Introduction

L'économie mondiale connaît, depuis le début des années 2020, une recomposition profonde de ses dynamiques structurelles sous l'effet de trois transformations majeures : la révolution technologique fondée sur l'intelligence artificielle et la robotisation (UNIDO, 2024), la transition énergétique portée par la décarbonation et la compétition pour les ressources critiques (IEA, 2023), et la fragmentation géoéconomique caractérisée par le retour des politiques industrielles nationales et des rivalités systémiques entre grandes puissances (Rodrik & Stiglitz, 2024). Ces mutations marquent la fin du paradigme hyper-globalisé qui dominait les années 1980–2010, fondé sur l'allocation internationale statique et linéaire du travail. Elles redéfinissent, en profondeur, les trajectoires possibles des économies en développement, en particulier celles de l'Afrique.

Dans ce nouvel environnement, les stratégies nationales ne consistent plus à rechercher une insertion passive dans les chaînes de valeur mondiales, mais à sécuriser des segments productifs critiques, à protéger des secteurs stratégiques et à développer des capacités internes d'innovation et de production (Andreoni, Chang & Wild, 2023). Les grandes puissances économiques, États-Unis, Chine, Union européenne, Inde, ont engagé des programmes massifs de relocalisation, de subventions industrielles, de protectionnisme vert, et d'investissements ciblés dans les technologies émergentes (Bown, 2023 ; European Commission, 2024). Cette reconfiguration ouvre pour l'Afrique une fenêtre d'opportunité historique pour repositionner son modèle économique sur une base productive endogène, articulée à la ZLECAf, aux innovations numériques et à la transition énergétique.

Toutefois, les risques demeurent importants : marginalisation technologique, captation externe des rentes liées aux minerais critiques, exposition aux normes environnementales restrictives, et vulnérabilité persistante aux chocs extérieurs (UNECA, 2024). Cette tension entre opportunités et vulnérabilités soulève une question centrale qui est celle de savoir comment l'Afrique peut-elle transformer la fragmentation géoéconomique, la transition énergétique mondiale et la révolution technologique en leviers de souveraineté productive et de consolidation d'un modèle africain d'industrialisation par substitution aux importations (ISI)

Pour y répondre, cette étude adopte une approche prospective et systémique, articulée autour de trois niveaux complémentaires. Premièrement, une analyse structurelle du système international, fondée sur l'examen des tendances lourdes documentées par les institutions spécialisées (UNIDO, 2024 ; IEA, 2023 ; UNCTAD, 2024) et par les travaux récents en économie politique internationale (Rodrik & Stiglitz, 2024). Cette analyse permet d'identifier les dynamiques globales susceptibles d'influencer durablement l'espace stratégique africain. Le deuxième axe de la méthodologie est l'analyse comparative des trajectoires industrielles, mobilisant la littérature sur les politiques industrielles contemporaines, les États développeurs et les processus de transformation structurelle en Afrique (ACET, 2023 ; Andreoni et al., 2023). Cette approche vise à distinguer les leviers institutionnels, technologiques et productifs qui conditionnent la réussite de l'ISI sur le continent. Enfin, il y a une démarche prospective à l'horizon 2026–2045, basée sur les outils d'anticipation stratégique mobilisés internationalement (European Commission, 2024). Cette méthode facilite la formulation des trajectoires plausibles, l'identification d'opportunités et de risques, et la construction d'un Plan stratégique africain cohérent avec les futurs possibles.

La suite du document est structurée en quatre grandes sections complémentaires. La section 2 analyse les transformations globales structurelles et les implications pour l'Afrique. Elle met l'accent sur la révolution technologique, la transition énergétique et la reconfiguration des chaînes de valeur. La section 3 examine la position stratégique de l'Afrique dans ce nouvel environnement, ainsi que les avantages et vulnérabilités continentales face aux transformations globales. La quatrième section, quant à elle, présente le Plan stratégique africain 2026–2045, qui constitue la trajectoire opérationnelle permettant de faire de l'ISI un moteur de souveraineté productive, d'intégration régionale et de montée en gamme industrielle. L'étude s'achève par une conclusion qui constitue la dernière section.

I. Transformations globales structurelles et implications pour l'Afrique

Les profondes recompositions de l'économie mondiale au cours de la dernière décennie déterminent, plus que jamais, la capacité des pays africains à définir une trajectoire industrielle autonome. Contrairement aux dynamiques analysées dans le chapitré précédent, centrées sur les facteurs structurels internes, les limites institutionnelles historiques et les conditions de viabilité d'un modèle africain d'ISI, la présente section se concentre exclusivement sur les transformations exogènes qui redéfinissent le contexte international. Ces dynamiques globales constituent des contraintes, mais également des leviers d'action pour la période 2026–2045, car elles reconfigurent les rapports de force technologiques, énergétiques et productifs dans lesquels s'inscrira l'industrialisation africaine. Trois transformations majeures façonnent particulièrement ce nouvel environnement : la révolution technologique, la transition énergétique mondiale, et la reconfiguration des chaînes de valeur globales.

1. Révolution technologique mondiale

La révolution technologique qui s'accélère depuis le début des années 2020 constitue l'une des transformations structurelles majeures de l'économie mondiale. Elle se caractérise par la convergence entre l'intelligence artificielle (IA), la robotisation avancée, la numérisation intégrale des processus industriels et la maîtrise stratégique des données. Contrairement aux précédentes vagues d'innovations, souvent sectorielles ou limitées à certaines économies avancées, cette révolution est transversale : elle touche simultanément la production, la logistique, les services, la finance et les infrastructures critiques, reconfigurant ainsi les fondements mêmes de la compétitivité internationale.

1.1. Intelligence artificielle : pilier du nouveau paradigme productif

L'intelligence artificielle (IA) s'impose aujourd'hui comme l'un des piliers centraux du nouveau paradigme productif mondial. Son déploiement accéléré transforme la conception, la production, la logistique et la régulation économique, en redéfinissant les bases de la compétitivité industrielle (UNIDO, 2024 ; Smart Africa, 2022 ; IRENA, 2024). Pour l'Afrique, l'IA constitue à la fois une opportunité stratégique et un impératif d'adaptation structurelle, notamment dans un contexte où les chaînes de valeur deviennent plus dynamiques et plus exigeantes en matière de technologies avancées.

L'IA modifie en profondeur la structure des systèmes productifs. Dans l'industrie manufacturière, elle permet la maintenance prédictive, l'automatisation flexible des chaînes de montage et l'amélioration en continu des contrôles de qualité, ce qui réduit les coûts et renforce la fiabilité des processus (UNIDO, 2024). Dans la logistique, elle optimise la traçabilité, facilite la coordination transfrontalière et fluidifie les opérations grâce à l'analyse en temps réel des flux, un enjeu clé pour les corridors industriels de la ZLECAf (Smart Africa, 2022).

Sur le plan institutionnel, l'intégration de l'IA renforce les capacités de gouvernance économique. Elle aide à détecter les distorsions de marché, améliore la supervision des zones industrielles et soutient la transparence des incitations publiques. Cette intégration offre aux États africains la possibilité de surmonter certains défis structurels, notamment la faiblesse des systèmes d'information, la dispersion des données industrielles et le manque de capacités administratives spécialisées (UNIDO, 2024).

Toutefois, cette transition nécessite des investissements importants dans les infrastructures numériques, les centres de données souverains, la cybersécurité et la formation technique avancée. Elle requiert également une souveraineté dans la gestion des données industrielles, afin d'éviter une dépendance technologique accrue vis-à-vis des plateformes étrangères, un risque souligné par plusieurs institutions continentales (Smart Africa, 2022 ; AU, 2023).

1.2. Souveraineté numérique comme nouvelle dimension de la puissance économique

La souveraineté numérique devient une composante essentielle de la puissance économique contemporaine. Elle conditionne la capacité des États à contrôler leurs données, à sécuriser leurs infrastructures critiques et à préserver leur autonomie dans un environnement technologique dominé par quelques grandes plateformes mondiales (Smart Africa, 2022 ; AU, 2023). Pour l'Afrique, cet enjeu est central, car la maîtrise des données industrielles et logistiques influence directement la compétitivité des chaînes de valeur.

Dans ce contexte, plusieurs institutions africaines et internationales mettent en avant la nécessité de développer, à terme, un Cloud industriel africain. Il ne s'agit pas d'une infrastructure déjà opérationnelle, mais d'une orientation stratégique visant à doter le continent de capacités souveraines de gestion des données, de certification industrielle et de cybersécurité. Les travaux de l'UNIDO (2024) et les initiatives de Smart Africa (2022) soulignent l'importance de disposer, à moyen terme, d'une architecture numérique continentale capable de soutenir l'intégration industrielle et l'harmonisation des standards numériques.

L'intégration progressive de l'intelligence artificielle, encore limitée et très hétérogène selon les pays, constitue également une trajectoire émergente. L'IA pourrait à l'avenir appuyer la supervision des chaînes logistiques, l'anticipation des besoins énergétiques ou la surveillance des performances industrielles. Ces applications nécessitent toutefois des infrastructures, des compétences et un cadre réglementaire que la majorité des États africains doivent encore consolider (UNIDO, 2024 ; Smart Africa, 2022).

La souveraineté numérique requiert donc des investissements continus dans les centres de données, les réseaux haut débit, la cybersécurité et la formation technique. Elle suppose également l'élaboration d'un cadre réglementaire robuste afin de protéger les actifs stratégiques et d'assurer l'interopérabilité avec les standards internationaux. Sans ces fondations, le continent risque d'accentuer sa dépendance envers les fournisseurs étrangers de technologies critiques.

1.3. Robotisation avancée et transformation de l'organisation productive

La robotisation constitue un autre pilier majeur du nouveau paradigme productif. Elle transforme la structure des chaînes de production, réduit les coûts d'assemblage et améliore l'efficacité opérationnelle dans l'ensemble des industries manufacturières. Dans les pays industrialisés, la diffusion des robots industriels de nouvelle génération a permis de relocaliser certaines activités grâce à l'automatisation avancée et à la précision accrue des processus (UNIDO, 2024). Cette tendance s'accélère sous l'effet des innovations en robotique modulaire, en capteurs intelligents et en systèmes cyber-physiques.

Pour l'Afrique, la robotisation ouvre des perspectives nouvelles. Elle offre la possibilité de combler certaines faiblesses structurelles, notamment la faible productivité manufacturière, les contraintes liées à la qualité et le déficit de compétences techniques dans plusieurs filières (AUDA-NEPAD, 2023). Les robots collaboratifs ("cobots") constituent une solution adaptée, car ils demandent moins d'infrastructures lourdes et peuvent être intégrés progressivement dans les chaînes de valeur textiles, agro-industrielles ou électroniques.

La robotisation peut également soutenir les ambitions régionales de transformation locale. Elle améliore la capacité à produire des biens intermédiaires, renforce la fiabilité des standards de production et facilite l'intégration dans les corridors industriels définis par la ZLECAf (UNECA, 2022). Toutefois, cette transition exige un cadre industriel cohérent : accès à l'énergie, sécurité numérique, maintenance locale et formation technique avancée.

Les analyses de l'IRENA (2024) et de l'UNIDO (2024) soulignent enfin que la robotisation ne sera pleinement bénéfique que si elle s'accompagne d'un investissement massif dans l'énergie renouvelable, les réseaux numériques et les compétences industrielles. Sans cela, le risque de dualisation technologique entre pays capables d'intégrer la robotique et pays laissés en marge restera élevé.

2. Transition énergétique et compétition pour les ressources critiques

La transition énergétique mondiale constitue l'une des forces structurantes majeures de la reconfiguration industrielle contemporaine. Accélérée par les engagements de neutralité carbone pris par l'Union européenne, la Chine, les États-Unis et plusieurs économies émergentes, elle entraîne une transformation profonde des modèles productifs, des chaînes d'approvisionnement et des politiques industrielles nationales. Cette transition est à la fois technologique, géopolitique et normative, et redéfinit la hiérarchie des puissances industrielles dans un monde engagé dans une course à la décarbonation (IEA, 2023).

2.1. Décarbonation mondiale et recomposition des priorités industrielles

La décarbonation mondiale transforme profondément les priorités industrielles. Sous l'effet des engagements climatiques et des contraintes réglementaires croissantes, les industries se réorientent vers des modèles de production bas-carbone exigeant de nouvelles infrastructures, un approvisionnement sécurisé en minerais critiques et une capacité d'innovation technologique soutenue (IEA, 2023 ; UNIDO, 2024).

Les objectifs de neutralité carbone à l'horizon 2050 (ou 2060 pour certains pays asiatiques) ont entraîné une réorientation rapide des investissements mondiaux vers les technologies vertes : énergies renouvelables, stockage énergétique, hydrogène vert, et solutions bas-carbone pour l'industrie lourde. Cette dynamique modifie profondément la structure des avantages comparatifs internationaux (European Commission, 2024). Les États capables d'aligner leurs systèmes productifs sur les normes environnementales émergentes deviennent des pôles privilégiés pour les investissements et les échanges commerciaux, tandis que ceux incapables de s'adapter risquent une marginalisation progressive due à des barrières environnementales de plus en plus strictes.

2.2. La montée en puissance des minerais critiques dans la géo-économie mondiale

L'importance croissante des minerais critiques dans la géo-économie mondiale s'explique par la transition énergétique et la demande accrue en technologies bas-carbone, notamment dans les batteries, l'hydrogène vert et les systèmes numériques avancés (IEA, 2023 ; UNCTAD, 2023).

La transition énergétique n'est pas seulement une transformation technologique : elle engendre une « géopolitique des matériaux », centrée sur le contrôle de minerais essentiels comme le lithium, le cobalt, le nickel, le graphite ou les terres rares. Ces ressources constituent les intrants stratégiques des batteries, des éoliennes, des panneaux solaires, des véhicules électriques et de l'électronique avancée (UNCTAD, 2024). La demande mondiale pour ces minerais connaît une croissance exponentielle : l'Agence internationale de l'énergie estime qu'elle pourrait être multipliée par quatre d'ici 2040 pour répondre aux besoins de la décarbonation globale (IEA, 2023).

Cette intensification de la demande provoque une compétition accrue entre les grandes puissances pour sécuriser les chaînes d'approvisionnement. Les États-Unis, l'Union européenne et la Chine ont mis en place des stratégies de diversification minérale, de partenariats stratégiques et de contrôle des chaînes d'extraction et de raffinage. La Chine, déjà dominante dans la transformation des minerais critiques, renforce sa position à travers des investissements massifs dans le raffinage et la production d'équipements verts (Bown, 2023). L'Union européenne, de son côté, a adopté le Critical Raw Materials Act, qui vise à réduire la dépendance stratégique du continent vis-à-vis de quelques fournisseurs.

2.3. Opportunités et nouvelles formes de dépendances dans l'économie bas-carbone

La transition vers une économie bas-carbone ouvre des opportunités majeures pour l'Afrique, notamment dans l'exploitation des minerais critiques et dans le développement des filières d'énergie renouvelable. Cependant, elle génère également de nouvelles dépendances technologiques, notamment dans les équipements de stockage, les systèmes de contrôle énergétique et les technologies de conversion (UNIDO, 2024 ; IRENA, 2024).

L'un des paradoxes de la transition énergétique globale est qu'elle ouvre des opportunités industrielles majeures pour les pays disposant de ressources critiques ou d'un potentiel énergétique renouvelable abondant, tout en faisant peser des risques de dépendance et de capture de valeur. Les territoires dotés d'une forte capacité solaire ou hydraulique deviennent des espaces clés pour la production d'hydrogène vert, tandis que ceux disposant de minerais stratégiques se trouvent au cœur de rivalités économiques et politiques (IEA, 2023 ; UNECA, 2024).

Cette évolution globale ne garantit toutefois pas une montée en gamme automatique : elle peut, au contraire, renforcer un modèle extractiviste si les pays producteurs restent cantonnés à l'exportation de matières premières sans intégration des chaînes de transformation. C'est pourquoi la question de la transformation locale des minerais critiques est devenue un enjeu géopolitique majeur, déterminant pour la structuration des futures chaînes de valeur bas-carbone (UNCTAD, 2024). Dans ce contexte, la transition énergétique mondiale ne doit pas être interprétée uniquement comme une contrainte environnementale, mais comme une transformation systémique qui recompose l'espace des possibles industriels à l'échelle internationale.

3. Reconfiguration des chaînes de valeur mondiales

La reconfiguration des chaînes de valeur mondiales constitue l'un des mouvements les plus déterminants de l'économie internationale depuis le début des années 2020. Après trois décennies d'hyper-globalisation dominée par l'étirement géographique des processus productifs, les ruptures d'approvisionnement, les tensions géopolitiques et la montée des stratégies nationales de sécurité économique contribuent à une fragmentation sélective des chaînes de valeur (Rodrik & Stiglitz, 2024). Cette dynamique n'implique pas une démondialisation, mais plutôt une redéfinition des circuits de production selon des critères de résilience, de proximité, de stabilité politique et d'alignement géostratégique.

3.1. Recul du paradigme hyper-globalisé

L'ère de la globalisation extrême connaît un recul marqué. La montée des tensions géopolitiques, les ruptures d'approvisionnement et la recherche de résilience productive poussent les entreprises à réorganiser leurs implantations, à diversifier leurs fournisseurs et à réduire leur dépendance aux chaînes de valeur trop étendues (UNCTAD, 2023 ; Rodrik & Stiglitz, 2024).

Le modèle qui a prévalu des années 1990 aux années 2010 reposait sur une logique de fragmentation extrême des processus industriels, chaque segment étant localisé dans l'espace offrant les coûts les plus bas. La pandémie de 2020, la guerre commerciale sino-américaine et les tensions géopolitiques ont mis en évidence la fragilité de cette architecture hyper-optimisée (UNCTAD, 2024). Les entreprises multinationales et les États cherchent désormais à réduire les risques associés aux longues chaînes logistiques, à la concentration géographique de certains intrants stratégiques et à une dépendance excessive vis-à-vis d'un nombre limité de fournisseurs.

3.2. La montée du nearshoring et du friend-shoring

Les stratégies de nearshoring (rapprochement géographique des sites de production) et de friend-shoring (relocalisation vers des pays alliés ou politiquement fiables) gagnent en importance. Elles répondent à la nécessité de sécuriser les approvisionnements, de réduire les risques politiques et de renforcer la résilience des chaînes de valeur face à l'instabilité géoéconomique (UNCTAD, 2023 ; OECD, 2022).

Parallèlement, plusieurs pays entreprennent un reshoring partiel, c'est-à-dire le retour de segments critiques de production vers le pays d'origine, notamment dans les secteurs stratégiques exposés à des ruptures d'offre ou à une forte dépendance externe (European Commission, 2024). Ces dynamiques redéfinissent la géographie industrielle mondiale. Elles favorisent les régions capables d'offrir un marché intégré, une stabilité relative et un potentiel de montée en gamme technologique. Ces régions sont désormais mieux positionnées pour capter des segments intermédiaires et finaux des chaînes de valeur industrielles

3.3. L'émergence de nouveaux pôles industriels et le réagencement productif mondial

Cette recomposition se traduit par l'émergence ou le renforcement de pôles industriels intermédiaires en Asie du Sud-Est, en Amérique latine, en Europe de l'Est et dans certaines régions du Moyen-Orient. Ces territoires deviennent des plateformes privilégiées pour accueillir des industries cherchant à se délocaliser partiellement des grands hubs asiatiques tout en restant connectées aux marchés mondiaux (UNIDO, 2024). Le déplacement progressif d'activités stratégiques vers ces pôles modifie non seulement la géographie de la production mondiale, mais également les conditions d'entrée et de concurrence pour les économies en développement.

3.4. Réorganisation normative et segmentation des marchés

La réorganisation des standards techniques, environnementaux et numériques fragmente progressivement les marchés mondiaux. Les blocs économiques imposent désormais leurs propres normes, ce qui complique l'accès aux marchés internationaux pour les pays dépourvus de capacités de certification et d'infrastructures d'accréditation performantes (ARSO, 2023).

Cette dynamique s'accélère sous l'effet des stratégies normatives des grandes puissances. Les normes environnementales de l'Union européenne, les restrictions américaines sur les technologies sensibles ou encore les standards chinois dans les infrastructures numériques créent une « régionalisation normative » qui segmente les marchés selon des sphères de compatibilité réglementaire (Bown, 2023). Cette recomposition renforce les logiques de blocs déjà visibles dans les politiques industrielles contemporaines et impose aux pays tiers de s'aligner ou de développer leurs propres architectures de normes.

Pour l'Afrique, cette évolution rend indispensable une harmonisation rapide des standards techniques, sanitaires et numériques au sein de la ZLECAf. Une telle convergence constitue un impératif stratégique pour éviter une marginalisation accrue et pour faciliter l'intégration du continent dans les chaînes de valeur globales.

3.5. Implications globales de cette recomposition

La reconfiguration des chaînes de valeur mondiales est donc moins un retrait de la mondialisation qu'une transformation profonde de son architecture. Elle instaurera un environnement international marqué par des divisions croissantes, dominé par des coalitions industrielles régionales, des alliances technologiques sélectives et des circuits logistiques réorganisés en fonction des considérations de sécurité économique (UNCTAD, 2024). Ces transformations redéfinissent les opportunités et contraintes auxquelles les pays doivent s'adapter, et constituent un paramètre déterminant pour toute stratégie industrielle à l'horizon 2045.

II. Position stratégique de l'Afrique et fenêtres d'opportunités

La recomposition actuelle de l'économie mondiale ouvre une conjoncture particulièrement favorable à l'Afrique. Pour la première fois depuis les indépendances, les transformations globales, transition énergétique, révolution technologique, fragmentation géopolitique et réorganisation des chaînes de valeur, créent un environnement dans lequel les atouts du continent peuvent être mobilisés pour soutenir une stratégie d'industrialisation par substitution aux importations (ISI) adaptée au XXIe siècle. Cette section montre comment ces mutations exogènes redéfinissent la place de l'Afrique dans l'économie mondiale et ouvrent des espaces d'action pour une réaffirmation de sa souveraineté productive.

1. Avantages structurels de l'Afrique dans la nouvelle géo-économie

L'Afrique dispose d'atouts structurels significatifs qui, dans le contexte actuel de transition énergétique, de recomposition géopolitique et d'essor technologique, renforcent son importance stratégique au sein de l'économie mondiale. Ces avantages, longtemps sous-exploités, acquièrent aujourd'hui une centralité nouvelle en raison de leur contribution déterminante aux chaînes de valeur bas-carbone, numériques et manufacturières émergentes.

1.1. Un capital géologique stratégique au cœur de la transition énergétique

L'Afrique dispose d'un stock exceptionnel de minerais critiques devenus indispensables aux technologies bas-carbone. Selon l'Agence internationale de l'énergie (IEA, 2023), la République démocratique du Congo et la Zambie assurent près de 70% de la production mondiale de cobalt, tandis que l'Afrique du Sud concentre environ 90% des réserves de métaux du groupe du platine, essentiels aux technologies hydrogène. Le Mozambique et le Madagascar détiennent à eux seuls un quart des réserves mondiales de graphite naturel, indispensable aux anodes de batteries lithium-ion ; le Zimbabwe est devenu un acteur majeur du lithium avec près de 20% des réserves africaines ; et le Gabon fournit environ 12 % du manganèse mondial. Dans un monde engagé dans la décarbonation rapide, cette dotation minérale confère au continent une importance géostratégique nouvelle.

1.2. Potentiel énergétique renouvelable parmi les plus élevés au monde

Les avantages structurels de l'Afrique s'étendent également à son potentiel énergétique bas-carbone. Le continent bénéficie d'environ 40% du potentiel solaire mondial, alors qu'il n'exploite qu'1% de la capacité photovoltaïque installée (IRENA, 2024). Le complexe hydroélectrique du Grand Inga, en République démocratique du Congo, représente à lui seul un potentiel supérieur à 40 000 MW, soit l'équivalent de l'ensemble de la capacité électrique actuelle de l'Afrique du Sud. Le potentiel éolien du continent dépasse largement 460 GW, et plusieurs pays, notamment la Namibie, le Maroc et la Mauritanie, figurent parmi les dix territoires les plus compétitifs au monde pour la production d'hydrogène vert à moins de 2 dollars le kilogramme selon les estimations de l'IEA (2024). Cette dotation énergétique bas-carbone constitue un avantage comparatif inédit à l'heure où les industries mondiales cherchent à réduire l'empreinte carbone de leurs chaînes de valeur.

1.3. Démographie dynamique et une urbanisation rapide

La structure démographique du continent constitue un autre avantage décisif. L'Afrique reste le continent le plus jeune au monde, avec environ 60% de sa population âgée de moins de 25 ans. La population active devrait atteindre près d'un milliard de personnes en 2035 (ACET, 2023). Parallèlement, la dynamique d'urbanisation est l'une des plus rapides de la planète : d'ici 2050, près de 950 millions de nouveaux citadins rejoindront les villes africaines, soit davantage que les croissances urbaines cumulées de la Chine et de l'Inde sur la même période. Cette évolution crée un marché intérieur de plus en plus vaste et diversifié, susceptible de soutenir une industrialisation tirée par la demande urbaine et par la montée d'une classe moyenne émergente.

1.4. ZLECAf comme levier institutionnel d'intégration économique

La Zone de libre-échange continentale africaine constitue non pas un atout structurel intrinsèque, mais un avantage systémique émergent qui renforce la capacité collective du continent à se positionner dans la nouvelle géo-économie. Avec 1,4 milliard de consommateurs et un PIB cumulé dépassant 3 400 milliards de dollars, la ZLECAf offre un espace économique intégré capable de réduire les barrières commerciales internes et d'harmoniser progressivement les normes industrielles. Les projections de la Banque mondiale (2023) montrent qu'elle pourrait augmenter de 450 milliards de dollars le revenu continental d'ici 2035, réduire les coûts logistiques intra-africains de 16 % et accroître de 30% le commerce de biens manufacturés. C'est actif institutionnel stratégique, résultat d'une volonté politique collective, qui modifie les conditions de l'industrialisation africaine.

2. Multipolarité grandissante : un espace d'influence accru pour l'Afrique

La recomposition géopolitique mondiale, marquée par l'intensification des rivalités entre grandes puissances, ouvre pour l'Afrique un espace stratégique inédit. Alors que les décennies 1990–2010 étaient dominées par un ordre économique unipolaire structuré autour d'un consensus libéral, la période récente est caractérisée par une montée de la multipolarité, une compétition technologique croissante et une politisation des chaînes de valeur globales (Rodrik & Stiglitz, 2024). Dans ce nouvel environnement international, le continent occupe une place de plus en plus centrale dans les équilibres globaux, non seulement en raison de ses ressources naturelles et énergétiques, mais aussi en tant qu'acteur diplomatique émergent dans les nouvelles alliances industrielles.

2.1. Érosion du modèle unipolaire et la recomposition des sphères d'influence

L'architecture internationale se recompose autour de plusieurs pôles majeurs (États-Unis, Chine, Union européenne, Inde, puissances du Golfe et BRICS élargis) créant un environnement multipolaire marqué par une intensification des rivalités géoéconomiques. Cette recomposition s'accompagne d'une concurrence accrue pour l'accès aux ressources critiques, aux marchés émergents, aux corridors logistiques et aux partenariats technologiques. Dans ce contexte, l'Afrique devient un espace stratégique central pour ces acteurs.

La Chine poursuit une implantation industrielle et infrastructurelle massive : elle a investi plus de 155 milliards USD dans les infrastructures africaines entre 2000 et 2022, et demeure depuis 2009 le premier partenaire commercial du continent, avec 282 milliards USD d'échanges en 2023 (China–Africa Research Initiative, 2023). Les États-Unis, quant à eux, cherchent à réduire les dépendances stratégiques dans les chaînes de valeur sensibles ; leur initiative Digital Transformation with Africa représente un engagement financier d'environ 55 milliards USD pour la période 2022–2025 (White House, 2022).

L'Union européenne mobilise son agenda Global Gateway, avec un paquet d'investissements annoncé de 150 milliards EUR en faveur de l'Afrique sur 2021–2027, destiné à sécuriser des chaînes de valeur vertes, à développer l'hydrogène, les infrastructures numériques et les réseaux énergétiques (European Commission, 2022). Parallèlement, l'Inde renforce sa présence économique : le commerce indo-africain a atteint 98 milliards USD en 2023 (India Ministry of Commerce, 2024). Les pays du Golfe principalement les Émirats arabes unis et l'Arabie saoudite, ont, pour leur part, engagé plus de 53 milliards USD d'investissements en Afrique au cours de la dernière décennie, principalement dans l'énergie, l'agro-industrie et la logistique (Gulf Coopération Council Investment Outlook, 2023 ; UNCTAD, 2024).

Cette pluralité d'intérêts crée un environnement plus complexe, mais elle renforce également la marge de manœuvre diplomatique des pays africains. En utilisant cette concurrence de manière stratégique, les gouvernements peuvent obtenir des partenariats plus équilibrés, conditionnés à la création de valeur locale, à l'intégration régionale et au renforcement des capacités productives.

2.2. Concurrence des puissances : une fenêtre d'opportunité pour la souveraineté africaine

La rivalité croissante entre grandes puissances modifie profondément le positionnement stratégique de l'Afrique. Le continent n'est plus perçu uniquement comme un fournisseur de matières premières ou un simple marché émergent, mais comme un acteur indispensable aux transitions énergétiques, industrielles et technologiques mondiales. Les faits récents le démontrent :

- Accords d'accès aux minerais critiques (cobalt, nickel, lithium, graphite) signés avec la RDC, la Namibie, le Zimbabwe ou le Mozambique ;
- Investissements massifs dans l'hydrogène vert, notamment entre le Maroc et l'Union européenne, ou entre la Namibie et l'Allemagne ;
- Programmes de connectivité numérique pilotés par la Chine (fibres optiques, infrastructures 5G), l'Union européenne (Global Gateway) ou les États-Unis (Digital Transformation with Africa) ;
- Développement de corridors logistiques stratégiques comme LAPSSET (Kenya–Éthiopie), le corridor Lobito (Angola–Zambie–RDC), ou encore le North–South Corridor.

Cette compétition ouvre une véritable fenêtre d'opportunités pour renforcer la souveraineté africaine. Elle offre aux gouvernements la possibilité de négocier des partenariats assortis de contreparties structurantes, telles que la transformation locale d'une partie des minerais critiques, l'implantation d'usines de composants ou de centres de données, ou encore la construction de zones industrielles et d'infrastructures énergétiques modernes. Elle permet également d'exiger des programmes crédibles de transfert de compétences et de technologies, afin de consolider les capacités productives nationales et régionales.

Dans un contexte de multipolarité ascendante, la souveraineté africaine dépend ainsi de la capacité collective des États à convertir cette rivalité internationale en stratégie concertée. La mise en concurrence des puissances ne devient un levier de développement que si elle s'accompagne d'exigences claires en matière de valeur ajoutée locale, d'intégration régionale et de renforcement des capacités industrielles.

III. Plan stratégique pour la réussite du modèle Africain d'ISI

Cette section présente un plan stratégique sur vingt ans pour opérationnaliser le modèle africain d'industrialisation par substitution aux importations (ISI). Un horizon de deux décennies s'impose non seulement au regard des recommandations des institutions spécialisées, mais aussi en raison des transformations structurelles profondes qui redéfinissent l'économie mondiale. Selon l'UNIDO (2021), les effets durables d'une politique industrielle structurante ne deviennent tangibles qu'après quinze à vingt ans, le temps nécessaire pour consolider les institutions compétentes, bâtir des capacités productives, installer des écosystèmes d'innovation et stabiliser les investissements industriels. Rodrik (2020) souligne également qu'un cycle complet de politique industrielle repose sur plusieurs séquences : apprentissage institutionnel, montée en gamme productive et intégration africaine qui exigent une planification de long terme.

Les mutations globales analysées dans les sections précédentes renforcent cette nécessité. La révolution technologique en cours, portée par l'intelligence artificielle, la robotisation et la souveraineté numérique, impose aux pays africains de concevoir des stratégies industrielles capables d'intégrer les technologies émergentes dans la production, les chaînes logistiques et la gouvernance économique. La transition énergétique mondiale, fondée sur la décarbonation et l'essor des minerais critiques, repositionne l'Afrique au cœur des chaînes de valeur du futur, mais exige des investissements structurels prolongés pour capter la valeur ajoutée au-delà de l'exportation brute des ressources.

Parallèlement, la fragmentation géopolitique et la montée de la multipolarité créent un environnement dans lequel l'Afrique peut renforcer sa marge de manœuvre stratégique à condition de négocier des alliances industrielles équilibrées, de diversifier ses partenariats technologiques et de développer une souveraineté normative pour éviter la marginalisation dans les nouveaux régimes des standards internationaux (Rodrik & Stiglitz, 2024). De même, la reconfiguration des chaînes de valeur en direction des modèles régionaux et résilients, combinée au potentiel de la ZLECAf, ouvre un espace pour structurer des pôles productifs continentaux capables de capter des segments intermédiaires jusqu'ici situés en Asie ou en Amérique latine (UNCTAD, 2023).

1. Plan d'actions prioritaires pour l'implémentation du modèle africain d'ISI

Ce plan s'articule autour de cinq axes prioritaires : (i) la souveraineté productive, centrée sur la transformation locale des ressources stratégiques et le développement des capacités industrielles intermédiaires ; (ii) un protectionnisme intelligent, cohérent avec les règles commerciales internationales, mais orienté vers la consolidation des filières africaines ; (iii) l'intégration industrielle régionale, indispensable pour structurer des chaînes de valeur continentales solides à l'ère de la ZLECAf ; (iv) un financement stratégique adapté aux besoins de l'industrialisation bas-carbone et aux technologies émergentes ; et (v) le renforcement d'un État stratège capable d'orienter l'investissement, de réguler les marchés et de piloter l'innovation.

Son déploiement sur quatre sous-périodes (2026–2030, 2031–2035, 2036–2040 et 2041–2045) répond à la nécessité d'accompagner progressivement les transformations multiples mises en lumière dans les sections précédentes. La montée en puissance de l'intelligence artificielle, le recentrage géo-économique autour des minerais critiques, la transition énergétique mondiale et la fragmentation géopolitique exigent une stratégie de long terme qui permette aux pays africains de renforcer simultanément leur souveraineté technologique, énergétique, productive et normative (UNIDO, 2024 ; IEA, 2023 ; Rodrik & Stiglitz, 2024).

Ce cadre stratégique s'inspire des expériences historiques de transformation structurelle documentées par Amsden (2001), Chang (2002) et Rodrik (2004), tout en intégrant les contraintes spécifiques du continent africain mises en évidence par la CNUCED (2020) et la CEA (2019). Il s'inscrit également dans la continuité des ambitions africaines exprimées dans la ZLECAf, le NEPAD et le Pacte africain pour la souveraineté productive (Afreximbank, 2023 ; Union africaine, 2021).

1.1. Phase 1 (2026-2030) : Réarmement productif et mise à niveau institutionnelle

La première phase pose les bases du modèle africain d'industrialisation par substitution aux importations. Elle vise à installer les capacités institutionnelles, productives et technologiques sans lesquelles aucune montée en gamme industrielle ne peut être envisagée. Cette période correspond à un moment de réarmement productif : les États consolident leurs instruments de pilotage, sécurisent les souverainetés de base et initient les premières transformations industrielles.

Sur le plan institutionnel, la priorité est donnée à la mise en place ou au renforcement des agences nationales de développement industriel, à la structuration des mécanismes de planification et à l'adoption d'outils cohérents de politique industrielle. Les expériences comparées montrent que ces fondations institutionnelles constituent un préalable indispensable à toute trajectoire de transformation structurelle (Amsden, 2001 ; Chang, 2002).

Parallèlement, la phase 2026–2030 engage les premiers investissements dans les secteurs clés. La mise en place d'unités de pré-transformation des minerais critiques permet d'ancrer l'Afrique dans les segments en amont des futures chaînes de valeur des batteries et des technologies bas-carbone, conformément aux analyses de la CNUCED (2023) et d'Afreximbank (2024). Le développement de zones industrielles alimentées par des énergies renouvelables crée par ailleurs les conditions d'une compétitivité énergétique durable (IEA, 2023 ; IRENA, 2024).

Cette phase vise également à consolider les souverainetés numériques, par le déploiement des premiers data centers souverains, l'hébergement local des données industrielles et l'émergence d'outils d'intelligence artificielle dédiés. Cette orientation répond aux recommandations récentes en matière de maîtrise des infrastructures numériques et de réduction de la dépendance technologique (UNIDO, 2024 ; Smart Africa, 2022).

La souveraineté alimentaire constitue un autre pilier de cette première étape. La création d'unités locales de transformation primaire (moulins, huileries, décortiqueuses, laiteries, développement national de bio-intrants comme les biofertilisants, et biopesticides) répondent directement aux vulnérabilités identifiées par la FAO (2022) et la CEA (2021). Ces mesures permettent de stabiliser les filières alimentaires, de réduire la dépendance aux importations et de préparer la montée en gamme agro-industrielle des phases suivantes.

La phase implique un renforcement significatif des capacités fiscales, condition essentielle à la soutenabilité des investissements industriels. La digitalisation des administrations fiscales, l'amélioration du contrôle des prix de transfert et l'élargissement de l'assiette constituent des chantiers prioritaires (ATAF, 2024). Elle va poser les fondations institutionnelles, productives, numériques et alimentaires qui rendront possibles les avancées prévues dans les phases ultérieures. Le tableau ci-après présente les principales activités et les résultats attendus pour la période 2026–2030.

Tableau 17 : Activités prioritaires pour la phase 1 (2026-2030) et extrants attendus

Axe/Activités prioritaires	**Situation de base (2024)**	**Extrants attendus 2030**	**Sources principales**
Souveraineté productive			
Développement des capacités de pré-transformation des minerais critiques (raffinage, précurseurs chimiques, graphite, cathodes)	<5% des minerais africains transformés localement	6 unités régionales de pré-transformation opérationnelles dans les chaînes batteries–VE	UNCTAD (2023) ; Afreximbank (2024)
Création / consolidation des agences nationales de développement industriel (ANDI)	12 agences industrielles actives, mandats limités	20 agences dotées de mandats clairs, budgets pluriannuels, capacités renforcées	UNECA (2022) ; Rodrik (2004) ; Mkandawire (2001)

Axe/Activités prioritaires	Situation de base (2024)	Extrants attendus 2030	Sources principales
Cartographie continentale des intrants industriels critiques	Cartographies partielles dans 18% des pays	Observatoire continental opérationnel + base de données des intrants critiques	Chang (2002) ; OMS (2021) ; FAO (2022)
Valorisation des savoirs endogènes (artisanat, phytothérapie, agropastoralisme)	Bases de données fragmentées dans 20% des pays	Base consolidée dans 3 CER, intégrée aux filières manufacturières locales	UNESCO (2018) ; Hountondji (1997) ; OMS (2021)
Mise en place d'unités locales de transformation primaire (moulins, huileries, décortiqueuses, laiteries	Forte dépendance aux importations de produits alimentaires transformés ; capacités locales très limitées ; 60–70 % des produits transformés sont importés dans plusieurs pays ;	Création de 1 000 unités locales de transformation primaire réparties dans 30 pays ; réduction des importations de produits alimentaires transformés de 10–15% ;	FAO (2022) ; ECA (2021) ; UNIDO (2020).
Développement national de bio-intrants (biofertilisants, biopesticides)	85 % des intrants agricoles (engrais, pesticides) sont importés ; coûts élevés ; dépendance accrue aux fluctuations internationales	Mise en place de 20 plateformes nationales de production de bio-intrants ; couverture de 25–30% des besoins nationaux en intrants alimentaires essentiels ;	FAO (2022) ; AUDA-NEPAD (2023) ; UNECA (2022).
Protectionnisme intelligent			
Mise en œuvre des protections sectorielles conditionnelles (normes, droits de douane, quotas)	10 filières protégées dans 12 pays	10 filières stratégiques dotées de mécanismes disciplinaires basés sur la performance	Amsden (2001) ; Rodrik (2004) ; Chang (2002)
Politiques nationales de contenu local	Environ 15% des marchés publics intègrent des clauses locales	15 politiques nationales de contenu local couvrant les filières critiques	Cheru & Cramer (2019) ; ECA (2019)
Adaptation des normes industrielles aux standards internationaux (CBAM, batteries, IA)	Faible préparation aux normes vertes et numériques	Cadre continental d'harmonisation normative compatible avec CBAM et normes technologiques	European Commission (2023) ; UNIDO (2024)

Axe/Activités prioritaires	Situation de base (2024)	Extrants attendus 2030	Sources principales
Intégration industrielle régionale			
Déploiement de corridors industriels interconnectés	25 corridors partiellement opérationnels	25 corridors pleinement fonctionnels, intégrés aux filières industrielles régionales	UNIDO (2020) ; Afreximbank (2024)
Construction de zones industrielles bas-carbone	Potentiel solaire/hydraulique sous-utilisé	8 zones industrielles alimentées à 100 % par énergies renouvelables	IRENA (2024) ; IEA (2023)
Interconnexion des marchés numériques de la ZLECAf	Connectivité faible, données hébergées hors du continent	Interconnexion régionale des data centers et plateformes industrielles numériques	Smart Africa (2022)
Financement stratégique			
Mobilisation du financement vert et industriel	Accès limité aux fonds climatiques	Mécanisme africain de financement de projets industriels bas-carbone opérationnel	AfDB (2023) ; IEA (2023)
Développement de banques nationales et régionales d'investissement productif	Faiblesse du financement long terme	10 banques d'investissement renforcées ou créées	UNECA (2022) ; Afreximbank (2024)
Taxonomie africaine pour la finance industrielle durable	Absence de taxonomie harmonisée	Adoption d'une taxonomie continentale ISI–bas-carbone	AU (2023) ; CNUCED (2023)
Renforcement de l'État stratège			
Digitalisation complète des administrations fiscales	Pression fiscale < 15 % du PIB dans plusieurs pays ; capacités faibles	Digitalisation totale ; interconnexion régionale ; pression fiscale ≥ 20 % du PIB	ATAF (2024)
IA & souveraineté numérique dans la gouvernance industrielle	Forte dépendance aux plateformes non-africaines	10 data centers souverains et plateforme africaine d'IA appliquée à l'industrie	UNIDO (2024) ; UNESCO (2023)
Position africaine unifiée au CSNU	Position fragmentée (Déclaration d'Ezulwini non contraignante)	Document UA contraignant incluant revendication de veto + mandat renforcé du C10	UA (2005 ; 2022)

Source *: Auteurs à partir de la revue de la littérature*

1.2. Phase 2 (2031-2035) : Consolidation des filières stratégiques et progression structurelle

La deuxième phase correspond à une étape de montée en puissance : les bases posées entre 2026 et 2030 vont commencer à produire des effets tangibles en matière de capacités productives, d'intégration régionale et de modernisation technologique. L'enjeu de cette période est de transformer les fondations institutionnelles et les souverainetés essentielles en un système productif capable de répondre aux besoins continentaux tout en amorçant l'entrée dans des segments industriels intermédiaires.

Dans cette perspective, les actions entreprises vont accroitre les capacités de transformation industrielle. Les unités de pré-transformation installées en Phase 1 consistent à progresser sur le sentier de la fabrication d'intrants plus sophistiqués, notamment les cathodes, anodes, précurseurs chimiques et composants industriels simples. Cette progression placera progressivement l'Afrique dans une dynamique de substitution d'importations d'intrants manufacturés, conformément aux analyses de la CNUCED (2023) et d'Afreximbank (2024).

L'intégration énergétique et numérique engagée en Phase 1 va également poursuive sa consolidation. Les zones industrielles bas-carbone vont devenir pleinement opérationnelles, renforçant la compétitivité des filières électro-intensives (IEA, 2023 ; IRENA, 2024). Parallèlement, les data centers souverains et les premières plateformes d'intelligence artificielle sont progressivement intégrés aux chaînes de production, améliorant la qualité, la maintenance et l'optimisation des processus (UNIDO, 2024 ; Smart Africa, 2022).

La Phase 2 va aussi marquer une avancée importante en matière d'intégration industrielle régionale. Les corridors industriels créés lors de la première phase doivent se transformer progressivement en hubs productifs régionaux, articulant énergie, logistique, numérique et infrastructures industrielles. L'accent mis sur l'harmonisation progressive des normes dans le cadre de la ZLECAf se concrétise par l'émergence d'un marché continental des intrants industriels (ZLECAf Secrétariat, 2022 ; UNECA, 2022), indispensable pour structurer des chaînes de valeur africaines cohérentes.

En ce qui concerne la souveraineté alimentaire, les unités de transformation primaire mises en place en Phase 1 vont conduire à une organisation des clusters agro-industriels régionaux spécialisés dans les farines composées, les huiles raffinées, les conserves ou les amidons. Ces clusters, soutenus par la production régionale d'équipements agricoles intermédiaires, vont permettre de réduire significativement les importations de produits transformés et renforcent la résilience alimentaire (FAO, 2022 ; ECA, 2021).

En outre, cette phase s'appuie sur un État stratège plus opérationnel. Les administrations fiscales modernisées en Phase 1 vont accroitre le rôle dans le financement des politiques industrielles, tandis que les mécanismes d'incitation et de discipline de performance se renforceront, à l'image des modèles analysés par Amsden (2001) et Chang (2002). Cette capacité d'allocation sélective des ressources sera un levier essentiel pour orienter la montée en gamme productive.

En définitive, la Phase 2 constitue un moment charnière où l'Afrique commence à structurer un appareil productif intégré, à renforcer sa souveraineté technologique et numérique, et à consolider les bases d'un marché industriel régional. Le tableau ci-après présente les principales activités et résultats attendus pour la période 2031–2035.

Tableau 2 : Activités prioritaires pour la phase 2 (2031-2035) et extrants attendus

Axe/Activités prioritaires	**Situation de base (2026-2030)**	**Extrants attendus 2035**	**Sources principales**
Souveraineté productive			
Développement des capacités intermédiaires (cathodes, anodes, précurseurs chimiques, matériaux actifs)	<5 % des minerais critiques transformés localement ; aucune capacité africaine de cathodes/anodes	10 unités régionales de transformation intermédiaire opérationnelles	UNCTAD (2023) ; Afreximbank (2024)
Extension vers les biens intermédiaires (machines simples, équipements agricoles, composants électriques)	80–90 % des intrants manufacturés importés	Part locale portée à 40 % dans 10 pays	UNECA (2022) ; UNIDO (2020)
Centres africains de métrologie, certification et contrôle qualité	7 pays seulement accrédités ISO de manière complète	Harmonisation des standards industriels dans 3 CER	AFSEC (2021) ; AU (2020)

Axe/Activités prioritaires	Situation de base (2026-2030)	Extrants attendus 2035	Sources principales
Industrialisation agroalimentaire avancée (bio-intrants, bioplastiques, fermentation)	Chaînes de valeur faiblement transformées ; exportations primaires dominantes	+25 % de valeur ajoutée agro-industrielle	FAO (2022) ; ECA (2021)
Fabrication régionale d'équipements agricoles intermédiaires (motoculteurs, pompes, équipements de transformation)	Capacité locale encore limitée : plus de 90 % des équipements agricoles sont importés ; dépendance élevée aux pièces détachées étrangères.	Au moins 10 unités régionales opérationnelles ;	UNECA (2022) ; UNIDO (2020) ; FAO (2022).
Protectionnisme intelligent			
Renforcement des droits compensatoires, normes techniques, mécanismes anti-dumping	10 filières protégées mais dispositifs incohérents	8 filières dotées de discipline de performance	Amsden (2001) ; Rodrik (2004) ; Chang (2002)
Prévisibilité des achats publics industriels	Commandes publiques non stratégiques, cycles courts	50 % des marchés industriels contractualisés sur 3–5 ans avec clause de performance	Cheru & Cramer (2019) ; ECA (2019)
Plateforme continentale d'évaluation des capacités locales (Local Capacity Index)	Absence d'outil harmonisé	Adoption dans 30 pays + intégration ZLECAf	AUDA-NEPAD (2023) ; ZLECAf Secrétariat (2022)
Harmonisation normative (CBAM, batteries, IA)	Préparation insuffisante aux normes carbone et techno	Bloc africain de normes industrielles adopté dans 40 pays	European Commission (2023) ; UNIDO (2024)
Intégration industrielle régionale			
Extension des corridors industriels	25 corridors partiellement fonctionnels	15 corridors pleinement intégrés (transport, énergie, numérique, douane)	Afreximbank (2024) ; Africa Supply Chain (2023)
Création d'un marché continental des intrants (Marketplace B2B ZLECAf)	Aucune plateforme continentale ; dépendance totale aux importations	Première bourse africaine d'intrants industriels	ZLECAf Secretariat (2022)
Développement de hubs logistiques régionaux (ports secs, hubs ferroviaires)	Coûts logistiques parmi les + élevés au monde (+40 % vs Asie)	-20 % de coûts logistiques régionaux	UNECA (2022) ; AU (2021)

Axe/Activités prioritaires	Situation de base (2026-2030)	Extrants attendus 2035	Sources principales
Harmonisation des normes industrielles ZLECAf	Normes non harmonisées, capacités faibles	Normes industrielles africaines adoptées dans 40 pays	ARSO (2023) ; ZLECAf Secretariat (2022)
Déploiement de clusters agro-industriels régionaux (farines composées, huiles raffinées, conserves, amidons	Transformation agroalimentaire dominée par des produits primaires ; faibles capacités régionales ; coûts logistiques élevés ;	Mise en place de 5 clusters agro-industriels régionaux spécialisés	FAO (2022) ; ECA (2021) ; ZLECAf Secretariat (2022).
Financement stratégique			
Capitalisation des banques d'investissement productif	Crédits long terme < 5 % ; faiblesse structurelle	10 banques capables de financer des projets industriels lourds	AfDB (2023) ; UNECA (2021)
Fonds africain des technologies vertes	Aucune structure dédiée au niveau continental	3 milliards USD mobilisés pour technologies bas-carbone	IEA (2023) ; IRENA (2024)
Marchés de capitaux industriels (Green Bonds & Industrial Bonds)	Marchés boursiers fragmentés et peu profonds	Première émission continentale d'obligations industrielles	AfDB (2023) ; CNUCED (2020)
Mécanisme africain d'assurance-risque industriel	Coût du risque 2× supérieur aux marchés émergents	-30 % de perception de risque dans les projets industriels	Afreximbank (2024) ; AUDA-NEPAD (2023)
Renforcement de l'État stratège			
Intégration de l'IA dans les processus industriels et logistiques	IA très peu intégrée ; automatisation faible	IA intégrée dans 50 % des zones industrielles	UNIDO (2024) ; Smart Africa (2022)
Autorité africaine des données industrielles (AADIA)	Données hébergées majoritairement hors Afrique	Première réglementation continentale sur les données industrielles	AU (2023) ; Smart Africa (2021)
Harmonisation fiscale pour l'investissement productif	Régimes fiscaux disparates ; incitations incohérentes	Code fiscal africain de l'industrie adopté dans 20 pays	ATAF (2024)
Diplomatie économique renforcée sur normes, énergie, minerais, IA	Positions africaines fragmentées dans forums G20/OMC/COP	Position continentale consolidée + plateforme diplomatique industrielle UA	Union africaine (2022) ; ECA (2021)

Source *: Auteurs à partir de la revue de la littérature*

1.3. Phase 3 (2036-2040) : Consolidation industrielle et technologique avancée

La troisième phase constitue une étape charnière dans la transformation industrielle du continent africain. Les capacités productives et institutionnelles consolidées au cours des deux premières phases atteignent un niveau de maturité permettant d'entrer progressivement dans la production de technologies avancées et dans la structuration des chaînes de valeur complexes. Cette période se distingue par une montée en gamme industrielle, un approfondissement des infrastructures régionales et une appropriation accrue des technologies numériques et énergétiques de nouvelle génération.

Sur le plan productif, les acquis en matière de pré-transformation (Phase 1) et de fabrication intermédiaire (Phase 2) ouvrent la voie à la conception de composants technologiques sophistiqués : modules et packs de batteries, éléments d'électronique intermédiaire et équipements industriels spécialisés. Ces évolutions confirment les analyses de l'IEA (2023) et de la CNUCED (2023), qui insistent sur la nécessité, pour les pays du Sud, de capter une part plus élevée de la valeur ajoutée dans les segments technologiques en aval.

L'intégration régionale franchit également un seuil qualitatif. Les hubs industriels constitués lors de la Phase 2 deviennent des mégapôles productifs interconnectés articulant logistique intelligente, infrastructures énergétiques bas-carbone et plateformes numériques. Ces configurations favorisent la réduction des coûts logistiques, l'harmonisation des normes et l'émergence d'un espace productif continental préfigurant le Marché industriel africain unique (ZLECAf Secretariat, 2022 ; UNECA, 2022).

La souveraineté numérique s'affirme à travers l'intégration accrue de l'intelligence artificielle dans les processus industriels avancés : optimisation énergétique, maintenance prédictive, supervision logistique et automatisation flexible. L'extension du Cloud industriel africain, amorcée en Phase 2, constitue désormais un pilier central de la planification productive, de la certification industrielle, de la cybersécurité et de la gestion souveraine des données (UNIDO, 2024 ; Smart Africa, 2022).

La souveraineté alimentaire progresse grâce à la montée en gamme des clusters agro-industriels régionaux, qui développent des plateformes de biotechnologies appliquées (fermentation de précision, bioplastiques alimentaires, protéines alternatives). Ces innovations soutiennent la diversification des filières et réduisent la dépendance aux importations à haute valeur ajoutée (FAO, 2022 ; AUDA-NEPAD, 2023). Par ailleurs, l'intégration logistique et la traçabilité numérique limitent les pertes post-récoltes et renforcent la sécurité alimentaire.

Enfin, cette phase consacre la montée en puissance de l'État stratège. Les administrations publiques, renforcées sur les plans fiscal, réglementaire et numérique, sont en mesure de déployer des politiques industrielles plus sélectives, d'accompagner les investissements technologiques et d'assurer une coordination réglementaire efficace. Ce rôle accru s'inscrit dans la continuité des enseignements de Rodrik (2004) et d'Amsden (2001), qui soulignent l'importance d'une gouvernance capable de soutenir et de discipliner les filières stratégiques. Elle prépare la transition vers une industrialisation pleinement mature, marquée par la maîtrise croissante des segments complexes des chaînes de valeur, la structuration des pôles industriels continentaux et l'affirmation d'une souveraineté technologique, énergétique et alimentaire.

Tableau 3 : Activités prioritaires pour la phase 3 (2036-2040) et extrants attendus

Axe/Activités prioritaires	**Situation de base (2030-2035)**	**Extrants attendus 2040**	**Sources principales**
Souveraineté productive			
Production africaine de composants industriels complexes (électronique intermédiaire, équipements électriques, machines-outils légères)	Capacité régionale limitée aux intrants intermédiaires ; dépendance élevée en composants avancés	6 hubs africains produisant des composants technologiques stratégiques	UNIDO (2024) ; Rodrik & Stiglitz (2024)
Extension de la chaîne de valeur des batteries : production de modules, packs et premières lignes d'assemblage VE légers	Cathodes/anodes produites dans 10 pays, mais assemblage régional limité	5 lignes régionales d'assemblage de batteries + 3 assemblages de VE légers	UNCTAD (2023) ; IEA (2023)
Plateformes africaines de biotechnologies industrielles (enzymes, bio-matériaux, bio-intrants)	Industrialisation agroalimentaire avancée, mais R&D limitée	4 plateformes biotech industrielles opérationnelles	FAO (2022) ; AUDA-NEPAD (2023)

Axe/Activités prioritaires	Situation de base (2030-2035)	Extrants attendus 2040	Sources principales
Développement de biotechnologies agro-industrielles (protéines alternatives, bioplastiques alimentaires, fermentation avancée)	Début de structuration des chaînes agro-industrielles régionales ; existence de 4 plateformes biotech émergentes ; forte dépendance aux additifs, enzymes et matériaux alimentaires importés.	8 plateformes régionales de biotechnologies industrielles opérationnelles ; réduction des importations d'additifs et intrants agro-industriels de 30 %.	AUDA-NEPAD (2023) ; FAO (2022) ; UNECA (2022).
Protectionnisme intelligent			
Mise en place de contrats de performance industriels de 2e génération (innovation, exportations, contenu local avancé)	Discipline de performance appliquée à 8 filières	12 filières africaines sous contrats de performance avancés	Amsden (2001) ; Chang (2002)
Harmonisation avancée des normes industrielles africaines : machines, batteries, IA, hydrogène vert	Bloc africain de normes industrielles adopté dans 40 pays	Normes africaines reconnues dans les négociations OMC/COP	ARSO (2023) ; AU (2022)
Cadre continental anti-dumping renforcé	Outils anti-dumping naissants, peu appliqués	Mécanisme africain opérationnel, décisions exécutoires	ECA (2021)
Intégration industrielle régionale			
Création de mégapôles industriels régionaux (Afrique de l'Est, de l'Ouest, australe, nord) interconnectés (énergie–numérique–logistique)	15 corridors industriels consolidés mais hubs encore fragmentés	4 mégapôles industriels pleinement intégrés, spécialisés par filières	Afreximbank (2024) ; UNECA (2022)
Développement d'une chaîne logistique continentale unifiée (douane numérique, guichet unique africain, RFID, IA logistique)	Réduction de 20 % des coûts logistiques ; systèmes encore dispersés	Système logistique africain unifié → réduction de 30–35 % des coûts continentaux	Africa Supply Chain (2023) ; Smart Africa (2022)
Marché continental des intrants industriels pleinement opérationnel	Marketplace B2B ZLECAf existante, mais adoption partielle	Utilisation par 40 pays ; 50 % des transactions industrielles intra-africaines digitalisées	ZLECAf Secretariat (2022)

Axe/Activités prioritaires	Situation de base (2030-2035)	Extrants attendus 2040	Sources principales
Mise en place de chaînes logistiques alimentaires intégrées (chaîne du froid, traçabilité numérique, IA logistique)	Logistique encore fragmentée ; pertes post-récoltes élevées (20–40 %) ; chaînes du froid limitées aux zones urbaines ; connectivité numérique irrégulière.	Réduction des pertes post-récoltes de 30 % ; déploiement de chaînes du froid régionales interconnectées ; baisse du coût logistique régional de 20%.	Africa Supply Chain (2023) ;Smart Africa (2022) ; FAO (2022).
Financement stratégique			
Fonds africain d'innovation industrielle (IA, hydrogène vert, matériaux, électronique, biotech)	Fonds des technologies vertes opérationnel mais limité	2 milliards USD/an pour l'innovation industrielle	IEA (2023) ; AfDB (2023)
Intégration des marchés boursiers régionaux (Afrique australe, de l'Est, de l'Ouest)	Marchés fragmentés, obligations industrielles naissantes	3 bourses régionales interconnectées + indice industriel africain	CNUCED (2020)
Mécanisme africain d'assurance-risque étendu au secteur Tech & Énergie	Assurance-risque industriel focalisée sur manufacturier	Garanties technologiques et énergétiques couvrant 25–30 % du risque	AUDA-NEPAD (2023)
Renforcement de l'État stratège			
Intégration avancée de l'IA dans la gouvernance industrielle : régulation, certification, fiscalité, prévisions	IA présente dans 50 % des zones industrielles	IA intégrée dans la planification industrielle de 30 pays	UNIDO (2024)
Lancement du Cloud industriel africain (« Industrial Cloud Africa »)	Data centers souverains actifs, mais stockage encore fragmenté	Plateforme continentale unifiée de données industrielles	Smart Africa (2022) ; AU (2023)
Consolidation diplomatique africaine (minerais critiques, IA, énergie) dans les forums mondiaux	Position africaine consolidée mais non dominante	Leadership africain dans les négociations G20, COP, OMC	Union africaine (2022) ; ECA (2021)

Source : *Auteurs à partir de la revue de la littérature*

1.4. Phase 4 (2041-2045) – Industrialisation, leadership technologique et souveraineté géoéconomique

La quatrième phase marque le stade de maturité du modèle africain d'ISI. Après quinze années de mise en œuvre progressive (fondations institutionnelles en Phase 1, montée en puissance productive en Phase 2, consolidation technologique et intégration régionale en Phase 3) l'Afrique entre dans une séquence où elle peut pleinement affirmer son statut d'acteur industriel majeur. L'objectif est désormais de convertir les avancées structurelles accumulées en leadership technologique, souveraineté normative et influence géoéconomique renforcée.

L'un des accomplissements centraux est l'achèvement des chaînes de valeur stratégiques, notamment dans les secteurs des batteries, de l'hydrogène vert, des composants électroniques avancés et des matériaux bas-carbone. Les analyses de l'IEA (2023) et de la CNUCED (2023) rappellent que les segments en aval — conception, intégration technologique, assemblage de systèmes — concentrent la plus grande part de la valeur ajoutée. Grâce aux capacités productives développées au cours des phases précédentes, l'Afrique est désormais en mesure de maîtriser ces maillons avancés, complétant l'arc industriel allant de l'extraction à la fabrication finale.

L'intégration industrielle régionale franchit un cap décisif. Les corridors et mégapôles productifs consolidés en Phase 3 évoluent vers un Marché Industriel Africain Unique (MIAU), fondé sur l'harmonisation des normes, la libre circulation des intrants, la fluidité logistique et l'interconnexion énergétique bas-carbone (ZLECAf Secretariat, 2022 ; UNECA, 2022). Parallèlement, la consolidation des filières agroalimentaires et la modernisation des infrastructures logistiques soutiennent l'émergence d'un Marché alimentaire africain unique (MAAU), garantissant la libre circulation des produits alimentaires, l'unification des normes sanitaires et la stabilisation des approvisionnements (FAO, 2022 ; ARSO, 2023).

La transition énergétique parvient à un stade de maturité. La disponibilité d'une énergie bas-carbone stable, compétitive et diversifiée constitue désormais un avantage comparatif majeur pour les chaînes de valeur technologiques et agro-industrielles, en cohérence avec les projections de l'IRENA (2024). Dans le même temps, la souveraineté numérique s'affirme comme un pilier stratégique. Le Cloud industriel africain devient une infrastructure essentielle pour la gestion des données, la planification, la cybersécurité et la certification industrielle. L'intelligence artificielle s'intègre pleinement à la régulation économique, à la supervision logistique, aux prévisions énergétiques et à la normalisation, conformément aux orientations de l'UNIDO (2024) et de Smart Africa (2022).

Cette phase marque également un tournant géopolitique, caractérisé par l'émergence d'une diplomatie industrielle africaine. Celle-ci s'appuie sur la consolidation des chaînes de valeur, le contrôle accru des minerais critiques et le rôle croissant du continent dans l'énergie bas-carbone. Ces leviers renforcent la capacité de l'Afrique à peser dans les négociations internationales portant sur les normes, le climat, les technologies émergentes et les chaînes d'approvisionnement. Les analyses de l'Union africaine (2022) et de la CEA (2021) soulignent l'importance d'une diplomatie économique et industrielle collective, capable de projeter les intérêts africains dans des enceintes telles que la COP (Conferences of the Parties), l'OMC, le G20 ou les plateformes mondiales de standardisation technologique.

Ainsi, la Phase 4 constitue l'aboutissement du processus de transformation structurelle. À ce stade, l'Afrique émerge comme un acteur industriel complet, doté de capacités productives intégrées, de marchés industriels et alimentaires unifiés, d'une souveraineté technologique, normative et d'une géoéconomique solidement consolidée.

Tableau 4 : Activités prioritaires pour la phase 4 (2041-2045) et extrants attendus

Axe/Activités prioritaires	Situation de base (2035-2040)	Extrants attendus 2045	Sources principales
Souveraineté productive			
Chaînes de valeur complètes dans batteries, hydrogène vert, électronique avancée	Production de cathodes/anodes ; assemblage partiel	5 chaînes africaines totalement intégrées	IEA (2023) ; UNCTAD (2023) ; Afreximbank (2024)
Production africaine d'équipements industriels complexes (robotique modulaire, électronique avancée, machines-outils)	Production de composants intermédiaires ; R&D limitée	3 hubs produisant des équipements complexes exportables	UNIDO (2024) ; Rodrik & Stiglitz (2024)
Plateformes africaines de biotechnologies industrielles (biomatériaux, enzymes, fermentation)	4 plateformes biotech opérationnelles	8 plateformes régionales biotech industrielles	AUDA-NEPAD (2023) ; FAO (2022)
Protectionnisme intelligent			
Leadership africain dans les normes mondiales (batteries, IA, agroalimentaire, hydrogène)	Reconnaissance partielle des normes africaines	Bloc africain reconnu dans 3 forums mondiaux	ARSO (2023) ; AU (2022)

Axe/Activités prioritaires	Situation de base (2035-2040)	Extrants attendus 2045	Sources principales
Mécanisme continental anti-dumping pleinement opérationnel	Cadres anti-dumping partiels	Mécanisme continental exécutoire	ECA (2021)
Contenu local avancé dans 20 filières stratégiques (innovation, exportation)	12 filières sous discipline de performance	20 filières dotées d'obligations renforcées	Amsden (2001) ; Chang (2002)
Intégration industrielle régionale			
Marché industriel africain unique (MIAU) – libre circulation industrielle	Intégration avancée, mais barrières résiduelles	MIAU opérationnel dans ≥44 États	ZLECAf Secretariat (2022) ; UNECA (2022)
Chaîne logistique africaine intelligente (IA, blockchain, traçabilité totale)	Réduction logistique de 30–35 % ; systèmes non unifiés	Logistique continentale totalement intégrée	Africa Supply Chain (2023) ; Smart Africa (2022)
Marché Alimentaire Africain Unique (MAAU)	Marchés régionaux consolidés ; normes partielles	MAAU opérationnel dans ≥45 pays	ARSO (2023) ; FAO (2022)
Réseau énergétique continental bas-carbone (hydrogène, solaire, hydraulique)	Corridors énergétiques régionaux	60 % de l'énergie industrielle bas-carbone	IRENA (2024) ; IEA (2023)
Financement stratégique			
Fonds africain d'innovation industrielle porté à 5 Mds USD/an	2 Mds USD/an mobilisés en Phase 3	5 Mds USD/an pour IA, hydrogène, biotech, électronique	AfDB (2023) ; CNUCED (2020)
Union financière africaine de l'industrie (marchés financiers intégrés)	3 bourses régionales interconnectées	Place financière industrielle africaine unifiée	Afreximbank (2024) ; CNUCED (2020)
Assurance-risque continentale couvrant Tech–Énergie–Industrie lourde	Assurance-risque limitée	Couverture de 50 % du risque industriel	AUDA-NEPAD (2023) ; Afreximbank (2024)
Renforcement de l'État stratège			
Gouvernance industrielle pilotée par l'IA (planification, régulation, certification)	IA présente dans 30 États ; usage partiel	IA obligatoire dans la régulation industrielle	UNIDO (2024) ; Smart Africa (2022)
Plateforme « Industrial Cloud Africa » totalement interopérable	Data centers souverains ; cloud partiellement intégré	Adoption par ≥48 États, souveraineté totale des données	AU (2023) ; Smart Africa (2022)
Réserves alimentaires stratégiques régionales coordonnées	Réserves nationales isolées	5 réserves régionales couvrant 6 mois de besoins	FAO (2022) ; ECA (2021)
Diplomatie industrielle africaine consolidée (minerais, technologies, énergie, normes)	Position africaine visible, mais non dominante	Leadership africain dans OMC, COP, G20	Union africaine (2022) ; ECA (2021)

***Source** : Auteurs à partir de la revue de la littérature*

2. Cadre de mise en œuvre et de suivi-évaluation du modèle africain d'ISI

Le cadre de mise en œuvre opérationnel du plan stratégique de l'ISI africaine sur 20 ans (2025–2045), structuré autour des piliers suivants : gouvernance, coordination institutionnelle, financement, suivi-évaluation, et mobilisation régionale. Il est inspiré des recommandations de Rodrik (2008), Mkandawire (2001), Amsden (2001), ainsi que les pratiques établies par la BAD, Afreximbank, la CEA et les expériences internationales.

2.1. Gouvernance nationale et continentale

Pour la réussite du modèle ISI africain, il est impératif de construire un cadre de pilotage fondé sur une vision stratégique, la cohérence interétatique et leadership public fort. Au niveau des pays, il faut consolider les États stratèges, dotés de la capacité de planification industrielle, de coordination des politiques publiques, et d'interactions structurées avec les acteurs économiques. Il est nécessaire pour chaque pays africain de bâtir une architecture de sa transformation, à travers des institutions compétentes, autonomes et orientées vers les résultats. À l'échelle continentale et régionale, le succès de l'ISI dépend d'une gouvernance collaborative entre les États membres, les communautés économiques régionales et les organes panafricains comme la Commission économique pour l'Afrique (CEA) ou le Secrétariat de la ZLECAf.

✓ ***Niveau national***

- Création ou renforcement des **Agences nationales de développement industriel (ANDI)** avec mandat stratégique et autonomie technique ;
- Intégration du plan ISI dans les **documents de planification stratégique de référence** (Vision, stratégie nationale, etc.)
- Mise en place d'un Comité interministériel de coordination industrielle, présidé par le chef du gouvernement intégrant ministères sectoriels, secteur privé, syndicats, chercheurs et société civile pour assurer une synergie d'action.

✓ ***Niveau continental et régional***

- Mandat à la Commission économique pour l'Afrique pour le suivi continental de l'ISI ; en collaboration avec l'UNIDO, la BAD et AUDA-NEPAD ;
- Création d'un Secrétariat technique ISI panafricain sous l'égide de la ZLECAf, assurant l'agrégation, la standardisation et le partage des meilleures pratiques ;
- Accompagnement des communautés économiques régionales (CEDEAO, CEEAC, UMA, COMESA, CAE, SADC) pour coordonner les plans industriels régionaux.

2.2. Architecture de financement

L'objectif est de bâtir une architecture financière souveraine pour une ISI endogène en Afrique. En effet, comme l'ont souligné plusieurs auteurs, notamment Amsden (2001), Rodrik (2008) et la CNUCED (2020), l'échec partiel des politiques industrielles africaines s'explique en grande partie par l'inadéquation persistante entre les objectifs fixés et les mécanismes de financement qui restent très dépendants des bailleurs internationaux peu enclins à investir dans le secteur manufacturier.

Face à cette pesanteur structurelle, la construction d'une architecture financière souveraine, patiente et stratégique constitue un pilier fondamental, un modèle ISI africain robuste. Cette architecture devrait s'articuler autour de quatre axes complémentaires :

✓ Des instruments budgétaires ciblés, alignés sur les priorités de transformation structurelle (tels que des fonds industriels dédiés, des redevances extractives stratégiquement fléchées vers l'industrialisation) ;

✓ Des mécanismes bancaires régionaux et continentaux renforcés et mobilisés autour de mandats industriels explicites, à l'instar de la BOAD, de la BDEAC ou d'Afreximbank, appelées à jouer un rôle catalyseur dans le financement de l'appareil productif ;

✓ Des instruments hybrides et innovants, incluant les obligations thématiques (vertes, industrielles), les garanties de crédit industriel, le financement mixte (blended finance) et d'autres formes de partenariats financiers adaptatifs ;

✓ L'activation stratégique du capital privé national et de la diaspora, dans une logique de co-investissement structurant, appuyée par des incitations fiscales ciblées et une gouvernance sécurisante.

Cette mobilisation multi sectorielle devrait s'appuyer sur des agences nationales ou régionales de financement industriel, dotées d'une gouvernance transparente, des critères de performance rigoureux, et adossées à des plateformes numériques de suivi et d'évaluation. Il s'agit de garantir une allocation efficiente des ressources, une traçabilité des flux financiers et une cohérence stratégique avec les objectifs de souveraineté productive et de durabilité.

Tableau 5 : Typologie des instruments de financement innovant pour la stratégie d'ISI

Instrument	Principaux acteurs	Objectif
Fonds nationaux d'industrialisation	Ministères des Finances	Financement des filières/projets prioritaires
Fonds africain ou fonds régionaux ISI	Afreximbank, BOAD, BDEAC	Cofinancement des projets transfrontaliers
Obligations thématiques industrielles	États + Bourses régionales	Mobilisation de l'épargne domestique
Fonds de garantie manufacturière	Institutions financières	Réduction du risque pour les PME/PMI
Plateformes de finance mixte (blended)	Secteur public, privé, diaspora	Financement des zones stratégiques

***Source** : Auteurs*

2.3. Pilotage technico-opérationnel

Le pilotage technico-opérationnel est le bras d'exécution stratégique du modèle ISI africain. Sans cette colonne vertébrale fonctionnelle, les ambitions de souveraineté productive risquent de rester théoriques. Dans un environnement complexe marqué par des fragilités institutionnelles, la faible disponibilité des données industrielles, et les risques de duplication des initiatives, ce pilotage doit reposer sur une grille opératoire cohérente, articulée autour des référentiels communs, des plateformes de partage d'informations et des protocoles interétatiques harmonisés. Il s'agit notamment :

- ✓ de mettre en place un Cadre logique commun ISI avec objectifs, indicateurs, moyens, cibles ;
- ✓ d'assurer un accompagnement technique des pays la collecte et l'analyse des données sectorielles sous la coordination de l'African Industrial Observatory ;
- ✓ de constituer un répertoire continental des filières critiques, incluant les intrants, les besoins techniques et les segments à substituer.
- ✓ d'élaborer des protocoles communs de coordination industrielle entre États (normes, fiscalité, infrastructures partagées).

2.4. Suivi-évaluation & redevabilité

Le suivi-évaluation rigoureux et la redevabilité sont des éléments indispensables pour assurer la performance, l'adaptation et la redevabilité. Sans mécanisme d'observation continue, de correction stratégique et de responsabilisation transparente, les ambitions industrielles risquent d'être entravées par l'opacité, les effets de rente ou l'inertie bureaucratique. Rodrik (2004) et Hausmann & Rodrik (2006) indiquent que l'efficacité d'une politique industrielle ne repose pas sur l'infaillibilité de l'État, mais sur sa capacité à apprendre vite, à expérimenter intelligemment et à corriger activement.

Dans le contexte africain, marqué par la diversité des trajectoires nationales, les disparités des systèmes statistiques et l'influence de multiples partenaires extérieurs, il est essentiel de construire un cadre continental de suivi et de redevabilité reposant sur des indicateurs partagés, des audits réguliers, des plateformes de visualisation publique, et des évaluations indépendantes. Ce cadre doit être articulé autour :

- ✓ du suivi comparatif des indicateurs clés : taux de substitution, valeur ajoutée manufacturière, emploi industriel, exportations transformées, etc. ;
- ✓ de l'organisation des revues périodiques régionales et continentales, associant États, CER, partenaires financiers et société civile ;

- ✓ de la mise en œuvre d'un tableau de bord industriel dynamique, accessible aux décideurs et au public, favorisant la transparence et la correction rapide des écarts ;
- ✓ de l'institutionnalisation d'une culture de redevabilité, dans laquelle chaque acteur (ministère, entreprise bénéficiaire (CER) est tenu de justifier ses résultats, ses usages financiers et ses impacts.

2.5. Mobilisation politique et partenariale

Le modèle africain de l'ISI ne peut réussir sans une mobilisation politique forte et une coalition élargie des acteurs de développement. Il est nécessaire d'ancrer ce modèle dans des engagements politiques robustes, portés au plus haut niveau, et relayés par des partenariats techniques, financiers et citoyens durables. L'Afrique doit développer une analyse stratégique des orientations géoéconomiques des pays développés et des politiques des institutions internationales en s'appuyant sur un dispositif prospectif et proactif. Elle ne doit plus avoir une posture essentiellement réactive. Cela implique que les chefs d'État, les parlements, les ministères sectoriels, les communautés économiques régionales ainsi que les institutions panafricaines (Union Africaine, ZLECAf, CEA) s'engagent formellement dans l'architecture du modèle ISI, à travers des pactes communs, des forums réguliers, et des mécanismes de mutualisation des ressources.

Parallèlement, la mobilisation partenariale exige une ouverture à des acteurs ciblés du secteur privé, de la société civile et de la diaspora ainsi que des relations avec partenaires techniques et financiers internationaux (ONUDI, CNUCED, FMI, Banque Mondiale, etc.) fondés sur un nouveau mode de collaboration. Cette mobilisation multisectorielle doit s'inscrire dans un paradigme de co-construction de gain mutuel. Dans ce cadre de la mobilisation politique et partenariale. Les actions fortes qui doivent être menées sont :

- L'adoption d'un Pacte africain pour la souveraineté productive, signé par les chefs d'État de l'Union africaine ;
- Le lancement d'un forum panafricain de l'ISI tous les deux ans, réunissant gouvernements, CER, investisseurs, chercheurs ;

- La signature des partenariats techniques avec l'ONUDI, la CNUCED, Banque Mondiale, FMI, etc., et des centres de recherche africains.

3. Principaux risques pour le modèle d'ISI africain et mesures de mitigation

L'évaluation des risques associés au modèle africain d'industrialisation par substitution aux importations (ISI) met en évidence un ensemble d'aléas susceptibles d'altérer la trajectoire de transformation structurelle. Conformément aux approches d'analyse des risques adoptées par le FMI (IMF, 2023), l'accent est mis sur les risques présentant :

(i) un aléa clairement identifiable ;

(ii) un canal de transmission vers l'économie réelle ;

(iii) un impact potentiel significatif sur les chaînes de valeur et la stabilité macroéconomique. L'analyse permet de distinguer les risques de niveau élevé, susceptibles de compromettre la dynamique globale de l'ISI, et les risques de niveau modéré, qui nécessitent un pilotage préventif pour éviter leur aggravation.

3.1. Risques de niveau élevé

Les risques de niveau élevé regroupent les aléas susceptibles d'exercer un impact systémique sur la trajectoire d'industrialisation africaine. Leur matérialisation pourrait entraîner des ruptures majeures dans les chaînes de valeur, freiner les investissements productifs, perturber la stabilité macroéconomique et compromettre la cohérence stratégique du modèle d'ISI. Ces risques se caractérisent par une probabilité non négligeable, une intensité potentielle élevée et une forte capacité de contagion sectorielle et régionale. Leur gestion requiert des mécanismes de mitigation robustes, un pilotage politique soutenu et une coordination renforcée entre les institutions nationales, régionales et continentales. Dans cette analyse quatre principaux risques ont été retenus :

1. **Risque politique** : instabilité institutionnelle et discontinuité stratégique

   ✓ *Aléa.* Instabilité politique, alternances abruptes, volatilité des coalitions et absence de consensus sur les priorités industrielles.

   ✓ *Canal de transmission.* Suspension des projets industriels, incohérences réglementaires, dégradation de la crédibilité stratégique vis-à-vis des investisseurs et partenaires internationaux.

   ✓ *Impacts potentiels.* Rupture de continuité des politiques industrielles, réduction de l'investissement productif, affaiblissement de l'État stratège (Amsden, 2001 ; Rodrik, 2004).

   ✓ *Mitigation.* Pactes nationaux pour l'industrialisation, mécanismes institutionnels garantissant la stabilité des politiques publiques, comités nationaux multipartites de coordination industrielle.

2. **Risque sécuritaire** : conflits armés, instabilité territoriale et menaces transfrontalières

   ✓ *Aléa.* Intensification des conflits dans le Sahel, la Corne de l'Afrique ou les Grands Lacs ; expansion de groupes armés non étatiques.

   ✓ *Canal de transmission.* Perturbations des corridors logistiques, coûts accrus de transport, retrait des investisseurs, destruction d'infrastructures productives.

   ✓ *Impacts potentiels.* Fragmentation des chaînes de valeur régionales, ralentissement de l'intégration industrielle, pertes économiques accrues, comme illustré dans les analyses de la CEA (2021).

   ✓ *Mitigation.* Pactes territoriaux industriels sécurisés, dispositifs régionaux de stabilisation (CEDEAO, 2023), mécanisme continental d'assurance-risque sécuritaire (Afreximbank, 2024).

3. **Risque de rupture logistique** : vulnérabilité aux chocs externes

   ✓ *Aléa.* Événements climatiques extrêmes, congestion portuaire, interruptions d'importations d'intrants critiques, hausse des coûts énergétiques.

- ✓ *Canal de transmission.* Baisse de la productivité, retards dans les livraisons, augmentation des coûts de production, perturbations des filières alimentaires et manufacturières.
- ✓ *Impacts potentiels.* Perte de compétitivité industrielle et hausse des prix des produits essentiels — phénomènes documentés dans les rapports Africa Supply Chain (2023).
- ✓ *Mitigation.* Diversification des corridors, ports intelligents, chaînes de froid intégrées, digitalisation douanière et traçabilité IA (Smart Africa, 2022).

4. **Risque géoéconomique** : durcissement du contexte commercial international

- ✓ *Aléa.* Renforcement des restrictions technologiques, subventions industrielles massives au Nord, fragmentation géopolitique.
- ✓ *Canal de transmission.* Distorsions de concurrence, limitation de l'accès aux technologies clés, détérioration des marges d'exportation africaines.
- ✓ *Impacts potentiels.* Ralentissement de la montée en gamme, dépendance prolongée aux importations technologiques, contraintes sur la souveraineté numérique et énergétique (UNCTAD, 2023).
- ✓ *Mitigation.* Alliances Sud–Sud, diplomatie économique coordonnée, positions africaines unifiées dans les forums OMC, COP et G20 (Union africaine, 2022).

3.2. Risques de niveau modéré

Les risques de niveau modéré correspondent à des aléas dont l'impact potentiel reste significatif mais dont la probabilité de matérialisation ou l'ampleur est plus contenue. Ils affectent principalement la dynamique d'intégration régionale, la compétitivité des industries naissantes et la cohérence des réformes structurelles. S'ils ne présentent pas un caractère systémique immédiat, leur aggravation pourrait néanmoins altérer la progression du modèle d'ISI, en particulier en cas de cumul ou d'absence de mesures préventives. Leur gestion exige une surveillance continue, une planification anticipative et des mécanismes de correction graduelle pour maintenir la trajectoire de transformation structurelle. L'analyse qui suit présente quatre risques de niveau modérés, mais pouvant devenir conjoncturellement des risques de niveau élevés.

1. **Risque commercial** : ouverture prématurée et concurrence asymétrique

   ✓ *Aléa.* Mise en œuvre trop rapide des engagements tarifaires ou assouplissement excessif des mesures de protection.

   ✓ *Canal de transmission.* Pression concurrentielle sur les industries naissantes, détournement du commerce intra-africain.

   ✓ *Impacts potentiels.* Érosion des gains de l'ISI et ralentissement des filières stratégiques (ZLECAf Secretariat, 2022).

   ✓ *Mitigation.* Protectionnisme stratégique conditionné à la performance (Amsden, 2001), renforcement des règles d'origine, calibrage progressif de l'ouverture.

2. **Risque institutionnel** : fragmentation des cadres réglementaires régionaux

   ✓ *Aléa.* Divergences persistantes entre CER, incohérence des normes industrielles, lenteur des harmonisations.

   ✓ *Canal de transmission.* Retards dans la construction des chaînes de valeur régionales, duplication des infrastructures, inefficacités réglementaires.

   ✓ *Impacts potentiels.* Obstacles à l'intégration industrielle et à la libre circulation des intrants (UNECA, 2022).

   ✓ *Mitigation.* Mécanisme panafricain de pilotage de l'ISI, harmonisation législative via la ZLECAf, rôle renforcé du Parlement panafricain.

3. **Risque de compétences** : inadéquation persistante entre offre éducative et besoins industriels

   ✓ *Aléa.* Retard dans la réforme de l'enseignement technique, fuite des compétences, manque d'attractivité des filières industrielles.

- ✓ *Canal de transmission.* Pénurie de main-d'œuvre qualifiée, faible absorption technologique, dépendance aux compétences externes.
- ✓ *Impacts potentiels.* Ralentissement de la montée en gamme et hausse des coûts de formation (AUDA-NEPAD, 2023).
- ✓ *Mitigation.* Réformes TVET, campus industriels régionaux, partenariats université–industrie, incitations à la rétention des talents.

4. **Risque d'appropriation sociale** : faible acceptation des politiques industrielles

- ✓ *Aléa.* Méfiance sociale, incompréhension des réformes, perception d'inégalités régionales ou distributives.
- ✓ *Canal de transmission.* Faible adoption des produits locaux, contestation sociale, pressions politiques sur les gouvernements.
- ✓ *Impacts potentiels.* Délégitimation des politiques industrielles et ralentissement de leur mise en œuvre (FAO, 2022 ; CEA, 2021).
- ✓ *Mitigation.* Communication stratégique, reconnaissance des savoirs endogènes, participation communautaire, labels culturels régionaux.

Tableau 6 : Matrice d'évaluation des risques du modèle ISI africain et mesures de mitigation

Risque	Probabilité	Impact	Canal de transmission	Mesures de mitigation	Acteurs responsables
Instabilité politique et discontinuité des politiques industrielles	Élevée dans plusieurs pays	Élevé	Suspension des projets, incohérences réglementaires, baisse de confiance des investisseurs	Pactes nationaux pour l'industrialisation ; cadre institutionnel garantissant la continuité stratégique ; comités multipartites	Gouvernements ; Parlements ; UA ; CER
Instabilités sécuritaires et conflits régionaux	Élevée dans zones sensibles	Élevé	Rupture de corridors, hausse des coûts logistiques, retrait des investisseurs	Pactes territoriaux industriels sécurisés ; mécanismes régionaux de stabilisation ; assurance-risque sécuritaire	UA ; CEDEAO ; EAC ; SADC ; Ministères de la Défense et de l'Intérieur
Ruptures logistiques (ports, corridors, énergie)	Moyenne à élevée	Élevé	Retards d'approvisionnement ; hausse des coûts ; perturbation des chaînes agro-industrielles et manufacturières	Diversification des corridors ; ports digitalisés ; interconnexions énergétiques bas-carbone ; systèmes de traçabilité	Ministères des Transports ; Autorités portuaires ; CER ; Afreximbank
Durcissement géoéconomique mondial (subventions, restrictions technologiques)	Moyenne	Élevé	Distorsions de concurrence ; accès limité aux technologies ; réduction des marges d'exportation	Alliances Sud–Sud ; diplomatie économique coordonnée ; positions unifiées aux forums multilatéraux	UA ; C10-UA ; Ministères du Commerce extérieur ; Missions diplomatiques
Ouverture commerciale prématurée ou mal séquencée	Moyenne	Modéré	Concurrence asymétrique ; érosion des industries naissantes	Protectionnisme conditionné à la performance ; renforcement des règles	ZLECAf Secretariat ; Ministères du Commerce ; CER

Risque	Probabilité	Impact	Canal de transmission	Mesures de mitigation	Acteurs responsables
				d'origine ; calendriers d'ouverture graduels	
Fragmentation des cadres réglementaires régionaux	Moyenne	Modéré	Duplication des normes ; retards dans les chaînes régionales de valeur	Harmonisation via la ZLECAf ; mécanisme panafricain de pilotage ; rôle accru du Parlement panafricain	UA ; CER ; Parlement panafricain
Insuffisance persistante de compétences industrielles	Moyenne	Modéré	Faible absorption technologique ; dépendance aux compétences étrangères	Réforme TVET ; campus industriels régionaux ; partenariats université–industrie ; incitations à la rétention	Ministères de l'Éducation ; AUDA-NEPAD ; Universités ; Secteur privé
Faible appropriation sociale des politiques industrielles	Moyenne	Modéré	Résistances sociales ; faible acceptation des produits locaux ; pressions politiques	Communication stratégique ; labels culturels ; intégration des savoirs endogènes ; participation citoyenne	Gouvernements ; UA ; Sociétés civiles ; Organes culturels

Source *: Auteurs à partir de la revue de la littérature*

Conclusion

L'analyse conduite dans cette étude révèle une vérité essentielle : l'Afrique se trouve à un moment charnière de son histoire économique et politique. Les fractures géopolitiques, la transition énergétique mondiale et la reconfiguration des chaînes de valeur globales ne sont pas de simples contraintes exogènes ; elles constituent des leviers inédits pour redéfinir la place du continent dans l'économie mondiale. Dans un environnement marqué par la rivalité des grandes puissances, le retour du protectionnisme, la quête d'autonomie stratégique et l'essor des technologies de rupture, l'Afrique n'est plus un espace périphérique. Elle devient un acteur convoité et stratégique, capable de peser sur les trajectoires industrielles du XXIe siècle.

Ce basculement renvoie à une exigence interne : rompre avec la dépendance structurelle qui, depuis les indépendances, a enfermé l'Afrique dans une spécialisation à faible valeur ajoutée et une vulnérabilité chronique aux chocs externes. Les crises alimentaires, énergétiques, sanitaires et sécuritaires récurrentes mettent en lumière la fragilité d'un modèle trop dépendant des importations et soulignent l'urgence de bâtir une souveraineté productive. Celle-ci doit protéger les économies africaines, stabiliser les trajectoires de développement et catalyser une transformation structurelle durable.

L'enseignement majeur est sans équivoque : l'Afrique ne peut plus se contenter d'être réactive dans un monde incertain ; elle doit devenir un acteur stratégique, proactif et structurant. Plusieurs dynamiques mondiales créent aujourd'hui les conditions d'un repositionnement profond :

- la recomposition géoéconomique des ressources critiques dont l'Afrique détient une part décisive des réserves ;
- la recherche de nouvelles zones de relocalisation industrielle par les grandes puissances ;
- la montée des tensions géopolitiques qui redéfinissent les corridors d'approvisionnement ;

- l'exigence croissante d'une transition énergétique verte nécessitant des matériaux et des capacités industrielles que l'Afrique peut fournir ;
- la régionalisation accélérée du commerce et la fragmentation du multilatéralisme.

Ces rapports de force ouvrent des opportunités intéressantes, mais uniquement si l'Afrique adopte une stratégie industrielle cohérente, disciplinée et souveraine. Cette étude démontre que cette stratégie doit s'articuler autour de six piliers fondamentaux : la souveraineté productive, le protectionnisme stratégique, l'intégration industrielle régionale, le financement souverain, l'État stratège et la valorisation des savoirs endogènes. Pris isolément, aucun de ces leviers n'est suffisant ; c'est leur cohérence et leur synergie qui constituent la clé d'un modèle africain d'ISI renouvelé.

Le Plan stratégique africain 2026–2045 incarne cette vision. Il propose une trajectoire graduelle en quatre phases : réarmement productif, consolidation technologique, intégration régionale productive et ancrage de la souveraineté productive. Ce plan n'est pas un simple exercice programmatique, mais un cadre opérationnel destiné à guider les gouvernements, les institutions régionales et le secteur privé vers des actions coordonnées et disciplinées.

L'Afrique dispose aujourd'hui de leviers considérables : un marché de plus de 1,4 milliard de consommateurs, la ZLECAf comme plus grande zone commerciale au monde en nombre de pays, des ressources naturelles stratégiques essentielles à la transition énergétique mondiale, une jeunesse dynamique et innovante, un potentiel agricole, minier et technologique immense, ainsi que des villes émergentes susceptibles de devenir les futurs hubs industriels du continent. Mais ces atouts ne produiront des effets que si les États renforcent leur gouvernance, mobilisent des financements souverains et structurent des politiques industrielles ambitieuses, fondées sur la discipline, la transparence et l'intérêt général.

En définitive, le XXIe siècle ne livrera pas à l'Afrique des dividendes spontanés. Il lui ouvre une fenêtre d'opportunité exceptionnelle ; mais cette ouverture ne se transformera en progrès réel qu'au prix d'un leadership stratégique assumé, d'une vision de long terme et d'une volonté politique continue. Le modèle africain d'industrialisation par substitution aux importations ne doit ni imiter mécaniquement les trajectoires du passé ni reproduire leurs dérives. Il doit être sélectif dans ses priorités, discipliné dans son exécution, souverain dans ses choix et résolument régionalisé pour tirer parti de la ZLECAf et des nouvelles dynamiques géoéconomiques.

Si l'Afrique parvient à mobiliser et articuler les leviers présentés dans cette étude, elle pourra non seulement réduire durablement sa dépendance extérieure, mais surtout émerger comme un acteur industriel central de la transition énergétique mondiale. Elle sera en mesure de reconfigurer sa place dans les chaînes de valeur, de maîtriser ses actifs stratégiques, et d'affirmer sa souveraineté productive dans un système international en pleine recomposition.

En somme, l'étude a ouvert une perspective fondatrice : celle d'une Afrique qui ne subit plus les transformations globales, mais qui les anticipe et les façonne ; une Afrique qui construit son propre paradigme industriel, sécurise son autonomie stratégique et projette son influence dans un monde incertain. C'est à cette condition que se jouera, plus que jamais, l'avenir économique, politique et civilisationnel du continent.

Références bibliographiques

1. ACET. (2023). *African Transformation Report 2023 : Integrating Africa into global value chains*. African Center for Economic Transformation. https://acetforafrica.org

2. AfDB. (2021). *African Economic Outlook 2021 : From debt resolution to growth.* https://www.afdb.org

3. AfDB. (2022). *African Economic Outlook 2022 : Supporting climate resilience.* https://www.afdb.org

4. AfDB. (2023). *African Economic Outlook 2023 : Mobilizing private sector finance for climate and green growth.* https://www.afdb.org

5. Afreximbank. (2023). *African Trade Report 2023 : Export manufacturing resurgence*. https://www.afreximbank.com

6. Afreximbank. (2024). *Intra-African Trade & Industrialization Report 2024.* https://www.afreximbank.com

7. AFSEC. (2021). *AFSEC Activity Summary 2021* [Document non disponible]. https://afsec-africa.org

8. AIO. (2023). *AIO Industrial Indicators 2023* [Document non disponible].

9. AIO. (2025). *African Industrial Vulnerabilities Report 2025* [Document non disponible].

10. Amsden, A. H. (2001). *The rise of the rest*. Oxford University Press.

11. Andreoni, A., Chang, H.-J., & Wild, A. (2023). Industrial policy in the 21st century. *Cambridge Journal of Regions, Economy and Society, 16*(1), 45–67. https://doi.org/10.1093/cjres/rsac048

12. ARSO. (2023). *ARSO Annual Report 2023*. https://www.arso-oran.org

13. ATAF. (2024). *Industrial Tax Harmonisation Report 2024*. https://www.ataftax.org

14. AU. (2020). *Industrial Development Framework 2020*. https://au.int

15. AU. (2022). *Continental Industrialization Strategy 2022*. https://au.int

16. AU. (2023). *African Industrial Data Governance Framework 2023*. https://au.int

17. AUDA-NEPAD. (2023). *Africa Industrialization Programme Report 2023*. https://www.nepad.org

18. Baldwin, R. (2016). *The great convergence*. Harvard University Press.

19. BCEAO. (2022). *Rapport annuel sur le crédit manufacturier 2022*. https://bceao.int

20. Bown, C. P. (2023). *The return of industrial policy*. Peterson Institute for International Economics. https://www.piie.com

21. CARI – China–Africa Research Initiative. (2023). *China–Africa trade and infrastructure finance database*. Johns Hopkins University SAIS. https://www.sais-cari.org

22. CEA/UNECA. (2019). *Public Procurement and Industrial Development in Africa*. https://uneca.org

23. CEA/UNECA. (2021). *Economic Report on Africa 2021*. https://uneca.org

24. CEA/UNECA. (2022). *Economic Diversification and Industrialization in Africa*. https://uneca.org

25. CEA/UNECA. (2024). *Africa Fragmentation and Resilience Report 2024*. https://uneca.org

26. Chang, H.-J. (2002). *Kicking away the ladder*. Anthem Press.

27. Cheru, F., & Cramer, C. (2019). Structural transformation in Africa. *Journal of African Economies, 28*(Suppl. 1), i1–i15.

28. CNUCED / UNCTAD. (2020). *World Investment Report 2020*. https://unctad.org

29. CNUCED / UNCTAD. (2023). *World Investment Report 2023*. https://unctad.org

30. Digital Transformation with Africa – White House. (2022). *U.S. – Africa Leaders Summit Initiative*. https://www.whitehouse.gov

31. ECLAC. (2012). *Neo-structuralism and industrial policy*. United Nations.

32. European Commission. (2022). *EU–Africa Global Gateway Investment Package 2021–2027*. https://international-partnerships.ec.europa.eu

33. European Commission. (2023). *EU Carbon Border Adjustment Mechanism (CBAM)*. https://ec.europa.eu

34. European Commission. (2024). *Strategic Foresight Report 2024*. https://ec.europa.eu

35. FAO. (2022). *The State of Food and Agriculture 2022*. https://fao.org

36. FMI/IMF. (2022). *Regional Economic Outlook : Sub-Saharan Africa 2022*. https://imf.org

37. Gulf Cooperation Council. (2023). *GCC Investments in Africa : Energy, Logistics and Agro-Industry 2013–2023*. https://gcc-sg.org

38. Hountondji, P. J. (1997). *Endogenous knowledge*. CODESRIA.

39. IEA. (2023). *Critical Minerals Market Review 2023*. https://iea.org

40. ILO. (2022). *Skills for the future of production in Africa*. https://ilo.org

41. ILO. (2024). *Industrial Employment Trends 2024*. https://ilo.org

42. India Ministry of Commerce. (2024). *India–Africa Trade Statistics 2023*. https://commerce.gov.in

43. IRENA. (2024). *Renewable Energy Outlook for Africa 2024*. https://irena.org

44. Irwin, D. (2023). The new global industrial order. *World Economy Journal, 46*(7), 1800–1815. https://doi.org/10.1111/twec.13560

45. Mkandawire, T. (2001). Thinking about developmental states in Africa. *Cambridge Journal of Economics, 25*(3), 289–313. https://doi.org/10.1093/cje/25.3.289

46. OAPI & ARIPO. (2021). *Regional Patent Statistics 2021* [Document non disponible].

47. OECD. (2022). *Resilient and sustainable value chains*. https://oecd.org

48. OMS / WHO. (2021). *Local production of medical products*. https://who.int

49. PIDA. (2022). *PIDA Progress Report 2022*. https://au-nepad.org

50. Page, J. (2020). *Manufacturing transformation in Africa*. Brookings.

51. Poitiers, N., & Moffat, J. (2024). *Global supply chain resilience after COVID-19*. Bruegel. https://bruegel.org

52. Rodrik, D. (2004). Industrial policy for the twenty-first century. SSRN. https://doi.org/10.2139/ssrn.617544

53. Rodrik, D. (2020). Making industrial policy work for developing countries. *Oxford Review of Economic Policy, 36*(3), 1–20. https://doi.org/10.1093/oxrep/graa025

54. Rodrik, D., & Stiglitz, J. (2024). *Industrial policy in a fragmenting world. Journal of Global Economic Governance*.

55. Rohter, R. (2019). *Industrial policy in developing countries : Failures and opportunities*. https://files.ethz.ch/isn/128347/DP4.2011.pdf

56. Seneplus. (2024). *Industrialization Insights Report 2024*. https://seneplus.com

57. Simon, H. A. (1995). *The sciences of the artificial* (3rd ed.). MIT Press.

58. Smart Africa. (2021). *African Data Policy Framework*. https://smartafrica.org

59. Smart Africa. (2022). *Smart Industrialization in Africa Report 2022*. https://smartafrica.org

60. Tsambou, A., & Kamga, L. (2021). *Industrial relocation and PPP strategies in Africa* [Document non disponible].

61. Torres, R. (2019). *Industrial policy in developing economies*. UNRISD.

62. UNCTAD. (2024). *Trade and Development Report 2024*. https://unctad.org

63. UNESCO. (2018). *Intangible cultural heritage for sustainable development*. https://unesco.org

64. UNIDO. (2020). *Industrial Development Report 2020*. https://unido.org

65. UNIDO. (2021). *Industrial Competitiveness in Africa 2021*. https://unido.org

66. UNIDO. (2024). *Industrial Development Report 2024*. https://unido.org

67. Union Africaine. (2022). *AU Industrial Policy Review 2022*. https://au.int

68. Wade, R. (2024). New developmentalism and the geopolitics of industrial policy. *Development and Change, 55*(2), 250–272. https://doi.org/10.1111/dech.12798

69. World Bank. (2024). *World Development Indicators 2024*. https://data.worldbank.org

70. WTO Africa. (2022). *Trade Policy Review : Africa Regional Overview 2022*. https://wto.org

71. ZLECAf Secretariat. (2022). *AfCFTA Industrial Integration Report 2022*. https://afcfta.au.int

Annexes

Annexe 1 : Démarche méthodologique de détermination des extrants et cibles du Plan ISI 2026–2045

La définition des extrants cibles dans le cadre du modèle africain d'industrialisation par substitution aux importations (ISI) repose sur une démarche méthodologique intégrée, combinant diagnostic empirique, extrapolation sectorielle, modélisation inductive et alignement sur les cadres stratégiques continentaux. Cette approche vise à garantir la rigueur analytique, la pertinence contextuelle et la faisabilité opérationnelle des objectifs fixés pour la période 2026–2045.

1. Analyse de la situation de base (2024)

La construction des valeurs de référence s'appuie sur des sources techniques robustes, notamment la Commission économique pour l'Afrique (CEA, 2022), l'Afreximbank (2024), l'ONUDI (2020), le PIDA-PAP 2 et diverses bases de données sectorielles. L'état des lieux met en évidence plusieurs tendances structurantes :

- environ 25 corridors industriels opérationnels sur le continent ;
- seulement 12 États africains dotés d'agences industrielles pleinement fonctionnelles ;

- une dépendance extrême aux importations pharmaceutiques. En effet, près de 95% des médicaments consommés en Afrique sont importés (OMS, 2021) ;
- des capacités de production agro-industrielle et énergétique encore limitées ;
- des infrastructures numériques fragmentées.

Cet ensemble de données constitue la base factuelle sur laquelle sont calibrés les extrants attendus pour 2030, 2035, 2040 et 2045.

2. Extrapolation des tendances observées

L'extrapolation repose sur l'analyse des dynamiques industrielles observées entre 2010 et 2024, période marquée par plusieurs initiatives industrielles réussies lorsqu'elles sont appuyées par une discipline de performance. Selon la CEA (2019), la consolidation progressive des filières protégées a permis l'émergence d'environ 40 à 60 segments industriels performants sur le continent, laissant anticiper 80 à 120 filières stratégiques d'ici 2045 dans un scénario d'effort constant.

Concernant l'intégration régionale, l'évolution linéaire du nombre de corridors industriels — associée aux investissements du PIDA-PAP 2 — permet de projeter au moins 150 corridors interconnectés à l'horizon 2045 (Afreximbank, 2024), à mesure que se renforcent les infrastructures énergétiques, logistiques et numériques.

3. Modélisation inductive à partir de cas pilotes

L'élaboration des extrants repose également sur une modélisation inductive, inspirée de trajectoires nationales ou régionales ayant démontré des effets mesurables en matière de substitution aux importations. Les expériences :

- du Nigeria (politique de contenu local, agro-industrie, cimenteries),
- de l'Éthiopie (zones industrielles, textile, cuir ; Cheru & Cramer, 2019),
- du Maroc dans les chaînes de valeur automobile et batteries,
- ou encore des partenariats triangulaires Maroc–Nigeria–Côte d'Ivoire dans la filière engrais (OCP Group, 2022), offrent des gabarits d'apprentissage permettant de calibrer : le rythme d'expansion des filières industrielles ; le degré d'intégration locale réalisable, et les gains de productivité associés aux incitations sectorielles.

Ces cas pilotes servent de référentiels empiriques pour définir des extrants atteignables et non spéculatifs.

4. Alignement avec les instruments stratégiques continentaux

Les extrants sont systématiquement alignés sur les cadres panafricains existants afin d'assurer leur cohérence institutionnelle et leur faisabilité politique. Cela inclut :

- la ZLECAf, pour l'intégration des chaînes de valeur régionales et la libre circulation des biens intermédiaires ;
- le NEPAD et le PIDA, pour la planification des infrastructures productives et logistiques ;
- le Pacte africain pour la souveraineté productive (Afreximbank, 2023), qui constitue le socle d'harmonisation des politiques industrielles africaines ;
- les orientations de l'Union africaine sur les transitions technologiques et énergétiques.

Cet arrimage garantit que les extrants définis soutiennent les engagements continentaux, tout en renforçant la convergence institutionnelle entre États membres.

5. Sources techniques mobilisées

La construction méthodologique repose sur un corpus de travaux de référence, incluant notamment : Rodrik (2004, 2008) – Sur l'expérimentation industrielle et la discipline incitative ; Amsden (2001)– Sur le rôle des politiques de soutien aux industries naissantes ; Chang (2002) sur l'histoire du protectionnisme industriel dans les pays développés; OMS (2021) et FAO (2022) – Pour l'analyse des vulnérabilités sanitaires et alimentaires ; JICA (2023) – Pour la cartographie logistique et les projections de corridors de développement.

Annexe 2 : Indicateurs de suivi-évaluation de la stratégie d'industrialisation de l'Afrique

Axe/sous Axe	Indicateur	Valeur de référence (2022–2025)	Cible 2045	Source
AXE 1 – Souveraineté productive				
1.1 Capacités industrielles & substitution	Plateforme continentale des intrants critiques	Aucune	1 plateforme opérationnelle	CUA–UNIDO (2022)
	Pays ayant cartographié leurs vulnérabilités industrielles	20 % (environ 11 pays)	1	AIO (2023)
	Taux de substitution des biens critiques importés	< 10 %	≥ 50%	CNUCED (2023), AIO (2025)
1.2 Zones industrielles & corridors productifs	Zones industrielles sécurisées (ZES)	10 ZES	≥ 100	UNIDO (2021), BAD (2023)
	Corridors industriels opérationnels	5 corridors	≥ 25 corridors	PIDA, AUDA-NEPAD (2022)
	CER avec hubs logistiques interconnectés	2 CER	8 CER	AUC (2022), UNECA (2023)
1.3 Innovation & R&D industrielle	Centres technologiques industriels	Autour de 40	≥ 500	UNIDO (2021), AUDA
	Part des budgets publics dédiés à la R&D manufacturière	< 0,3%	≥ 2%	CEA (2022), UNESCO
	Brevets industriels déposés annuels	Environ 800	≥ 5 000	OAPI, ARIPO
1.4 Souveraineté énergétique & durabilité	% de ZES en énergie renouvelable	< 10 %	≥ 50 %	PIDA, AUDA
	Filières circulaires actives	Environ 20	≥ 200	UNEP, UNIDO
	% de recyclage des déchets industriels	Autour de 5%	≥ 40 %	AIO, ZLECAf Green Initiative
AXE 2 – Protectionnisme intelligent & politique industrielle sélective				
2.1 Protection des filières sensibles	Pays avec calendriers tarifaires sectoriels	9 pays	≥ 40 pays	CNUCED (2023), WTO Africa (2022)
	Filières protégées avec discipline de performance	< 2/pays	≥ 6/pays	Rodrik (2020), UNIDO (2021)
2.2 Contenu local & marchés publics	% de marchés publics avec contenu local	< 15%	≥ 60 %	AUDA-NEPAD (2023), BIDPA (2020)
2.3 Normes & qualité industrielle	CER appliquant des normes industrielles harmonisées	2 CER	8 CER	AUC (2022), ARSO

Axe/sous Axe	Indicateur	Valeur de référence (2022–2025)	Cible 2045	Source
AXE 3 – Intégration industrielle régionale				
3.1 Commerce intra-africain	Part des échanges manufacturiers intra-africains	0,16	≥ 40 %	CNUCED, Afreximbank
	Temps de dédouanement industriel	5–8 jours	< 2 jours	OMC, COMESA, CEDEAO
3.2 Chaînes de valeur transfrontalières	Filières industrielles transfrontalières	3 filières	≥ 20 filières	AUC, UNECA
3.3 Harmonisation réglementaire	CER avec plan industriel harmonisé	2 CER	8 CER	AUC (2022), UNECA
AXE 4 – Financement stratégique				
4.1 Financement public & budgétaire	Part du budget national pour l'industrie	< 2%	≥ 10%	CEA (2022), AfDB (2021)
	Pays avec fonds national d'investissement industriel	6 pays	≥ 40 pays	AUDA-NEPAD (2023), FMI (2022)
4.2 Financement bancaire & marchés financiers	Part du crédit manufacturier	< 8 %	≥ 20%	BCEAO (2022), AfDB (2023)
	Obligations industrielles thématiques	3 émissions	≥ 100 émissions cumulées	Afreximbank (2023), CNUCED (2023)
AXE 5 – État stratège, souveraineté technologique & gouvernance				
5.1 Gouvernance industrielle nationale	Pays avec agence industrielle active	35 % (19/54)	100 % (54/54)	UNIDO (2021), AUDA-NEPAD (2023)
5.2 Souveraineté technologique & numérique	Plateformes nationales d'IA industrielle	Embryonnaire	54 pays équipés	Smart Africa (2022), UNIDO (2024)
	Data centers souverains interconnectés	< 10 pays	≥ 40 pays	Smart Africa (2022)
5.3 Capital humain & compétences industrielles	Part de main-d'œuvre industrielle qualifiée (TVET+)	Environ 18 %	≥ 60 %	ILO (2022), AUDA
	Centres de formation technique industrielle	Environ 300	≥ 1 500	UNESCO, AUDA
	Taux d'insertion des diplômés dans les chaînes industrielles locales	Autour de 20 %	≥ 70 %	AIO, Ministère de l'emploi
5.4 Coordination panafricaine & gouvernance régionale	Intégration réglementaire via UA / C10	Fragmentée	Alignement continental complet	UA (2022), CEA

***Source** : Auteurs à partir de la revue de la littérature et des projections réalisées.*

Conclusion générale

L'Afrique se trouve aujourd'hui à un moment charnière de son évolution économique. Le continent bénéficie d'une conjonction inédite d'atouts structurels, d'opportunités géoéconomiques et d'impératifs stratégiques. Rarement, il a disposé d'un alignement aussi favorable pour reconfigurer sa trajectoire industrielle et consolider sa souveraineté productive. Dans ce contexte, l'industrialisation n'est plus un objectif lointain ni un principe abstrait. Elle constitue désormais un déterminant central de la souveraineté, de la résilience et de la stabilité économique.

L'ouvrage montre que l'industrialisation par substitution aux importations (ISI) retrouve une place centrale. Cette stratégie, longtemps marginalisée au profit des politiques de libéralisation rapides et souvent peu maîtrisées, redevient pertinente dans un monde où les chaînes de valeur se fragmentent. Elle s'inscrit également dans un environnement marqué par la montée des impératifs de souveraineté productive et par le retour assumé des politiques protectionnistes comme instruments de puissance.

Le premier chapitre rappelle que l'ISI n'est pas une anomalie historique. Elle s'appuie sur des traditions intellectuelles solides, allant du mercantilisme à Friedrich List, du structuralisme latino-américain aux théories contemporaines de la dépendance. Les comparaisons internationales révèlent une constante : les pays qui réussissent leur industrialisation combinent un État stratège, une protection temporaire et disciplinée, des incitations orientées vers la performance et une ouverture maîtrisée aux marchés internationaux. L'ISI est efficace lorsqu'elle sert de tremplin vers la compétitivité, et non de refuge permanent.

Le deuxième chapitre montre que l'Afrique dispose des dynamiques industrielles réelles. Depuis une décennie, plusieurs pays comme l'Éthiopie, le Rwanda, le Maroc, le Nigeria, le Ghana, le Kenya et le Cameroun mettent en œuvre de nouvelles configurations d'ISI. Ces politiques s'appuient sur la création des zones industrielles, le développement des chaînes de valeur sectorielles, des investissements massifs dans les infrastructures et des mesures de substitution aux importations ciblées. Elles traduisent un volontarisme étatique affirmé. Toutefois, elles révèlent aussi des fragilités persistantes. Le déficit de financement souverain freine la montée en gamme technologique. La faiblesse du capital humain industriel limite la productivité et l'innovation. La dépendance technologique demeure forte dans plusieurs secteurs. Enfin, la gouvernance institutionnelle, encore en consolidation, réduit l'efficacité des politiques mises en œuvre.

Le troisième chapitre propose un modèle africain endogène d'ISI. Il s'articule autour de six principes directeurs : souveraineté productive, protectionnisme stratégique, intégration industrielle régionale, financement souverain, État stratège et valorisation des savoirs endogènes. Ce modèle considère que l'Afrique doit s'industrialiser selon ses propres logiques, ses ressources et ses priorités. Il intègre également les défis contemporains liés à la transition énergétique, à la digitalisation, aux dynamiques climatiques et à la recomposition géoéconomique mondiale.

Le quatrième chapitre traduit cette architecture conceptuelle en une trajectoire opérationnelle. Cette trajectoire est structurée à travers le Plan stratégique africain 2026–2045. Le plan organise l'ISI en quatre phases : réarmement productif, consolidation technologique, intégration régionale productive, puis ancrage de la souveraineté productive. Il propose une gouvernance multi-niveau, un séquençage clair des priorités, des mécanismes de financement endogène et des outils de suivi-évaluation. Il constitue ainsi un cadre stratégique destiné à accompagner les gouvernements africains dans la mise en œuvre disciplinée et progressive de leurs ambitions industrielles.

En synthèse, l'analyse menée dans les quatre chapitres révèle trois enseignements majeurs.

- ✓ Premièrement, l'histoire comparée démontre que l'ISI n'est pas vouée à l'échec : mal conçue, elle échoue ; orientée vers la compétitivité, elle propulse les nations vers l'industrialisation.
- ✓ Deuxièmement, les expériences africaines récentes prouvent que l'ISI est déjà en marche, mais qu'elle reste fragile tant que les États ne renforceront pas simultanément leurs institutions, leur capital humain, leur financement souverain et leur cadre de gouvernance.
- ✓ Troisièmement, une ISI africaine réussie requiert une réinvention profonde ; une stratégie endogène, disciplinée, régionalisée, et strictement alignée sur les réalités africaines et les transformations géoéconomiques contemporaines.

À la lumière de ces constats, les recommandations stratégiques pour les décideurs africains s'imposent avec clarté :

- affirmer le rôle d'un État stratège, arbitre, planificateur et garant du long terme ;
- investir dans le capital humain productif, condition de toute montée en gamme :
- renforcer l'intégration régionale, non seulement commerciale, mais industrielle, logistique et normative ;
- mobiliser un financement souverain, en s'appuyant sur les ressources domestiques, la diaspora et les institutions financières régionales ;
- instaurer une gouvernance industrielle inclusive, capable d'associer secteur privé, universités, société civile et diasporas ;
- Ancrer le développement socioéconomique dans les savoirs et potentialités andogènes.

Ainsi, la réussite d'une ISI africaine repose sur quatre leviers systémiques : des institutions robustes, des ressources domestiques mobilisées efficacement, un capital humain qualifié et une valorisation pleine des savoirs et potentialités endogènes. C'est la cohérence et l'activation simultanée de ces leviers qui permettront au continent d'engager une transformation industrielle durable, résiliente et inclusive.

En définitive, l'Afrique doit repenser l'ISI par elle-même et pour elle-même. Il ne s'agit ni de reproduire les erreurs du passé ni d'imiter mécaniquement les trajectoires asiatiques ou latino-américaines, mais de bâtir une industrialisation autonome, maîtrisée et ancrée dans les réalités du continent. L'ISI doit être considérée non pas comme un slogan, mais comme un instrument stratégique, souple et évolutif, au service d'une souveraineté productive pleinement assumée.

Dans un monde traversé par des recompositions géoéconomiques majeures, l'Afrique dispose d'une opportunité historique pour redéfinir sa place dans l'économie mondiale. Cette fenêtre stratégique exige des actions rapides et coordonnées. Il revient désormais aux dirigeants africains de l'embrasser avec clairvoyance, détermination et courage politique, afin de transformer ce moment singulier en véritable projet continental de puissance et de souveraineté.

Le continent peut encore choisir : subir les transformations mondiales ou les façonner. Cet ouvrage affirme que l'Afrique possède désormais les moyens, les atouts et le cadre conceptuel pour créer son propre paradigme industriel et écrire une nouvelle page de son destin économique et civilisationnel.

Postface

Cet ouvrage collectif constitue une étape fondatrice dans l'édification d'un référentiel africain de pensée consacré au développement et à la transformation structurelle du continent. Il ne se limite pas à juxtaposer des analyses ; il trace l'esquisse d'une vision, consolide des outils conceptuels et propose des trajectoires d'action ancrées dans les réalités africaines.

Porté par le Bureau d'Étude Uwezo Consulting Firm (UCF), cet essai s'inscrit dans une dynamique de refondation stratégique. Il répond à une conviction forte : penser l'industrie africaine non comme l'adaptation périphérique de modèles économiques exogènes, mais comme un cadre central de valorisation des potentialités, savoirs et savoir-faire endogènes ; de croissance durable et inclusive et de souveraineté.

À travers une méthodologie rigoureuse, le croisement de regards disciplinaires et une volonté constante de contextualisation, ce travail offre une lecture renouvelée des enjeux du développement africain. Il appelle à une mobilisation des intelligences collectives, à l'articulation féconde entre les aspirations des peuples africains à un mieux-être et les enjeux géopolitiques internationaux, ainsi qu'à la construction d'alliances durables entre les institutions, les chercheurs, les acteurs économiques, les diasporas et les communautés locales.

L'Afrique industrielle que nous promouvons est plurielle, stratégique et profondément enracinée. Elle ne se contente pas de réformer des paradigmes hérités ; elle les reconfigure. Elle ne cherche pas la reconnaissance par intégration passive ; elle affirme sa centralité, revendique sa singularité et sa capacité à proposer au monde de nouveaux modèles.

Le Bureau d'Étude Uwezo Consulting Firm exprime sa profonde gratitude à l'ensemble des contributeurs, partenaires institutionnels, experts et praticiens qui ont rendu possible cette expérience collective. Leur expertise, leur disponibilité et leur confiance ont été les piliers de cette démarche.

Cet ouvrage se présente comme le fruit d'une intelligence collective, d'un engagement partagé et d'une détermination commune à faire émerger des solutions africaines face aux défis contemporains du développement.

Cet essai est un jalon, non un aboutissement. Il ouvre un cycle de réflexion, d'expérimentation et de coopération.

Le Cabinet UCF invite chaque lecteur, décideur, chercheur, praticien ou citoyen à prolonger l'effort intellectuel, à enrichir le débat et à contribuer à l'émergence d'une souveraineté africaine multidimensionnelle pleinement assumée.

C'est dans l'action concertée et continue que nos idées deviendront une véritable force transformative !

UWEZOCONSULTING FIRM
Https://uwezoconsult.com
Yaoundé- Cameroun

Table des matières

Structures éditoriales du groupe L'Harmattan

L'Harmattan Italie
Via degli Artisti, 15
10124 Torino
harmattan.italia@gmail.com

L'Harmattan Hongrie
Kossuth l. u. 14-16.
1053 Budapest
harmattan@harmattan.hu

L'Harmattan Sénégal
10 VDN SICAP AMITIE 3
BP 45034 Dakar-Fann
direction@senharmattan.com

L'Harmattan Cameroun
Tsinga/Derrière polyclinique FECAFOOT
BP 11486 Yaoundé
Jacques.koukam@harmattan.fr

L'Harmattan Burkina Faso
Villa 281, secteur 23 623, rue 14.32
Ouagadougou
zagbie@outlook.fr

L'Harmattan Guinée
Almamya, rue KA 028 OKB Agency
BP 3470 Conakry
harmattanguinee@yahoo.fr

L'Harmattan RDC
185, avenue Nyangwe
Commune de Lingwala - Kinshasa
matangilamusadila@yahoo.fr

L'Harmattan Congo
219, avenue Nelson Mandela
BP 2874 Brazzaville
deunovmikhael@gmail.com

L'Harmattan Mali
Immeuble Mgr Jean Marie Cissé
Aci Hamadallaye
BP 145 Bamako
syllaka@yahoo.fr

L'Harmattan Togo
Djidjole – Maison Amela
face EPP BATOME
02 BP 20680 Lomé
didieramela11@gmail.com

L'Harmattan Côte d'Ivoire
Résidence Karl – Cité des Arts
Abidjan-Cocody
03 BP 1588 Abidjan
harmattan.ivoire@gmail.com

L'Harmattan Bénin
Rue 604, (Immeuble à l'entrée
de la rue UCAO- Cite de Saint-Jean)
Cotonou
stepcorpus@gmail.com

Nos librairies en France

Librairie internationale
16, rue des Écoles
75005 Paris
librairie.internationale@harmattan.fr
01 40 46 79 11
www.librairieharmattan.com

Librairie des savoirs
21, rue des Écoles
75005 Paris
librairie.sh@harmattan.fr
01 46 34 13 71
www.librairieharmattansh.com

www.ingramcontent.com/pod-product-compliance
Lightning Source LLC
LaVergne TN
LVHW011155061026
849535LV00003B/743
9782336598178